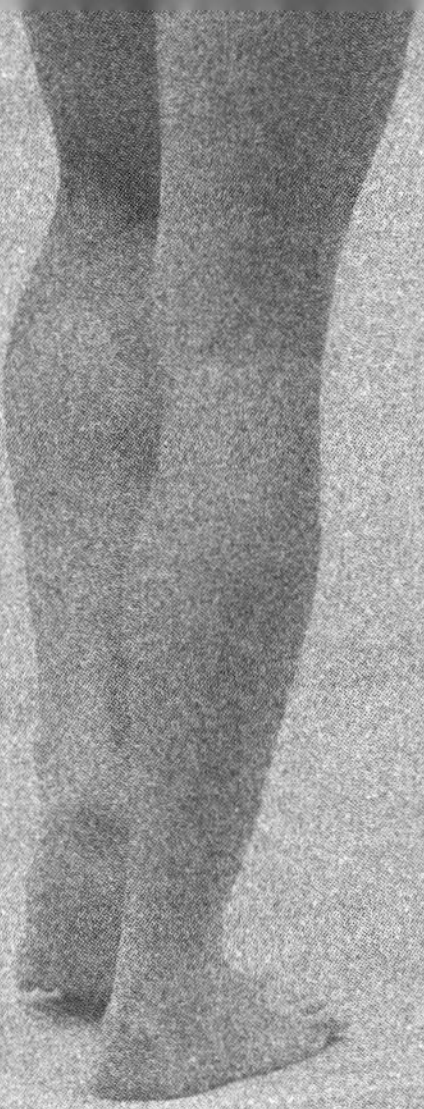

THE GIRLS

Abigail Pesta

性虐待を告発したアメリカ女子体操選手たちの証言

アビゲイル・ペスタ［著］
牟礼晶子・山田ゆかり［訳］　井口 博［法律監修］

大月書店

日本のみなさんへ

アビゲイル・ペスタ

この本では、勇敢な女性たちが、誰にも言えなかったきわめて個人的な体験談を、多くの重要な理由によって初めて話してくれている。一つは、性犯罪者かどうかのサインを見分ける手助けをしたいということ。また、虐待によるトラウマがもたらす深刻な影響を理解してもらいたいとの思いもある。そして、被害者たちに、けっして一人ではないことを知らせたい。さらに、心身の深い傷を癒す道筋も示したい。それは、自分の経験をほかの人のために活かすことであり、正義、責任追及、変革を求めて声を上げ、闘うよう人々を鼓舞するということだ。

女性たちが語る物語は、スポーツ界に身を置く子どもたちが、医師やコーチから性虐待を受ける可能性がいかに高いかを示している。親、家族、当局、そしてあらゆるレベルのアスリートにとって、解決の鍵となる見通しを与えてくれるはずだ。

本書は、アメリカ体操代表チームのオリンピックドクターにまでのぼりつめた、ラリー・ナサールによる数十年にわたる性虐待の記録だ。ナサールは「治療」と称して何百人もの若い女性や少女を凌辱してきた。サラ・テリスティをはじめとするサバイバーたちの体験談は、ナサールがいかにして若い女性や少女たちを食い物にするプレデター（性癖異常者）へと変貌していったか、長年にわたって被害者とその家族をどのように騙し陥れ、彼らの信頼と信用を獲得してきたかを述べている。ナサールと30年近く一緒に働き、オリンピック代表コーチになったジョン・ゲッダートら、ナサールの悪事を可能にした組織や周囲の人々のことも暴露する。

本書に登場する女性たちの憤りの一つは、ナサールによる性虐待を告発した若い女性や少女たちを、権威ある立場の人々が何度も何度も退け、信用しなかったことだ。１９９０年代からコーチやカウンセラー、警察などに訴えてきたにもかかわらず、ナサールの行動は２０１６年まで続いた。もし誰かが耳を傾けていたら、何十年にもわたる性虐待は止められたかもしれない。何百人もの若い女性や少女が助かったかもしれない。現在、５００人ほどのサバイバーが名乗り出ている。

本書の重要な示唆は、「まずは、少女の声に耳を傾ける」ということだ。サバイバーたちは、自分の物語を語ることでプレデターから力をとり戻している。いま、その力をみなさんと分かち合おうとしている。自分たちの声が日本に届いていることをとても喜んでいる。

ジャーナリストであり活動家でもある山田ゆかりさんはすばらしい出版社を見つけ、友人の牟礼晶子さんとともに精力的に日本語訳にとりくんでくださった。日本や世界のスポーツ現場における子どもたちへの虐待的な指導を調査で明らかにしたヒューマン・ライツ・ウォッチのミンキー・ウォーデン氏とハンナ・ユムラ氏、そして大月書店の岩下結氏、森幸子氏、またリン・ジョンストン氏、サンディ・ホッジマン氏、日本ユニ・エージェンシーの方々が、本書の出版に尽力してくださった。

この勇敢な女性たちの物語を手にとってくださったことに、心からお礼申し上げたい。みなさんがサバイバーたちと力を分かち合ってくださることを祈念している。

まえがき

このプロジェクトは、実に足かけ4半世紀を超えて、ラリー・ナサールの手によって性虐待を受け、巧みに操られた25人の女性を、私が直接取材したオリジナルレポートである。取材した女性の多くは、おそらくはナサールの最初の標的となった女性を含めて、自分自身が子どものころ受けた性虐待と、それがのちにおよぼした影響を、本書の中で初めて世の人に向けて詳細に語っている。ナサールが医師から性犯罪者へと変貌していく過程を明らかにするために、私は、家族、コーチ、法律の専門家などにもできるかぎり話を聞き、この30年にわたる期間の裁判資料や警察の記録計数百ページを収集して目を通した。

アビゲイル・ペスタ

アーミー・オブ・サバイバーズへ、そして
私を支えてくれたジョエル、両親とジェシーへ

目次

＊本書には性虐待の具体的な記述が含まれています。
予めご承知おきください。

おもな登場人物

ジョン・ゲッダート ……2012年オリンピック全米体操チームヘッドコーチ。体操選手たちに過酷な練習を課して批判を浴びる。

キャシー・クラゲス ……元ミシガン州立大体操チームのヘッドコーチ。

ラリー・ナサール ……2016年性虐待で告発された2012年オリンピック全米体操チームドクター。ゲッダートの体操クラブ等で性虐待を続けた。

【性虐待等の被害者】 ※別段の記載がなければ体操選手

サラ・テリスティ ……30年にわたるナサール事件の最初の被害者。1984年10歳でゲッダートのクラブへ。14歳でナサールに遭遇。

レイチェル・デンホランダー
ジェイミー・ダンツシャー
ジェシカ・ハワード（新体操）
……2016年インディアナ・ポリス・スター紙にナサールの性虐待を通報し、同年9月の同紙告発記事のきっかけとなる。

シェルビー・ルート ……1985年16歳から11歳上のゲッダートからグルーミングを受け、18歳で性関係に誘導される。

トリネア・ゴンツァー ……1988年8歳ごろからナサールの自宅で冷浴治療を受ける。

サラー・クレイン ……1990年代初期、12歳ごろからナサールの自宅で性虐待を受ける。

チェルシー・マークハム ……1995年12歳でナサールの性虐待を受けうつ状態になり、抜け出せないまま2009年自殺。

ラリッサ・ボイス ……1997年16歳でナサールの性虐待を受け、コーチのクラゲスに相談して裏切られる。

リンゼイ・シュエット ……1999年16歳でナサールの行為が性虐待だと見抜き、周囲に聞こえるように叫び声を上げる。

ジェニファー・ベッドフォード
ティファニー・トーマス・ロペス
クリスティー・エシェンバッハ
……90年代後半からナサールによる被害をミシガン州立大学に通報していた同大の学生3人。それぞれバレーボール、ソフトボール、クロスカントリー選手。

ブリアンネ・ランドール（サッカー他）……2004年17歳でナサールの診察を受け、警察に暴行を通報、レイプキット検査を受ける。

カイル・スティーブンス（ナサール隣人）……6歳よりナサールから性虐待を受け、2004年当時12歳で両親に訴える。被害者陳述で最初に証言台に立つ。

プレスリー・アリソン
テイラー・スティーブンス ナサールの治療を嫌い、一緒にツイスターズをやめて高校の体操チームに移った親友同士。

ヴァレリー・ウェッブ ……10歳から始まったナサールの性虐待が高校進学後は学校内でも続いた。

イザベル／アイルランド・ハッチンス姉妹 ……2009年10歳と6歳でゲッダートのクラブへ。姉は骨折したまま練習・競技を続け、妹も怪我をしてから冷遇される。

アマンダ・スミス ……9歳でゲッダートから過酷なオーバースプリッツを命じられる。ナサールの虐待は高校から始まる。

オータム・ブラニー ……2011年9歳でゲッダートのクラブへ。ナサール事件の最後の被害者の一人。

エンマ・アン・ミラー（ダンス）……ナサールの最後の被害者の一人。2016年当時13歳。

アマンダ・トーマスハウ（チアリーディング）……2014年24歳でナサールの診察を性虐待だと見破り通報する。

ダニエル・ムーア ……臨床・法医学博士。1980年代後半から90年代前半までナサールに性虐待を受けていた。

グレース・フレンチ（クラシックバレエ）……2018年当時ミシガン大学学生。12歳ごろからナサールの性虐待が始まる。州立大学キャンパスの樹木に性暴力啓発カラーのリボンを結びつけるプロジェクトを立ち上げる。

クリスティン・ムーア ……2014年アマンダ・トーマスハウの通報に対応したミシガン州立大担当者。

ヴァレリー・オブライエン ……同じく、ミシガン州立大警察の刑事。

アンドリュー・マクレディ
バート・クレイン 2004年ブリアンネ・ランドールの件でナサールを聴取した刑事ら

アンドレア・マンフォード ……2016年の告発後、ナサールを取り調べたミシガン州警察の警部補。

ローズマリー・アキリーナ ……2018年1月の被害者陳述で、200余名の女性に思う存分発言させ、今までとは違う正義の姿を見せた熱血裁判官。

ジェイミー・ホワイト ……ナサール事件の被害者たちがミシガン州立大を訴えた民事訴訟で5億ドルの和解金実現を指揮した敏腕弁護士。

マーガレット・オブライエン ……ミシガン州議会議員。被害者の命運を決する法案の起草責任者。

序文　進もう、手をつないで

ターシャ・シュウィカート（米国オリンピックチームメダリスト）
ジョーダン・シュウィカート（全米チームメンバー）

初めて聞いたときは信じられなかった。ラリー・ナサールが、あの有名なオリンピック・ドクターが、年端もいかない女の子たちに、自分の上位の力関係を悪用して、下位の者を性的に侵害する行為である性虐待を働いていたとして告発された。なんのこと？　と二人とも思った。ラリーが？　まさか。とってもいい人だった。話を聞いてくれる、やさしくしてくれる、こっそりグラノーラ・バーやらのおやつを手にすべりこませてくれる人。体操の世界の、あの人を人とも思わないような指導と訓練のさなかで、ラリーは私たちにとって信頼できる友だちだった。

私たちは、ラリーが自分たちにも性虐待していたということが、すぐにはピンとこなかった。のみこむまでに時間がかかった。大人になってから、子どものころに虐待に遭っていたとわかるのは、変な気持ちだった。ましてそれが、自分のことを一番に考えてくれるはずの、いつも診てくれていた医者だったのだ。そんなことが自分たちに起きたと言われても、理解できなかった。体操をやっていて、私たちはずっと、強くなれ、と教えられてきた。精神的にも肉体的にも強くて、自分が誰かのいいようにされるなんてありえない、と自信を持っていた。アスリートの中でも体操選手は最高に強靭だった。

最初とても信じられなかったのは、私たち姉妹だけではない。子どものころにナサールから性虐待を受けていた女性の多くが、自分がそうされていたことがどうしても信じられなかった。こう言うと驚かれることが多い。世の人は、私たちがみんな、虐待されていることをわかっていながら黙っていたのだと思うようだ。でもほとんどの子どもは知らなかった。相手はオリンピック・ドクターだ。そして、医者としての治療をしているんだ、と私たちに言っていた。私たちはそれを信じた。

私たち姉妹は、コーチや医師を信頼して大きくなった。コーチと医師というのは、私たちの世界そのものだったのだ。よちよち歩きのころに体操を始めて、母と一緒に地元ラスベガスのマミー・アンド・ミー教室に入った。母からは、サッカーとかティーボールとかテニスとか、いろんなスポーツをやってみるのよ、といつも言われていた。母自身もかつては本格的にスポーツをやっていて、ウィンブルドンまで進んだテニスプレイヤーだった。でも私たちは体操が大好きだった。母に連れられてテニスに行ったときも、結局、側転や後方宙返りばっかりやってコート中を跳ね回っていた。体育館に行きたくてたまらなかった。とにかく体操がしたかったのだ。

私たちは歳の近い姉妹で1年9か月しかちがわない。一緒に体操をやりながら大きくなった。両親は私たちに夢を追わせてくれた。二人ともカジノのシーザーズ・パレスのダイスディーラーで、母は私たちを体育館まで送ると、そこでひと眠りしてから出勤していた。コーチのキャシー・ライスは、若くて経験もほとんどなかったのに、すばらしい人だった。私たちが、アスリートとして、そして人として、せいいっぱい成長できることをめざしていた。キャシーにとってそれは、賞や輝かしい成績よりも大切なことだった。うまくいかない日があると、励まして気持ちを上げてくれた。とにかく、前向きなサポートに徹する人だった。

州大会で優勝するようになると、私たちは周りから注目された。1990年代半ばには、タレント・オポチュニティ・プログラム（略称TOP）に参加しないかと声をかけられた。アメリカ体操連盟が運営する、若い有望な体操選手の養成プログラムだ。アメリカの体操と米国オリンピックチームを統括するのがアメリカ体操連盟なのだ。そのプログラムの一環で、私たちはオクラホマのタルサで開かれたTOP全米トレーニングキャンプの参加資格を得た。疲れるばかりで早く終わってほしいと思う日々が待っていた。キャンプのコーチは全米チームのコーチばかりだったから、体操エリートになろうとするというのはどういうことか、ある程度感触がつかめた。実際には、キャンプの栄養指導クラスがひたすら待ち遠しい日々だった。容赦ない練習から逃れられたから。栄養指導が特別役に立ったわけではなくて、あれを食べるな、これを食べるな、と言われただけだった。食べ物のことを否定的に考えるようになったのは、あのときが初めてだった。

10代の前半で、二人ともエリートトレベルにのぼりつめた。一緒に全米チームに進むと、トレーニングが心を病むほど苛烈になっていった。全米チームの公式トレーニングセンター、テキサスのカーロイ・ランチでトレーニングする時間が多くなった。私たちはそこに行くのが怖くてたまらなかった。コーチの指導は徹頭徹尾否定的で、暴言と心を傷つけられることばかりだった。絶えず脅されているようで、恐ろしい、力と支配がすべての環境だった。体育館に足を踏み入れた瞬間からみんなロボットになる。疲れてもうやれない、とはとても言えなかった。人間であることが許されなかったのだ。感情のスイッチもオフにした。怪我をしようものなら、役立たずのようにコーチから扱われる。だからみんな怪我を隠して練習した。薬を飲んで痛みをやりすごしながら。疲れ果てた女の子たちが、スキルの練習をしながら頭から床に突っこみそうになるのを、私たちは見た。それでもそのスキルを何度も何度もくり返せと言われるのだ。あれは危険だった。疲労の限界を超えてまでやらせるのは。誰もものを言うことができなかった。口に出すということは、コーチを怒らせて評価が下がることだった。本当に、信じられないような環境だった。アリー・レイズマンがいつか、石鹸をくださいって言うのも怖かったと言っていた。

親はカーロイ・ランチに入ることが許されなかった。でもラリー・ナサールがいてくれた。ランチでトレーニングキャンプがあると、いつもそばに待機してくれて最高の友だちになった。みんな、ラリーのところへ行って人間に戻ることができた。ラリーのいたトレーニングルームは、安心できる場所だった。ドアを閉めて、困っていることやらを打ち明けた。話しても告げ口されたりする心配はなかったから。そうやってラリーは私たちをとりこんだのだ。

私、ターシャは、あの性暴行が始まったとき15歳だった。カーロイ・ランチでのある出来事のあとだった。私たちはみんな、開脚トレーニングの「オーバースプリッツ」をやらされていた。身体を普通のスプリッツ（開脚前屈）をより深く押し下げて、片脚、ときには両脚を上げる。コーチのベラ・カーロイにものすごい力で上から押されて、私はやっとのことで涙をこらえていた。その直前に、ベラがジェイミー・デントシャーを怒鳴りつけて「赤ん坊」呼ばわりするのを見ていたから、あんなふうに怒鳴られたくなかった。次の日、股の付け根が痛んでのろのろ歩いていた私は、ラリーのところへ行かされた。ラリーは私をマッサージして、素手のまま膣に指を入れた。筋肉を緩めるための医療行為だよ、と言いながら。尊敬されているお医者さんだったし、もう何年も前から自分のことを知ってくれている相手だったから、私はそれを信じた。もう一つ、体操をやっていると極端に世間知らずになってしまうことも忘れてはならない。性虐待というもの自体を私は知らなかった。生活のほとんどの時間を体育館で練習に費やすと、デートも友だちづきあいの時間もない。男の子とのセックスの経験もなかった。みんなそうだった。

17歳のとき、アキレス腱を痛めて、ほとんど歩けないほどひどくなった。ラリーは私の母に、あまり忙しくないときが1週間ほどあるから、と言った。そしてあのびっくりするような申し出をしてくれた。ミシガン州ランシングの自宅で、その1週間私の治療をしてあげようというのだ。ラリーは私に、ランシングまでの飛行機のチケットを買ってくれるかどうか、お母さんに訊いてみて、あとはうちで家族と過ごせばいいから、と言った。本当になんとか回復したくて焦っていた私は、それをわかって配慮してくれたにちがいないこの申し出に感謝した。この偉いドクターが、これだけの時間を私のために割いてくれる。なんてすばらしい、自分もトップアスリートの仲間入りだ、レブロン・ジェームズ並みの扱いだわ、と思った。そして私は出かけて行って、ラリーとその妻、子どもたちと一緒に5日間過ごした。みんなで家族のように迎えてくれた。家族、信頼しているおじさんを訪ねたようだった。ラリーは、毎日私を診てくれた。マッサージ台と医療品の棚が並んだ自宅の地下室のこともあれば、ラリーの職場の一つだったミシガン州立大学のトレーニングルームのこともあった。MRI、鍼《はり》、電気の神経刺激、超音波とひととおりやって、決まってマッサージをした。まずアキレス腱から始めて、じわじわと脚の上のほうに進んで、最後には指を挿入する。「みんなつながってるからね」とラリーは言った。身体のある場所に圧力をかけると、別のところが良くなるということだった。この性虐待の「治療」を、ラリーは毎日、朝、昼、晩3回やった。

ふり返ってみると、ときどき女の子たちが「ラリーのすること、なんだか気持ち悪くない？」と話す声を耳にしたことはあった。でも私たちは二人とも相手にしなかった。「そんなことないよ。ちょっとオタクっぽいラリーなだけでしょ」と言い返した。ずっと、どうして？と訊くな、騒ぎ立てるな、と教えこまれてきたのだ。アメリカ体操連盟の偉い人たちからは、にこにこ笑って、なんでも楽々こなして、魅力的に見えるようにしろ、と言われていた。マスコミと話をする練習をさせられたときは、「エリート体操選手になれてどんなにすばらしいか」を話すように言われた。何もかもを虹と蝶々みたいに演出するのが、私たちに求められたことだった。完璧で従順なアスリートを期待されていたのだ。もうこれは仕事だった。だからへまをやったら途端に、お前の代わりはいくらでもいるんだからな、というあからさまな態度をとられる。何かにつけてそれをやられるのだ。アメリカ体操連盟が２０００年のオリンピックチームに選んでくれたとき、私は感謝した。その年たった6人選ばれたうちの一人だったのだ。もちろん私はそれはがんばったのだけれど、連盟にものすごく借りがある気がしてもいた。オリンピックに出てメダルを一つ獲って、これもアメリカ体操連盟のおかげだと思った。

10年以上経って、虐待の告発がニュースになったあと、スティーブ・ペニーから電話をもらった。

当時のアメリカ体操連盟会長だ。私はロースクールを終えたばかりで、数日後にせまっている司法試験の勉強で忙しく、そのことで頭がいっぱいだった。初めての子育てもあったし、それからまもなく二人目を身ごもる。夫はプロバスケットボール選手で、チームと一緒に試合で海外に出ていたから、私は一人で何もかもやっていた。虐待の告発のことを考えてみる時間なんかとてもなくて、自分が被害に遭ったかどうか気にしている暇もなかった。試験のことに集中して気を散らさないように注意していた。そんなときにスティーブ・ペニーが、被害に遭ったか、と訊いてきたのだ。不意打ちも同然だった。どうしたものかと考えてみる前に、気がついたら、ノー、と答えていた。するとペニーは、ラリーとアメリカ体操連盟を支持するステートメントの両方にサインしてくれ、と言ってきた。スティーブは私がまだ連盟に恩義を感じていると知っていた。だから私をねらってきたのだ。断りきれなくて、連盟を支持するステートメントのほうはサインする、と私は言った。ラリーのほうは断った。アメリカ体操連盟は、私がサインしたステートメントをTwitterで大々的に流した。そのツイートには世界選手権のときの私の写真が添えられていた。

その後、司法試験に合格してある法律事務所で仕事を始め、二人目の子どもも生まれて、ようやくクローゼットに押しこめていた過去の残骸とじっくり向き合う時間ができた。端から端まで記憶をたどって、こまごましたことをパズルのように結びつけてみた。ラリーに巧みに操られていたことがはっきり見えてきたのは、そのときだった。こんなことが自分に起きていたのだとわかると、悔しくてたまらなかった。よくもここまでいいようにされていたものだと思うと、やりきれなくて気持ちの整理がつかなかった。強い、並みのことでは動じない、アフリカ系アメリカ人の私が。そのことで自分を激しく責めた。どうしてわからなかったのか、なんてばかだったんだろう、と考えてばかりいた。これでずいぶんとセラピストのお世話にもなった。最初のころは、悪いのは、オリンピック・ドクターの地位を利用して子どもたちにつけ入ったラリーであって、自分ではない、とわからなかったのだ。危ないことがないように子どもの自分を護ってくれると信頼していた大人に、ラリーに限らず、アメリカ体操連盟の関係者たちにも、こんなにも裏切られていたのだ。私を護ってくれる立場にいたはずの人間たちなのに。

私は、私たちが年端もいかない女の子だったときに、まんまと私たちと仲良くなり、信頼させたラリーの手口のあれこれを思った。ラリーはよく、好きな男の子はどうのとか、プライベートな生活のことを訊いてきた。私たちはみんな、男子チームのメンバーに恋するようなこともほとんどなかった。男の子のポップシンガーバンドも同じだった。みんなラリーのことを女の子仲間の一人のように思っていた。子どもだったからわからなかったのだ。大人の男がこんな会話に興味を持って女の子の集まりに入りこんでくることが、どれほど不適切なことなのか。ほかにも、あのときもいいように操られたんだな、と思い当たる折々の記憶が戻ってきた。ある全米大会予選で、ラリーの「治療」が終わってトレーニングルームを出ようとしていたとき、別の体操選手が入ってきた。ラリーはその選手に、私もこの「治療」を受けたところだけど良くなったんだよ、と言った。当時私はアメリカでトップの体操選手の一人だった。女の子は、わあすごい、という顔で私を見た。いまならわかる。その子に自分を信頼させるために私を利用したのだ。そう思うと、心底気分が悪かった。

私、ジョーダンは、10代前半でカーロイ・ランチのトレーニングが始まったときに、あの性暴行が始まった。容赦ない着地のくり返しや反復のストレスで、とうとう背中をひどく痛めたときだ。世界的に有名な医師のラリーなんだから、医者として最高の技術を知っているはずだ、と私は思っていた。あの身体に指を入れるやり方は、私が負った特定の怪我を治療する方法なんだろうと思った。だからみんなに同じことをしてるなんて、夢にも思わなかったのだ。ターシャにも同じ「治療」をしているのも、まったく気づかなかった。二人のあいだで話題にしたこともない。性虐待というものにも無知だった。それはもっと暴力的な、強姦魔に押し倒されるようなことであって、いつも診てもらっている医師が、良くなるように治療してくれるふりをしながらできるようなことだとは思っていなかった。いまなら、性虐待は、身近にいる人間にねらわれることが多いとわかる。でもあのころの私は、怪我をしても、お腹が空いていても口に出すことができない異常な世界に生きている子どもだった。早い時期から、痛い、と口に出すようなへまはしない、と私は学んでいた。一度それをやって、ランチの裏にある体育館に追いやられて一日中閉じこめられたことがある。あれは最悪だった。「優秀者リスト」から外れるくらい怖いことはなかったから。

何年も経って、虐待の告発のことを最初に聞いたときは、わけがわからなかった。ラリーが誰かを傷つけるなんて想像できなかったから。当時私は結婚を控えて式の準備に忙しかった。ニュースで詳しいことを読んで、知り合いの体操選手と個人的に連絡をとりあって、みんなほとんど同じ目に遭っていることがだんだんわかってきた。そして、ああそういうことだったのか、とはっきり理解した。ラリーの手が私の膣の中を動いていたのは、医者の治療とは関係のない目的のためだった。耐えがたい嫌悪感だった。最初は、正直に言うと、蓋《ふた》をして無視したかった。でもスキャンダルの報道は加熱する一方だったから、私はターシャのところに行って、「ねえ、ラリーは私にもいやな触わり方をしたんだけど」と言ってみた。おたがい、相手も同じことをされていたと聞いて愕然とした。つらい会話になった。

いま体操のコーチをしている私は、これを機会に、こんな虐待が30年も続くことを許した体操界の風潮を変える力になりたいと思う。先日コーチしている女の子たちと座ってゆっくり話した。「なんとなくいやな感じがしたり、不安に思うことがあったら、口に出してそう言うのよ」と。どんなことでも話したいことがあったら、私のところに来たらいいし、そして、自分には声を上げる力があるんだ、ということを女の子たちに知っておいてほしい。言いたいことを大人に伝えることが子どもにとってどれほど難しく、あるいはそうする自信が持てないことが多いかということを、私も知っている。子どもたちが安心できる、励まされて前向きになれる環境をつくって、注意深く見守りたい。

ナサールの悪夢には、まだまだ世の人には理解されないことが残っている。本書は、そんな、人々がくり返し口にする疑問に答えてくれる。こんな性虐待を続けてどうして何十年もこの医者は捕まらなかったのか。どうやってこんな巧妙で獰猛《どうもう》な性犯罪者になったのか。親はどうして気づかなかったのか。なぜ、あんなに大勢の子どもたちが黙っていたのか。虐待されていることをわかっていて誰かに話した子どもたちは少なくなかったのに、なぜ対応するべき関係者が無視したのか。この男を止められた機会は何度もあったではないか。こうした若いアスリートや親たちに対する保護はどうなっていたのか。女の子たちを見捨ててこの怪物をのさばらせたのは誰か、どこの組織なのか。

この本に登場する人たち、多くはこのミシガン州にある人間関係の濃い地域でラリー・ナサールとともに育ってきた人たちの、普通ならとても口に出せないようなプライバシーにかかわる体験談や当事者ならではの鋭い視線があればこそ、この事件の全容が明らかにできる。そしてかならず、こんな悪い夢としか思えないようなことを二度と起こさないための力になるだろう。

それが、ここで体験を明らかにしたみんなの願いだ。

——アビゲイル・ペスタの取材に応えて

ターシャ・シュウィカートは2000年オリンピックで銅メダル、全米大会優勝歴2回。UCLA（訳注：カリフォルニア大学ロサンゼルス校）体操チームでも諸タイトルを獲得。ジョーダン・シュウィカートは2001年から2002年にかけて米国代表チームで、のちにはUCLAチームで競技、UCLAでは卒業の年2008年にGymnast of the Year となる。

第1章 夢

サラ・テリスティは、変容途上の怪物を見ている。一人の男が医師から獰猛《どうもう》な性犯罪者へと姿を変えるのを、30年も前に、年端もいかない女の子でいっぱいの体育館に男が出入りを許されたときから、つぶさに目撃していたのだ。そこにいた女の子の一人として、おそらく最初に毒牙にかかったのがサラだった。

運命の第一歩は幼稚園のときだった。以来サラは、アメリカスポーツ史上最多数性犯罪者ラリー・ナサールが行く手に待つ道を着実に歩んでいく。いかにも、ミシガン州を流れるグランド・リバー沿いの小さな街でのびやかに育った子どもだった。サラは、兄弟姉妹がいなかったから、家のそばの小川で亀やガマやホコリタケを探して一人で遊ぶのが好きだった。携帯電話もインターネットもまだないころ、サラも友だちも、親がカウベルを鳴らして晩ごはんを知らせる日暮れまで、たいてい外で遊んでいた。芝地では鬼ごっこを、本物の墓地では墓石の陰から飛び出して脅かしあうお化けごっこを思いっきり楽しんだ。カウベルを聞いた覚えがないのに通りに明かりが灯ると、サラは、ああ家に帰らなくちゃ、と思うのだった。夜は、ロックスター、パット・ベネターのポスターを枕もとの壁に貼ったベッドで眠った。

サラの育ったダイモンデールは、信号機も要らないような小さな街だった。ランシング市からわずか数マイルに位置し、1960年代には蹄鉄投げの腕前で名を馳せ、つぎつぎと優勝者を輩出したこともある、ときには「世界一の蹄鉄の街」と呼ばれた場所柄だった。いまはカヤックやカヌーで河を下り、ファーマーズマーケットで買い物をする人の姿がそこここに見られる街になっている。

子どものころのサラは、街の中心部からやや外れた、交番に近いことからコップヴィルと呼ばれる界隈に住んでいた。住民の中に何人か警官がいて、サラの父親もその一人だった。仕事で疲れた父親がやっと静かに一息つけると期待して帰宅すると、元気いっぱいのサラが家じゅうを跳ね回っている。エネルギーが絶えず燃えているようなサラは、ただでさえおとなしく座っていることが難しかったのに、警官の制服姿で帰ってきたパパを見てじっとしていられるわけがなかった。そうこうして1980年9月、5歳のとき、ありあまるエネルギーを少しは外で燃やしてくれるかと期待して、母親がサラを体操クラスに入れた。

近くのイースト・ランシングにある、ミシガン州立大学が運営するユース体操プログラムのクラブだった。土曜日になると、母親がパウダーブルーのダットサン210で送っていく。鳶色《とびいろ》の髪を大草原の小さな家のローラ・インガルスのようにおさげに結ったレオタード姿のサラは、車を飛び出して体育館に駆けこむのだった。サラは体操が大好きになった。言っておくと、ありあまるエネルギーは、鎮まるどころかますます燃え盛ったけれども。自宅のランチハウスの玄関ホールを、何度も何度も側転で往復して花瓶や写真のフレームをカタカタ揺らした。コートクローゼットの扉に向かって逆立ちの練習をすると、犬がびっくりして気がちがったように吠えたてる。自分のベッドをトランポリンにして、天井で鼻をこするほど高く跳ねた。クラブの練習では、平均台と段違い平行棒を習って、回転、反転、空中で舞う練習をした。

その後数年のうちに、サラは上級クラスに進んで、倍以上の年齢の女の子と並んで練習するようになる。サラのコーチは、子どもだからといって甘やかさず、つぎつぎといろんなことをさせる人だった。新しいスキルを習うのを怖がると、体育館の隅に立たされた。サラは理解した。すごい体操選手になりたかったら怖がってなんかいられない。それに、体育館の隅に立たされるのは恥ずかしい。そう思ってできるようになるまで何度も練習した。1984年、10歳のとき、ランシングにあるグレート・レークス・ジムナスティクスという体操クラブの入団試験を受けてみたらどうかとコーチに勧められた。「あそこならまた一段と上達するよ」と言われたのだ。グレート・レークス・ジムナスティクスのような民間の体操クラブは全米のあちこちにあって、小さい女の子が州からやがて全米、ときには国際大会に出るレベルのトレーニングを積める。うまくいけば大学奨学金への軌道にも乗れた。もっと数少ない幸運に恵まれればオリンピックも夢ではない。2012年オリンピックの団体総合で金メダルをとったジョーディン・ウィーバーは、ダイモンデールからちょっと道を下った街で育っている。体操の夢がそこここに感じられる地域なのだ。

サラは挑戦してみたかった。新しいクラブに行くのはやっぱり怖かったけれど。入団試験の前2日ほどは、夜ベッドに入って眠ろうとしてもなかなか寝つけなかった。いよいよ試験の日、当地に着いたサラはその光景に驚く。かび臭い古い倉庫に押しこんでしつらえた体育館で、床のあちこちに天井の雨漏りを受けるプラスチックバケツが置かれていた。ミシガン州立大の、新しい器具・用具がふんだんに整備されたぴかぴかの体育館とは似ても似つかない陰鬱なところだった。でもこの新しいクラブには、ある野心的なコーチがいた。ジョン・ゲッダートだ。セントラル・ミシガン大学の選手として鳴らし、トップレベルの体操クラブ、メリーランドのマーヴァティーン・ジムナスティクスでコーチを務めて郷里のミシガンに帰ってきていた。サラはゲッダートに習いたかった。スターアスリートの育ての親として注目されているコーチで、実際、のちの2012年オリンピックで米国チームのヘッドコーチになる。サラが入って何年かのあいだに、ゲッダートは20人を超える全米チーム選手を育て、総額700万ドルの奨学金を確保して体操選手を支援した、と本人のLinkedInページに出ている。でもそれは多くの少女にとって、大きな犠牲を払わなければ叶わない夢だった。

サラが出会ったころのジョン・ゲッダートは、まだキャリアでは駆け出しだった。体育館に足を踏み入れて、あたりの壁いっぱいに貼られた写真の前を通り過ぎた日のことを、サラは憶えている。写っていたのは奨学金を手にした少女たちだった。いつか私も、と未来の自分を思い描いた。このクラブでやっていけさえすれば、それがかなう。入団試験では、何人かコーチがそばにつき、その一人、ジョンの妻のキャスリーンの指示で困難なスキルをつぎつぎにやらされた。難しい技に挑むのを怖がるかどうかをコーチに見られるだろうとわかっていたサラは、いっさい怖気を見せなかった。高々と跳び、空中できりきりと存分に舞って試験を終えた。そして結果を待った。永遠に続くような気がした数日が過ぎて、知らせを聞いた。合格だった。早い時期の人生で一番幸福な日だった。

不思議の国のアリスが落ちたウサギの巣穴がすぐそこまで来ていることに、サラはまったく気づいていなかった。身体にも心にもずかずかと踏みこまれて、自分という人間の輪郭を見失っていく、現実とは思えないような世界が待っていたのだ。

霧のかかる春の日、いま住んでいるノースカロライナ州のローリーで、サラはこのころのことを話してくれる。私たちはある美術館の、小石を敷きつめた中庭の椅子に掛けている。自宅でできない話をするためにサラが選んだ、静かで穏やかな雰囲気の場所だった。自宅の近く、子どもたちの近くでこの話をするのはいやだったのだ。まだ話すことに迷いが残っているようだ。夫以外の誰にも話したことのない、子どものころの深刻な経験だから。この本で初めて自分の人生に起きたことを明かすことによって、おぞましい性犯罪者がどうやって女の子に目をつけ、追いつめ餌食《えじき》にしていくのか、世の人にわかってもらえるかもしれないと考えたのだ。そうすることでこれからの子どもたちを護りたかった。サラはいま40代前半、二人の息子はまだ幼い。むかし体操で負った怪我で、膝に金属製の装具がはまっている。身体が痛むのが当たり前の生活になってしまった。いつも身体のどこかが痛んでいるのは、30年以上前からだったけれど、その上に、心に負った傷も深いのだった。

「世の中の人は見えないから。オリンピックで活躍するような選手が一人出たら、その下に壊された女の子が山ほど隠れているのよ。氷山みたいにね」とサラは言う。いかにもアスリートらしく背筋をぴんと伸ばして掛けるサラの口から漏れた言葉が、いまでも私の脳裏を離れない。「コーチ一人が手がける女の子なんて３００人やそこらは下らないんだから」。

グレート・レークス・ジムナスティクスで、サラは新しい世界に足を踏み入れた。そこは新兵しごきのブートキャンプだった。１週間に１日だけ練習していた前のクラブと比べてトレーニングは格段に厳しい。毎回最低３時間続く放課後の練習が週３回あった。厳しいけれど望むところだった。やっていけることを証明したかった。今度のクラブの費用が前より高くて、共働きをしてなお生活が苦しい両親に負担をかけていることを考えると、その思いは切実だった。大学の奨学金をとって恩返しの一つにしたかった。夢を追う娘を支えるために、両親は大きな犠牲を払っている、サラはそのことを自覚していた。

親のことになってつい涙ぐみそうになりながら、サラはすぐに自制して話を続ける。練習中コーチに怒鳴りつけられるとね、それはまあよくあることだったけど、もっとうまくできるようになろうとがんばったのよ、とサラは言う。ジョン・ゲッダートに喜んでもらいたいという思いはとりわけ強かった。隆々たる筋肉、いかにも強そうな硬い輪郭のあご、自信とパワーがあふれ出ている男だった。ジョンに見どころがあると思わせたら、体操ではるかな高みにまで引き上げてくれるとわかっていたサラは、ジョンの自慢の選手になることだけを考えるようになった（クラブの女の子はみんなジョンと名前で呼んでいたので、私もそれにならうこととする）。

ジョンは簡単には喜ばない男だとすぐにわかった。まだほんの子どもだった選手たちを威圧して、怖がらせて支配していた。「女の子がミスするとクリップボードを投げつけたの」だという。「この役立たずが、って罵ってね」。ジョンの癇癪《かんしゃく》を初めて経験したのは、ロンダート〜バックハンドスプリング〜バックタックにとりくんでいるときだったそうだ。スタートがまずく、頭部から先に着地して顔に強い擦り傷ができた。「ジョンは私をスポットする（訳注：「spot」は、身体を受け止めるなどして補助すること）はずだったのに」、そうしたらあんな落ち方をせずにすんだかもしれないのに、「スタートが悪かったって怒って、背を向けて向こうへ行ってしまったの」。サラは自力で起き上がった。

顔面がずきずきと痛んだ。スポットしなかったことでコーチを責める代わりに、自分に猛烈に腹を立てた。そうか、こういうことか、とサラは思った。頭から落ちたのは自分が悪かったんだ、と。体育館では、集中力が足りないとか、やる気が足りないとかの怒声が、始終コーチたちから飛んでいた。怪我をしたら集中していなかったということになった。怪我するのは本人のせいなのだった。

本書で明かされる、サラを含めた選手たちのこうした経験について、私は先方の弁護士を通じてジョン・ゲッダートにコメントを求めたが、返事はなかった。

話を聞いているうちに小雨が降り出す。私たちは濡れないように葉の茂る木枝の下に椅子を移動させて、周りに落ちる雨音を聞きながら話を続ける。サラは、選手たちがなんとかしてコーチに怪我を隠そうとするようになったときのことを、記憶をたどりながら話してくれる。「痛いって言っても嘘つき呼ばわりされるだけだったから」。血のにじんだ傷だらけの手、骨折した手指やつま先を隠して練習していた女の子たち。そんな光景にもサラは慣れていった。コーチの怒鳴り声や侮辱にも何も感じなくなった。

「やる気があるのか！」

「役立たずが！」

「怠けてるだけだろう！」

完璧な演技ができないとどんな目に遭うかもよくわかった。ランニングやレッグリフトが追加されて、倒れるかと思うまで何度も何度もくり返させられる。体重測定もストレスの種だった。コーチが選手の体重を定期的に測って、「適正体重」でなかったら、駐車場の周りをレオタード姿で走らされる罰が待っていた。女の子が身体の線がはっきり分かるレオタードで人目にさらされて走った屈辱がよみがえる。走りすぎていく車にはクラクションを鳴らされ、路上の男たちからは卑猥なキャットコールを浴びせられた。

体育館の中でも嘲られることがあった。例えば、サラは生まれつき両脚が微かに外側に開いてついていたため、倒立回転跳びをやると、その不具合が原因でどうしても両脚のあいだに隙間ができてしまう。ジョンが自分を見て、もう一人のコーチといやらしそうなジョークを飛ばして笑いものにしたことを、サラは忘れられない。「脚をきちんと閉じない私を男どもは喜ぶだろう、って言ったのよ」とサラ。「まだ10歳だったけど、それがどういう意味かはわかったわ」。笑いをかみ殺す二人の男を見てサラは悔しく、恥ずかしくて顔が真っ赤になった。でも言い返す言葉がわからなかった。子どもだったサラに何が言えただろう。

サラはジョンを怒らせまいと慎重になった。いつ地雷を踏んで恐ろしい形相を見るかわからなかったのだと、ある日の練習中、跳馬でへまをしたときのことを話してくれる。ジョンはサラに怒りをぶちまけて手も出した。「やり直そうとして全力で走っている私を助走路から押し出したの」だという。「押されて身体が横向きに飛んで、段違い平行棒を支えている鋼線の上に叩きつけられたのよ」。サラはあざのできた体を引きずってまたやり直した。恥ずかしさを噛みころし、自分を責めながら。

練習でこんな手荒い扱いを受けていることを、サラは両親に話さなかった。自分の知るかぎり、この程度のことはトップ選手をめざすなら体操の世界では当たり前だったから。比較の対象がなかったから周りの大人を信じていた。こういう事情の何もかもが、コーチに認められなければ、という思いに拍車をかけていった。いま当時をふり返って、サラはあれは「洗脳」だったわ、と言う。こちらは10歳かそこらの女の子でジョンは大人の男だった。力関係が同等であるわけがない。ジョンのお気に召さないことをすれば、引き上げてくれるどころか、いつでも背を向けられて無視されるようになるだろう。すべてはジョンの気分次第だった。技がうまく決まらないと、なんの価値もない人間のように扱われた。何をやってもジョンに一目置かれるには足りない気がして、ますます認められたい思いにとりつかれていった。「完璧にやらないと気がすまない子だったから」とサラは言う。「ジョンは鬼軍曹ってところね」。それまで以上に体操しか見えなくなって、ジョンのこととジョンにどう思われるかしか考えなくなっていった。「ジョンを喜ばせるためなら、なんでもしようと思っていた」という。「おしまいには自分の親よりジョンと一緒にいる時間のほうが長くなったわ。子どもは誰でも自分のそばにいる大人を幸せにしたいと思うものだから」。

週3回の放課後練習に加えて、土曜日にも5時間練習することにした。クラブは新しい場所に移ったけれど、それまでより特にましになりもしなかった。使っていない高校の校舎で賃貸した体育館で、エアコンもなく、夏の蒸し暑さは耐えがたかった。火照った体を冷やそうと、帰宅後凍るように冷たいシャワーを浴びて、裸のまま扇風機の前に立って乾かした。「いつだったか5、6時間練習したあとで本当に暑さにやられてしまったことがあったわ。めまいがしたから、コーチのひとりにトイレに行っていいかって訊いたの」。サラはトイレに入って、休んでいるといって怒鳴られないようにと願いながら、洗面台の前の床に寝ころんだ。あっという間に見つかった。「ジョンが入ってきて、『仮病だろう。立て!』って言った。ジョンはいつも女の子たちを捕まえに女子のトイレまで入ってきたわ。

体育館にいないって気づくと探しにくるのよ」。

プライバシーも何もあったものではない。ふり返るとね、これも自分にはたとえ誰であっても侵してはならない境界がある、っていう意識がなくなっていくプロセスだったわ、とサラは言う。

過酷な練習と学校の勉強を両立させるために、厳しい時間割で進む生活が始まって、サラは夜遅くまで宿題をするようになった。サラは学校でも、スポーツと同じく自分に完璧を求めて、いつも優等生だった。「Aより下が一つでもついたら、きゃあどうしよう、って心配になった」。サラの話を聞きながら、そんなに早くからここまで激しい闘志を燃やせるサラに、私は驚かされる。子どもがスポーツエリートの道を邁進するのは、実は親がそうしたがっているからだという話はよく聞くけれど、サラの場合は違った。自分で自分を駆り立てていた。サラの両親は娘を誇りに思っていたけれど、本人が幸せである以上のことは望まず、毎週毎週厳しいトレーニングを何時間もすることを押しつけなかった。それどころか負担が重すぎるのではないかと心配していたのだとサラは言う。練習と学校の勉強についていくために、それ以外の楽しみはすべて犠牲にしていた。お泊まりごっこをすることもなかった。でも自分たちの見るかぎり、サラは体操が大好きだったから、すべてうまくいっているのだと両親は信じていた。それを疑わせるようなことをサラもいっさい話さなかった。コーチからけなされることも、コーチたちがクラブの女の子に卑猥なことを言ったり、物を投げつけたりすることも黙っていた。トップレベルのコーチはどこでもそんなものだと思っていた。この小さな閉ざされた別世界が、サラが唯一知っている世界だった。泣き言を言うな、とサラは自分に言いきかせた。トップに立ちたいなら、このくらいは乗り越えないと。

中学に進んだサラは、州レベルの競技会で優勝するようになって、5州大会で上位3選手にランクインした。ジョンは重要な大会の遠征のたびにサラをメンバーに入れるようになった。競技でアメリカのあちこちをまわるのは楽しかった。そんなある大会のことを書いた子どものころの愉快なエッセイをサラは見せてくれた。過酷なトレーニングの最中にも楽しいことが折に触れてあったことがうかがえた。

霧のかかる夜の午前1時ごろのことだった。ジョージア・クラシック・招待競技会での競技日程がやっと終わった私たち体操チームは、自分たちへのご褒美に夜遊びに出ることにした。日曜の午前1時に開いていたのは町のボーリング場ボウル・A・ラーマだけだった。そこで15人全員で、微かに見える照明を頼りに駐車場に向かった。階段を下り始めたそのとき、甲高い笑い声が響いて、みんないっせいに口をつぐんだ。急いで階段を駆け下りてなんの騒ぎかとあたりを見回すと、まあなんということだろう、駐車場で男が三人踊っていて、しかもそのうち二人はお尻を丸出しにしていた。その信じられない姿を前に、みんなぽかんと大口を開けて突っ立っていた。その二人が私たちに気づいて建物の中に駆けこんだ。恐ろしいものを見た衝撃が収まると、ボーリング場に向かおうとみんなでミニバンのところまで行った。数分経ってさっきの男たちが部屋から出てきた。今度はちゃんと服を着ていて、私たちの後ろをついてきた。キャシーコーチが巧みに遠回り運転してくれたおかげで、男たちはたちまち田舎道のはるか後方に遠ざかった。ボーリングを2時間やり、さんざんばかなことをやらかして楽しんだ。モーテルに戻ると、もうあんな男たちがいた痕跡もなかった。ただ一つ、ピンクのシャツが濡れた舗装面に置き去りになっているのを除いては。

このエッセイでサラのいうコーチとは、のちにミシガン州立大体操チームのヘッドコーチにまでなるキャシー・クラゲスだ。

新星サラはますます輝く。ジョンが選抜するトップ選手の中に入って練習することも多くなった。体育館にいるときのジョンは、ほぼこのグループにかかりきりになる。同時にプレッシャーもどんどん大きくなっていった。競技会でサラが跳馬をしくじって、ジョンが激怒したことがあった、という。「踏切板を拾い上げて私に投げつけたの。後ろから脚に当たった。20キロはある板よ。私はよろけて前向きに倒れたわ、脚から血を流してね」とサラ。「ジョンは『おっと手元が狂ったな』だなんて」。サラは受け流そうとした。ここを耐えればずっとジョンのお気に入りグループに入っていられるのだとわかっていた。それはサラの夢だったけれど、同時に悪夢でもあった。ジョンに認められたいと思えば思うほどサラはジョンを恐れた。

やがてサラは12歳にして壊れる。

どうやってもコーチに隠しきれないほどひどい怪我を負った。平均台で下り技に入ったときのこと、側転で台の端まで行って後ろ向きに跳んで下りようとしていた。平均台は、下に発泡スチロールブロックを積んだピットが置かれた土台の上に設置されている。側転に続いて台から下りる跳躍に入ったとき、身体のひねりがおかしいとサラは感じた。「体操では落下はしょっちゅうだから、いつも自分の身体を意識して怪我をしない位置に下りるように気をつけるの」。でもそのときは調節しなくてもいいと思った。「これなら発泡スチロールのピットに下りられるから大丈夫だろうと思ったんだけど」。大丈夫どころではなかった。背中からすさまじい勢いで着地して、脚は大きく顔を振りかぶり、あごが胸骨に食いこんだ。本当に胸骨が折れたのだ。そのときはどこかを骨折したとは思わなかった。ひたすら衝撃と痛みがすさまじくて、どうしても動けなかった。それでもなんとかピットから起き上がってもう一度平均台に乗ろうとした。「面倒が起こるのはいやだった」とサラは言う。「自分が責められることがわかっていたから」。ジョンは火を噴いて怒るだろう。サラは自力で起き上がろうとした。

ピットから出て身体を立て直そうともがきながら、そろそろと動く自分に誰も気づかないようにと祈った。「まるでプールから上がろうとしているみたいだった」とサラは言う。プールというより泥沼から這い上がるのに近かった。ジョンが気づいて、何をそんなにのろのろしてるんだと訊いた。「痛むんだと言ったら、嘘をつくな、さっさと立ってもう1回やれ、って言われた」。それだけでも恐ろしいのに、「胸の部分で胸郭が丸ごとゆらゆら動いているのがわかったの。ほとんど息もできなくて。普通に呼吸ができない、微かに吸って吐いてをくり返すのがやっとだったわ」。呼吸すると肺が膨らんで胸郭が動くからそうなるのだ。それでもサラはなんとか平均台に乗ろうとした。そしてそこで倒れてしまう。

ジョンの妻のキャスリーンが車でサラを病院に連れて行った。切り裂くような痛みを抱え、身体が揺れないように、サラは車の中でじっとしていた。「ほんの少しでも動くと痛みが走ったわ、あのときは」とサラ。救急治療室で聞いた結果に胸がつぶれた。胸骨が2か所折れていたのだ。その夜、ジョンが練習後にやってきた。ジョンが蒼い顔をしていたのと、自分が打ちのめされていたことだけを憶えている。サラは全部自分が悪かったのだと思っていた。3日間の入院がとても長く感じられた。胸を包帯で巻かれて、折れた骨はいずれ回復してくっつくけど時間がかかるよと言われた。

何をしても痛かった。肩を動かすこともできなかった。身体を曲げたときの痛みはまるで拷問だった。退院の前日、ズボンを履こうとして痛みのあまり気絶した。家に帰って何週間もベッドで過ごした。手助けしてもらわないとベッドの上で身体を起こすこともできなかった。やっと学校に戻ったら、みんなからぎょっとした顔をされた。いまにも壊れそうに見えるらしかった。「玄関ホールでね、ほかの子が私にぶつからないかって、先生たちが震え上がってるのがわかった」という。「ホールに誰もいない時間をねらって早めに登校するしかなかったわ」。お昼ごはんも一人だった。「校長先生の部屋で食べるの。カフェテリアに行かずにね」。そうするあいだもずっと、いつになったら体育館に戻れるの、とサラは考えていた。

結局6か月かかった。「病院の先生からもう大丈夫って言われたとき、ものすごくうれしかった」という。「クラブに戻るのがほんとに待ち遠しくて」。

サラの両親は体操をやめさせたいと思っていた。「ここまでやったらもう十分じゃないの」と母親に言われたけれど、サラは続けさせてと家族を説得した。体操に何年も費やしてきたのだ。いま諦めたくなかった。

「体育館に駆け戻って、『ドクターから許可が出ました!』ってジョンに知らせたの」。いま、そう話すサラの目に涙がにじむ。そして「でも最初は無理をしないようにと言われました」と釘を刺した。

「そんな必要はない」。ジョンの石のような反応にサラはくじけた。そしてジョンは「医者なんてものはなんにもわかっちゃいない。体操のことをなんにも知らないでな」とわめき散らしたという。「本当にこのとおりのことを言ったのよ」。

考えられない話だけれど、胸骨骨折から練習に復帰した初日だというのに、サラは当然のように負傷前の続きをやらされた。ジョンはなんの手加減もせずに跳馬や段違い平行棒の練習を命じた。背中から落ちたり、手をついて落ちたりした。何をやってもうまくいかなかった。その様子がジョンの目についたのだろう、跳躍のあと手と膝から着地したサラの背中に乗って床に押しつけたのだという。「私の背中にまたがって、いやらしく身体を動かしたの。『どうだ、いい気持ちだろう、え』って言いながら。ジョンは私に恥ずかしい思いをさせたかったのよ。足から着地できなかったから」。大怪我をしてやっと復帰しようとしていたときにこの仕打ちだったのだ。

休んでいるあいだに、身体のあちこちに変化が起きた。まず背が3センチ近く伸びた。それに怪我のために上半身の強度が落ちた。一番恐ろしかったのは、折れた胸骨が再生したのはいいが、曲がって重なるようについてしまい、胸も背中も始終痛むようになったことだ。「身体が壊れたみたいな感じで、何もかも振り出しに戻った気がした」とサラは言う。「何をしてもものすごく痛かった」。「それでもやめるとは考えられなかった。「絶対やめないように思いこまされていたのよ。やめないっていうことを頭に叩きこまれて、耐えろ、強くなれ、って言われ続けてね。それに私は体操に追い立てられるのが性に合っていたの」とサラは言う。「アドレナリン・ジャンキーなのね。あれは中毒になるのよ。難しい技をものにしていくのが。どんどん気持ちを追い立てられて」。

サラはなんとか格好のつくレベルをとり戻そうと果敢に挑んだけれど、なかなか思いどおりにならなくて、どうしていいかわからなかった。ジョンの目に自分が色あせていくのを感じた。「前に乗っていた軌道から外れてしまっていた」のだとサラは言う。「ジョンは私にがっかりしたのよ、それを感じたわ」と。身体の痛みよりそのほうがつらかった。ここまで話してつい声がふるえたサラだったが、すぐに表情を引き締める。私が同情するような顔をすると、私が自分のことを話しているときに気の毒そうな顔をしないで、かえって話すのがつらくなるから、と言うのはサラのほうだ。心を平らにして話したいのだろう。サラの育った、あのブートキャンプのような過酷なトレーニングの場では、泣き言を許さない、それがすべてだったのだとよくわかる。語られることの過酷さにできるかぎり反応しないように、私は心がけて聞く。

サラの物語は続く。サラはますますジョンに認められたい思いに追い立てられていった。怪我で転がり落ちる前は、あのクラブであそこまでのぼりつめていたのだ。それをむざむざ失いたくなかった。「あと一息のところまで来ていたのよ」とサラは言う。「それをとり戻したかったの」。

その間ジョンは、全米で注目されるようになっていた。いまではレベル10の体操選手を何人も抱えていた。体操を統括するアメリカ体操連盟が運営するジュニア・オリンピック・プログラムの最高レベルが10なのだ。ジョンはオリンピック選手を出したがっていた。そういえば、ミシガン州立大からスポーツ心理学の専門家を入れたこともあったわ、とサラ。選手たちが、周りの雑音や気が散る原因になるものを遮断して試合で集中できるようになるために、そして勝つために。

そしてある日、ラリー・ナサールがドアを開けてやって来た。

第2章　街

先日の午後のこと。あれから何年になるだろう、サラがブートキャンプに踏み出したミシガン州ランシングの中心街では、エルビスの歌がそここに漂っている。

"Everybody in the whole cell block...
Was dancin' to the Jailhouse Rock."

どこへ行ってもこの曲が耳についてくる。街燈にとりつけた小さいスピーカーから流れてくるのだ。エルビスに混ざって聞こえる粋なメロディーは、BeeGeesの「Stayin' Alive」、ビリー・ジョエルの「Uptown Girl」だ。それを除いては、歩道は静まり返っている。火曜日の午後ならアメリカ中どこの大通りでもこんなものだろう。支柱に寄りかかってピザにかじりついている男がいる。古びた外装の衣料デパート、酒屋に宝石修理工房、どこもほとんど客の姿はない。歩道に座りこんだひげ面の男から、「退役軍人を助けてくれるかい」と声をかけられる。発電所から伸びる高い煙突が3本遠くに見えてきた。どこかで電車が警笛を鳴らしている。数ブロック下ると、州議会議事堂のすぐそばで、テレビレポーターが女性にインタビューしていた。後ろにそびえ立つ建物が空を突きあげている。

スポーツバーの窓には、巨大なスパルタ人の頭と「ゴー・グリーン、ゴー・ホワイト」のバナーが貼られている。ここはミシガン州立大学のテリトリー、典型的な大学街だ。学生や教授と知り合いだ、自身が卒業生だ、ビッグ・テンのフットボールチームの大ファンだ、と、住民のほとんどに、何か大学とのつながりがあるらしい。州立大は長いあいだ、この人々のつながりが濃いコミュニティにとって、強烈なプライドの原点だった。ラリー・ナサールに根底から揺るがされるまでは。

ナサールのスキャンダルが大々的なニュースになったのは2016年秋のことで、その前に「インディアナポリス・スター」紙がアメリカ体操連盟に対する大胆な暴露記事を掲載して、インディアナポリスに本拠地を置く同連盟が、コーチによる性虐待の疑惑の対応を誤っていた、と報じたのがきっかけだった。この記事を読んだ元体操選手レイチェル・デンホランダーが同紙にメールを送り、まだ特定されていなかったラリー・ナサールを虐待加害者として名指ししたのだ。当時、ナサールは有名な医師であり、ミシガン州立大学のオステオパシー医療を専門とする教授であり、オリンピック選手を治療することで知られたアメリカ体操連盟の全米代表のチームドクターだった。その後すぐ、さらに二人から同紙に電話が入り、やはりナサール医師を告発した。一人は、2000年オリンピックの体操団体銅メダリスト、ジェイミー・デントシャーの代理人でジョン・マンリー弁護士。[*1]もう一人は

＊1 Mark Alesia, Tim Evans, and Marisa Kwiatkowski, "Larry Nassar's Downfall Started with an Email to IndyStar," *IndyStar*, December 7, 2017.

全米優勝3度、アメリカ体操連盟殿堂入りも果たしたジェシカ・ハワードだった。

ジェシカは、新聞社に残したボイスメールの録音を私に聞かせてくれた。「アメリカ体操連盟の性虐待隠蔽についての記事を読みました。お話ししたいことがあって電話しています」。柔らかいが決意の感じられる声だ。「提供できる情報があります。お話しするのはものすごく不安ですが、体操連盟と連盟のやり方に被害を受けた多くの人が公正に対処されるよう、力になりたいと思います」。

ジェシカはこの時点では匿名を希望していた。それはジェイミーも同じだった。それでも二人の話は、被害者だと世間に名乗り出る覚悟を決めていたレイチェルの告発を裏づける重要な情報になった。「スター」紙がレイチェルのビデオインタビューとともに記事を掲載すると、その後数か月でさらに数十人の女性が名乗り出た。

ラリー・ナサールのことは、かれこれ20年も前から年端もいかない女の子を含めた大勢の女性が通報していたのだ。コーチやカウンセラー、ときには警察にまで。誰も真面目にとり合わず、信じようとしなかった。誰か一人でも耳を傾けて信じていたら、このおぞましい性犯罪者をもっとずっと早く止められていただろう。1000人単位の女の子が犠牲になることも防げたかもしれない。

このときは警察も動いた。2016年11月、ミシガン州司法長官ビル・シュエットは、性的犯罪行為の罪状第一弾を発表して、これは「氷山の一角」にすぎないと釘を刺した。その1か月後、連邦警察は、約3万7000枚の児童ポルノ画像をコンピュータに保持していたとして、ナサール医師を起訴した。その2か月後には、ミシガン州で性的犯罪行為の罪状第二弾が発表された。このあいだにも女性がつぎつぎと名乗り出た。

2017年7月、ラリー・ナサールは連邦裁判所で児童ポルノについて罪状を認め、その4か月後にはミシガン州の2郡で性的犯罪行為の罪状を認めた。ナサールは30年近くも若い女性や少女に性暴行を働いていた。手袋も医療用潤滑剤も使わずに、胸や臀部《でんぶ》を触り、膣や肛門に指を挿入していたのだ。本人はそれを医療行為だと主張するが、専門家はこれに同意せず、不妊症や骨盤の痛みなどの症状に使える内科治療としてならその可能性はあるが、ナサールが専門とするスポーツ傷害の治療としてけっして一般的でないやり方だと指摘した。また、こんな細心な配慮が必要な治療をおこなうにあたっては、未成年者には保護者の同意を得る、手袋を使用する、手順を明確に説明する、助手を同席させる、といった要件があることも指摘した。ナサールはこうした手順を守っていなかった。

2017年12月、ナサールは児童ポルノ所持で連邦刑務所に60年の拘禁刑を言い渡される。判決の中でジャネット・T・ネフ裁判官が、「自分がいままで見た中にこれほどひどいものはなかった」と述べるほどの画像だったという。ネフ裁判官はナサールを、「危害を加えない」という医学の基本理念を侵しているとして厳しく批判した。

そしてこのあと、歴史に残る法廷場面が世界の注目を捕らえることになる。

2018年1月、ミシガン州2郡でおこなわれたラリー・ナサールの判決前審問で、200余名の女性が一人ずつ証言台に立ち、ナサールと対峙して舌鋒鋭い被害者陳述をおこなった。多くはこれまで匿名で通してきたが、実名で証言台に立つ女性が増えると、その姿から勇気を得て続き、自分を裏切った男の運命をその手で決する場に赴いた。女性たちの顔、発した言葉がニュースで大々的にとり上げられると、全米が注目した。女性たちは事件に生身の人間の息吹を吹きこみ、物語に顔、200

を超える顔を与えた。奪われた力をとり戻したのだ。

「もうおわかりでしょうけれど、小さい女の子はいつまでも小さいままではないのよ」。最初に法廷でナサール医師と対峙したカイル・スティーブンスは言った。「みんな強い女性に成長して、あなたの世界をぶち壊すために戻ってきたの」。

ローズマリー・アキリーナ裁判官は、発言した女性たち全員を前に、「あなた方はもはや被害者ではない、生き延びた人、サバイバーなのです」と語りかけた。

続いてラリー・ナサールを痛烈に批判したアキリーナ裁判官は、40年から175年の拘禁刑を言い渡したうえ、「これで死刑になったも同然ですね」と言い放った。

そしてもう一つ、法廷場面として意外な展開があった。この型破りな裁判官は、審理中にナサールから受けとった手紙を一部読み上げる。ナサールは自分が不当な扱いを受けていると訴え、自分のやり方は「性的ではなく医学的」行為であり、自分が罪状を認めたのはひとえに裁判の重圧から地域や家族を守るためだと主張していた。自分は「優秀な医師」であり、「メディア」が患者に「私のやったことはすべてまちがっていて、悪いことだ」と信じこませているのだと続け、「みんな、こんな私に信頼を裏切られたと思っている。女を侮辱すると暴れ狂うから恐ろしい」と結んでいる。

裁判官がその最後の1行を読み上げたとき、法廷から憤慨のうめき声が上がった。

アキリーナ裁判官は後日私に、「あんな手紙を書くようじゃ本当はなんの反省もしていないわね。ナサール被告はいまでも自分のしたことが医療行為だと信じていて、そしてまだ自分の周りの人間をコントロールしたいという願望がおありのようよ」と言った。

ナサールはいま監獄にいて、生涯そこで過ごすことになる。

私がこう書いているいまも、責任者がつぎつぎと、職を追われ、起訴されている。ミシガン州立大では学長のロウ・アンナ・K・サイモンが、医学部のオステオパシー部の部長ウィリアム・ストランペル博士、体操競技のコーチ、キャシー・クラゲスとともに解任された。三人とも刑事責任を問われているが、詳細は後述する。全員が無罪を主張している。州立大の臨時学長となったジョン・エングラーも、法務顧問ボブ・ヤングとともにすでに辞めている。米国オリンピック委員会最高責任者スコット・ブラックマンとアメリカ体操連盟会長スティーブ・ペニーも去り、これも後述するが、ペニーは刑事責任を問われており、本人は無罪を主張している。州立大、体操連盟、オリンピック委員会、いずれも現在連邦議会が徹底調査中だ。

この事件を後回しにしたとして、ＦＢＩにも司法省の捜査が入っていると報じられている。[*2] 本書出版時点ではジョン・ゲッダートも、虐待に等しい指導だとの訴えが殺到し、ミシガン州司法長官の捜査を受けている。また、アメリカ体操連盟と、スポーツでの虐待問題にとりくむ監視団体 The US Center for SafeSport から、ゲッダートに停職処分が下された。テキサス州では、全米チームおよび米国オリンピックチームのトレーニングセンター、カーロイ・ランチが閉鎖され、警察の捜査が入っている。米国オリンピック委員会は、アメリカ体操連盟のスポーツ統括団体認定を取り消す措置に踏

＊2 Rebecca Davis O'Brien, "U.S. Investigates FBI Response to Gymnasts' Sex-Abuse Claims," *The Wall Street Journal*, September 4, 2018.

み切った。アメリカ体操連盟、米国オリンピック委員会、ジョン・ゲッダートとその体操クラブその他への訴訟も起こされている。

それでも、こんな虐待を許した体操界の風潮や数々の組織を変えるまで道のりはまだまだ長いと、未だかつてないほど強い声をあげているサバイバーたちも認めざるをえない。

私は、ラリー・ナサールがいかにして地域のコミュニティに入りこみ、30年近くにわたって女の子を狩り続けたかを伝えるために、ここランシングに来た。一人一人の話、派手な新聞の見出しの裏にある物語を伝えて、ナサールがどうやって街の人々を惹きつけ、騙して信用させたかを明らかにしたい。何も知らない親たちを診察室に、ときには自宅の地下室に同席させながら、女の子に性暴行を働く大胆さをどうやって身につけていったのかを。

これは、崩壊した家族、引き裂かれた街、卑劣な医師を止められたかもしれないのに見逃された数々の瞬間の物語であり、標的にされた女の子たちの目を通して見た、皮肉にも洗練されていくナサールの手口の物語だ。そして、体操界で最も強力なそこここの組織の後ろ盾に長年護られてきたナサールを、手をとりあって倒した何百人という、女の子を含めた女性たちの大いなる勇気と強さの物語でもある。

知られているかぎり最初のサバイバーから最後のサバイバーまで、30年も続く物語の中で、リンゼイ・レムケ、イズィー、アイルランドのハッチンス姉妹、オータム・ブラニー、エンマ・アン・ミラー、そしてその親と、何十人もの勇気ある女性たちが語る、それぞれが自身の目で見抜いた真相から、誰も知らなかった、一人の医師が怪物へと変容した驚くべき過程が明らかになる。女性たちの多くは本書で初めて人生の秘密を明かした。誰も思いもよらなかったような過激な性暴力を受けていたサラ・テリスティもその一人だ。これも初めて語られるシェルビー・ルートの経験は、ナサールの被害者とは事情が違うけれど、ナサール事件のとらえ方に重要な示唆があり、いろいろなレベルで若い女性を損なう体操界の実態が明らかになる。ジョン・ゲッダートから2年間にわたり、指導の傍らで、いずれそこに進むことをねらった懐柔行為であるグルーミングを受け、18歳で体操クラブを離れて大学入学の準備に入ったとき性的関係を持ちかけられた。その結果立ち直れないほどの傷を負ったことを、私は本人から聞いた。ナサールの性暴力を警察に、州立大の当局者に通報した女性たち、ラリッサ・ボイス、ブリアンネ・ランドール・ゲイ、アマンダ・トーマスハウは相手にされずに終わる。そして、アメリカ体操連盟の役員を務め、その欠陥を内側から見ていた全米チャンピオンのジェシカ・ハワード、ナサール訴訟の成否を分けた、性暴力被害者が法的措置をとれる期間を延長する重要な法案を州議会議員を巻きこんで作成したランシング在住の弁護士ジェームス・ホワイト通称ジェイミー、さらに、女性たちに法廷で存分に発言させ、いままでとは違う正義の姿を見せた、熱血裁判官ローズマリー・アキリーナも登場する。

ランシングの住民がたどった道は険しかった。「ミシガン州立大学はコミュニティのアイデンティティなんだ。それがこんなにも醜いものとつながっているなんて、住民には耐えがたかったんだろう」と、そこで二つの学位を取得した弁護士ジェイミー・ホワイトは言う。「でもここを抜けてもっとたくましい、安全な街になったら、いずれ太陽も見えてくると思いたいね」。ジェイミーは、被害者の代理人をつとめたうえに、成否を分ける重要な法案を作成した。そして母校相手の金銭解決を賭けたチェスの勝負でも、この種の解決金として米国史上最高額となる500万ドルの和解を、みごとな法廷戦術で実現した。

＊　＊　＊

ついこのあいだ、日が暮れ始めた午後のこと。ランシングの街角に立っている私に、ピックアップトラックから男が「その帽子、どこで買ったんだ？」と声をかけてくる。数年前休暇でビーチを散歩したときに買った、どうということのない黒いキャップだ。とても遠いところ、フランスでね、と答える。男は笑ってそのまま走り過ぎていく。ランシングには小さな街特有の雰囲気がある。インディアナ州南部のもっと小さな街で育った私には懐かしい。両親はそこで地元新聞を発行していた。住んでいたのは田舎道沿いで、向かいにはトウモロコシ畑と小川《creek》――地元ではこがわと呼《crick》んでいたけれど――があった。子どものころ、私は隣町のガールズ・クラブで体操をやっていた。平均台で手を使わない空中側転と倒立回転跳びをマスターした。

空中側転をものにしたときの天にも昇るような気持ちを、いまでも憶えている。森の中にあった家の前庭で、何度も何度も練習してやりとげた。まず普通の回転から始めて、次に手を上にぐっと伸ばして、手を使わずにできるまで練習した。毎週、クラブの練習が終わると、息切れしながらも爽快な気分で、自動販売機で缶のグレープソーダを買うのが待ち遠しかった。プレッシャーもストレスもない、ただひたすら楽しい日々。ランシングにあるような軍隊式のクラブとは似ても似つかない。街の近くにそんな体操クラブはなかったし、学校に体操部もなかった。もしそんなクラブやチームがあったら、私もそこに行っただろう。そして続けていきたいと願ったと思う。

私には、あれほど大勢の女の子が、うまくなりたい、トップに立ちたいと思い焦がれて常軌を逸して体操にとらわれていった過程が想像できる。

ラリー・ナサールに対して被害者として名乗り出た女性は、いまでは約500人に達した。立ち上がってナサールを倒した女性たち。この本はその女性たちの物語だ。どの物語も、あってはならないこんな性虐待が、この先二度とくり返されないようにと願って語られている。そして「シスター・サバイバーズ」と名乗るこの女性たちは、公正な裁きを求め、変えるべきことを変えていくために戦う強いファイターだ。

このファイターの指揮の一翼を担う一人がサラ・テリスティだ。ラリー・ナサールがどんなふうに連続性犯罪者に変貌していったのか、その過程を目の当たりにしたサラには、ほかの誰にもない慧眼がある。

第3章 始まり

グレート・レークス・ジムナスティクスに初めて現れたラリー・ナサールは、ジョン・ゲッダートから若い選手たちに、ミシガン州立大学医学部の学生だと紹介されている傍らで、ぱっとしない風体で立っていた。1988年の終わりごろのことで、当時ラリーはオステオパシーの勉強を始めたばかりだった。オステオパシーは、筋肉や骨のマニピュレーション（操作）を通じて健康上の問題の対処をおこなう医療の一つだ（診ていた少女たちを含めて、みんながラリーと呼ばれていたので、私もそれにならう）。ラリーは定期的に体育館にやって来て、自分たちの怪我の面倒を見ると申し出てくれたのだと、みんなは聞かされた。これも、ひたすら選手たちに勝ち続けさせたいジョンの意向だった。

サラ・テリスティの新任医師に対する第一印象はこうだ。「オタクっぽい感じだった。笑うと『ナーズの復讐』みたいで、みんなで笑いを噛みこらえていた」のだという。「自信たっぷりで堂々としたジョンとは真反対。ぜんぜんかっこよくなくて、筋肉男の仲間入りをしたがって、いつも落ちこぼれてる情けない男みたいなね」とサラは言う。

サラと私は、取材2日目の今日、同じ穏やかな雰囲気の美術館の中庭に座って話を続けている。被告人の有罪答弁とその後の法廷審問から数か月が経っていたけれど、サラはまだ整理しきれないあれこれと葛藤していた。ペットボトルの水を飲みながら、膝につけている金属製の装具のことをおもしろおかしく話す。あんまり目立つものだから、たまたま行き合った人がつい話しかけてきて、自分の怪我のことをあれこれ教えてくれたりするのよ、と。スーパーだったり、ガソリンスタンドだったり、いろんな場所でサラは呼び止められておしゃべりの相手をさせられる。ぜんぜん知らない人の怪我の話をいっぱい知っているのよ私は、と笑う。つらい怪我にも何かユーモアを見いだせるサラに頭が下がる。この装具があるかぎり、子どものころに耐えたすさまじい怪我の痛みをかたときも忘れることがない。そして痛みに悩まされる日々はいまも終わらない。ここでサラは、ラリーがグレート・レークス・ジムナスティクスに入ったばかりのころの話に戻る。

ラリーはあの時点である程度体操での経験があった。高校生だった1978年、デトロイト郊外にあるノース・ファーミントン高校の女子体操チームで、アスレチック・トレーナーとして体操選手のサポートを始めていた。チームでの活動が評価されてバーシティ・レターを受けたのが1981年。そして1985年には、身体の動きのメカニズムを研究する身体運動学の学位を得てミシガン州立大学を卒業する。その1年後、米国代表チームのアスレチック・トレーナーとして働き始めた。この十何年におよぶキャリアの進展を、ラリーは2015年、Facebook の投稿で長々と説明している。いまはもう見ることができないこの投稿を、「インディアナポリス・スター」紙は消える前の写真を入手して掲載している。[*3]

＊3　Mark Alesia, Marisa Kwiatkowski, and Tim Evans, "Timeline: Former USA Gymnastics Doctor Larry Nassar," *IndyStar*, September 20, 2016.

1987年にはパン・アメリカン・ゲームズでのボランティア、その1年後にはオリンピック代表選考会でのボランティアを経て、グレート・レークス・ジムナスティクスで週に20時間もボランティアに費やしている、とラリーはFacebookに書いている。女の子たちと接触する道を確保しながら経歴に箔をつける戦略として、ボランティアに目をつけたのだ。のちにナサール事件の被害者にとって重要な人物となるランシングの弁護士ジェイミー・ホワイトは、「小さい女の子に一日中触っていられる場を積極的に探していた」と指摘する。

ラリーがやってきた1988年終盤、14歳だったサラ・テリスティは、胸骨の骨折からまだ完全に復活できずにもがいていた。けれど怪我を克服しようと無理をするうちに、練習中、身体の痛む部位にストレスをかけまいとするあまり、次の怪我を招くリスクを冒す。ある日、段違い平行棒の練習中、高棒から手を放して移動する手放し技に入ったサラは、つかみそこなった低棒に後ろ向きに巻きつくように激しくぶつかり背中を強打した。上半身に火のような痛みが走る。ジョンの怒りを恐れたサラは「泣くな、泣いてはだめ」と自分に言い聞かせた。事実、気づいたジョンは怒り狂った。「まずバケツを蹴りとばしたの」とサラ。「そして『ラリーのところに行って診てもらえ』と怒鳴ったのよ」。

ジムの奥の部屋でサラを診察したラリーは、背中がバーに当たった勢いで肋骨が数本脱臼したのだと判断した。サラの胸を氷で冷やして、ジョンに怪我をしたと言いなさい、と体育館に戻らせた。そのとおりにしたサラに、ジョンは「だからなんだ？」と返したという。

サラはトレーニングを続けた。時間休みをとって病院に行くこともしなかった。怖くて泣き言も言えなかった。このとき少なくとも肋骨が1本折れていたのだと何年もあとにサラは知る。それと知らずに骨折した状態でトレーニングを続けていたということだ。「痛みに慣れすぎて感じなくなるのよ」。なんてひどい、と思わず顔に出した私にサラは説明してくれる。「余計なことを遮断できるところまでいってしまうの。感じる、っていうことがなくなる。いっさいの感情がなくなるのよ。私はまるでゾンビだったわ」。とはいえサラは生身の人間だった。肋骨を痛めた数日後、ベンチプレスをやろうとしたサラは、バーベルを持ち上げきれずに放り出して大きな音をたてた。「ジョンが怖い顔でどうしたんだ、って訊いてきて、痛むんです、と言ったら、『そんなに弱音を吐くなら、俺のクラブから出て行け！』って言われたの。しかたがないから歯を食いしばってやり通した」のだという。「地獄の痛みだったけど、泣かなかったわ」。つらい記憶に思わず目を潤ませながら、ここでもサラはすぐに自制した。ジョンに出ていけと言われて打ちのめされて、その日はそれで帰ったものの、翌週にはいつものように練習に出た。

サラは定期的にラリーの診察を受けるようになった。ラリーは小さなプラスチックカップに作った氷で胸をマッサージする。最初こそ、こうするあいだレオタードには触れなかったけれど、すぐに引っぱり下ろすようになった。まず両肩からストラップを引き下げる。次にブラジャーのストラップをひっぱって下ろす。そのうちレオタードとブラジャーを一緒に胸の下のほうまで押し下げて、乳首を丸出しにするようになった。いまならはっきりわかるわ、あのころラリーはどこまでやれるか試していたんだって、とサラは言う。いずれ医者になる人なんだから、こんなことをするにはそれなりの理由があるにちがいない、ってあのときは考えたけど、と。

いける、と自信をつけたラリーは、もう一歩踏みこんだ。「初めて乳首を触られたときのことをいまでも憶えているわ」とサラ。「いつもだったら胸を冷やしたあとで濡れたところをペーパータオルで拭きとるのに、このときはいきなりペーパータオルをとって乳首を拭いたの。濡れてもいないのに。濡れていないのにどうしてこんなことをするのかしらと思っていたら、指で乳首に触れてきた。マッサージしたり、つまんだり」。その行為を問いつめたりもしなかった。サラは子どもで、ラリーは医者だったのだ。子どものほとんどがそうであるように、サラもお医者さんを信頼するようにと教えられていた。まして極度に気落ちしていたころの話だ。コーチから完全に見捨てられた気がしていた。「自分はジョンにとって、芋の子を洗うように体育館にいる選手の身体の一つでしかないんだなと感じていた」という。「ジョンはもう私のことはどうでもよくなって、体重を測るとき以外ほとんど話しかけてくれなかった」。そんな状態だったから、ラリーに乳首をつままれても「横たわって固まっているだけだった」という。

そのあと起きたことはどうにも不可解だった。ラリーは突然怒り出したのよ、とサラは言う。そして、サラに部屋から出ろと言った。「『これからは自分で胸を冷やすんだ』と言われた」という。打って変わった荒々しい態度にサラは戸惑う。「ぜんぜんわけがわからなかった」と。「何か良くないことをしてしまったんだろう。自分が悪かったにちがいないって思ってしまったけど」。

ラリーはつい行き過ぎて収拾がつかなくなったんじゃないか、といまサラは考える。自制できなくなって正気をとり戻すために手を引いたのかもしれないと。

その奇妙な日のあと、サラは2週間ほどラリーに会わなかった。そしてある日、ラリーからまた、診察においでと言われた。「このときは、すぐに服を脱がされて、いきなり乳首を触られたわ。本当に露骨だった。水を拭きとるふりすらしなかった」のだという。そしてこのときもサラは、触られているあいだずっと心を空白にして何も感じまいとした。いやだったけれど、相手は偉いお医者さんなんだから、と子どもだったサラはラリーを信じた。誰かに何か訴えようとは考えもしなかった。とにかく、これ以上波風を立ててジョンともめてはまずい。またジョンのお気に入りに戻らなければと思っていた。

その後も同じ「治療」が続いた。ラリーが胸を氷で冷やしながら乳首を触っていると、ときどきジョンが部屋に入ってきたわ、とサラは言う。「二人はいつも、私の身体を目の前にしてしゃべってた」。仰向けで上半身裸の状態で男たちが話しているのを聞いているサラは、恥ずかしくてたまらなかった。「ジョンはよく、私の『おっぱい』が小さいとふざけた」という。「運が良かったら大きくなるだろうって」。こうしたことの大半は、このときのサラにとっては驚くことでもなかった。ジョンは女の子を追ってトイレにまで入ってくるやつだったから。境界もプライバシーもなかった。実際、サラを精神的に踏みつけにして自分は一人の人間だ、という感覚を失わせ、ラリーの性暴力の餌食《えじき》になるお膳立てをしたのがジョンだと、サラはいま確信している。自分の身体も生活も、自分のものとは思えなくなっていた。「自分の身体が借り物みたいに思える」のだという。「自分の身体のことなのに、自分で決めるっていう発想自体がないのよ」。努めて自分を麻痺《まひ》させて、何もかもを遮断していた。

ラリーがサラに働いた行為を、ジョンがしかるべき当局に通報してさえいれば、30年にもわたる性虐待を止められたかもしれないのに、とサラは言う。

ラリーの氷「治療」に痛みを抑える効果はなく、母親からは絶えず体操をやめなさいと言われていた。サラは「やめさせようとしても無理だって母に言った」そうだ。心も身体も奪いつくす体操だったのに、やめるのは考えただけでも恐ろしかった。ここまで努力してきて諦めるのはつらすぎた。体操はサラの世界、サラの人生そのものだった。あと少し続けていれば、と後悔するのだけはいやだった。お医者さんに相談して、痛みを抑えながら体操を続けさせてほしいと母親を説得した。娘の夢を絶つに忍びない母親はしぶしぶ同意する。こうして鎮痛剤、抗炎症剤、筋弛緩剤、ステロイドと、用途ごとに処方した山のような薬の服用が始まった。たいてい一度に1種類ずつ、ときにはいくつか組み合わせて、サラはこの薬を全部飲んでみた。そのあいだもずっと一日中アドヴィル（訳注：鎮痛剤）を、1回6錠で1日に2回から3回も口に放りこんでもいた。「薬箱を抱えたおばあさんになった気がしたわ」とサラは言う。「大丈夫、乗り越えられる、って自分に言い聞かせてね」。

特にステロイドで、また別の問題が起きた。一つは「ロイド・レイジ」で、いらいらしたサラはある日、学校のロッカーに当たり散らして扉を蝶番《ちょうつがい》から引き剥がしてしまい、校長のところへ行くはめになったという。ステロイドで太りもして、ジムの体重測定のたびに悩んだ。160センチくらいの身長でやっと45キロに届くかだったのに、太りすぎだとダイエットを命じられていた。「1日1200カロリーまでって言われて、それで1日4時間半は練習していた」のだという。「何を食べたか全部記録させられてたし」。シアトルの大会で、よそのコーチが選手にチョコレートバーを食べさせているのを見て、サラは驚いたことを憶えている。必死になって体重を減らす方法を探し始めたサラは、すぐに悪循環に陥った。まず、スリム・ファーストパウダーを試した。母親に見られないように寝室のクローゼットに隠して缶から直接食べながら、できるかぎり食事を抜いてみた。それがうまくいかないと、夕食のとき食べた物をナプキンにこっそり吐き出すようにした。それでも食べてしまったときは、イペカクのシロップを使って無理に吐いた。イペカクは、毒物を飲んだ後に嘔吐させるための薬だ。

ラリーはサラに新しい治療を始めた。サラの裸の背中を、上半分むき出しにした臀部《でんぶ》までこねるように揉む。サラは恥ずかしくていたたまれない思いがした。「前腕を使って、私の背中を上下に揉みこむの」とサラは言う。ものすごく痛くてとうとう涙がこぼれた。どうしたんだってラリーに訊かれて、「とても痛いの」とサラは答えた。こう言えばすぐ止めてくれると思ったのに、ラリーは止めなかった。「それどころか肘を使ってもっと強く打ちつけるみたいに揉みこんだの」だという。ここでサラはちょっと口をつぐみ、最近の被害者はラリーがやさしかったって言ってる人が多くておもしろいわね、私にはぜんぜんやさしくなかったけど、と言う。ある時、サラに時間がかかりすぎて困ると怖い顔で言われたことがあったそうだ。たいてい1日2回のスケジュールを決めていたのはラリーのほうだったのに。このころはまだ、ねらいを定めた相手を懐柔するスキルも身についていなかったのだろう。ナサールがそのスキル、女の子たちを親やコミュニティごと手なずける腕を磨いていくのは、それからのちの年月だったから。あの初期のころ、ナサールが自分を実験台にして、幼い女の子たちにどこまでやっても大丈夫か、どんなことができるか、どうやればいいか試し、確かめていたのだと、いまならサラははっきりわかる。専門家によると、それが加害者の常套手段らしく、例えば子どもに、まず肩や脚に手をかける、あるいは不適切な言葉をかけてみて、逆らわなければ少しずつエスカレートさせていくのだ。

このころサラは、あれがその後何年も続く、獲物を狩る性犯罪者の道にラリーを踏み出させた決定的な瞬間だったと思う出来事を目撃している。

練習中のことだった。怪我をしてしまった選手がいて、ラリーがジョンに1週間ほど休んだほうがいいと言った。「ジョンは腹を立てて物を投げ始めたの」とサラは言う。「ラリーがそれをじっと見ていたのを憶えているわ。そしてゆっくり、いかにもよく考えたふうに訂正した。『いや、1週間休むこともないかな』って言ったの」。ジョンの荒れは鎮まって怒鳴らなくなった。本当にいいのか、と訊くジョンに、ラリーは「大丈夫だ」と答える。女の子はそのまま練習を続けた。怪我をしたというのに。女の子たちのそばにずっといられるために、ジョンの機嫌をとったほうがいいとラリーは気づいたんだと思う、とサラは言う。ジョンの機嫌をとるということは、選手が怪我をしても練習や試合に出る許可を出すということだった。「あのときから、ラリーはジョンが望むことならなんでも調子を合わせるようになった」という。

二人の男はその後、2012オリンピックでチームコーチとチームドクターを務めるなど、30年近く一緒に仕事をすることになる。

自分がコーチの目にどんどん無価値になっていくのを感じながら、サラはいままでとは別の暗い世界に落ちていった。自傷が始まったのだ。「年がら年中痛みに耐えているのに、痛いはずはないとか、嘘をついているとか言われると、自分がそう思いこんでるだけなんだろうかって気がしてくるの」とサラは言う。「だから自分で自分の身体を切るようになったのよ。切ったときの痛みと怪我の痛みを比較して、本当のことを確かめたかったの」。そのころには有名体操選手のポスターが貼られていた寝室で、サラはキッチンナイフで手に小さな切れ目を入れた。針やピンで刺したり、爪の甘皮をひりひりするまで剥いたりもした。そしてその傷跡を隠していた。

音楽の好みも暗くなった。前に好きだったソルト・ン・ペパ、ポーラ・アブドゥル、インエクセスといった弾むような音楽から、メタリカのようなヘビーメタルバンドを好むようになった。そうするあいだにも、サラはなんとかジョンに認められようと懸命だった。ある日、やっとものにした難易度の高い技、1回半ひねりを加えたフロントレイアウトをジョンに見せようとしたら、フリップに入ろうとしたとき、見てくれると思ったジョンが背を向けたことがあったという。失望のカーテンがまた下りて、どんどん暗い世界に閉じこめられていった。

1990年、本人のLinkedInページによると、ジョンはジュニア・オリンピック・プログラムの会長になっている。体操界で出世の階段をのぼり続けていた。一方、その意思の強さには驚嘆するほかないが、当時15歳だったサラは、あれだけの怪我を負いながらレベル9選手にまでのぼりつめていた。ジュニア・オリンピック最高レベルのすぐ下だ。この同じころ、反復性ストレスで尾骨に髪の毛ほどの細い亀裂が生じるという、新たな怪我を負う。専門家の診断を仰いだほうがいいと考えたコーチの一人が、サラをカイロプラクティックに行かせはしたが、そのコーチからは、「君にとって悪い結果になるだけだから」と、怪我のことをジョンに言わないようにと忠告された。私を護ろうとしてくれたのはわかるけど、とサラは言う。ヘッドコーチに怪我を隠すことで自分を護れというのは、どう考えても筋違いだった。だからといってどうしようもなく、サラはその忠告に従った。

一方、尾骨の骨折は、ラリーにとっては新しいチャンスになった。

次に何が起こったか、その話をする決心がサラはどうしてもつかなかった。最初サラは、世界中に知られるようなことになっていいのかどうかわからなかったのよ、と言う。母親が経験したことが学校の子どもたちに知れたら、息子たちがいじめに遭うかもしれないと思うと怖かったのだ。それでも数週間後には、ほとんどが同じように被害に遭った女性たちの友情とサポートに支えられて、世間に知られることへの不安はなくなった。むしろたくさんの人に伝えることが大切なんだと思うようになったわ、と言うまでになった。それは、体育館の奥の部屋で診察台にうつぶせになっていたときの話だ。台の側面を握りしめて痛みに耐えながら、ひたすら早く終わってほしいと願っていた。手袋も医療用潤滑剤も使わずに、ラリーはサラの肛門に手を差しこんでいった。あのとき部屋の中にかび臭い匂いが漂っていたように思う。あとになって、あれは診察台にうつぶせになっていた自分にあの処置をしながら、ラリーが射精したのだろうとサラは気づいた。

かび臭い匂いがした日には決まって、部屋から出て行け、とラリーは怒った。いつもは診察後に服を着るのを手伝ってくれたから、当時は不思議でならなかった。何が起きているのかサラはわかっていなかった。練習のこと以外は頭にない、世間から遮断された若いアスリートだったのだ。性虐待なんて頭の隅にも浮かばなかった。セックスのことも何も知らなかった。男の子とつきあったこともない。練習と勉強に追われてそんな時間もなかった。過酷な運動と低体重で、まだ生理も始まっていない。ただひたすらラリーにされていることが耐えがたく、永遠に続くように感じられて、早く終わってくれることだけを願っていた。

ラリーが医師としての治療をしてくれていると信頼していたサラは、当時このことを誰にも話さなかった。

専門家によると、これは典型的な反応だそうだ。子どもたちは自分を診てくれる医師を信頼していて、信頼している大人に虐待されてもそれと気づかない。何かおかしいと感じたとしても、ばつが悪い、恥ずかしいと思ったり、どういうわけか悪いのは自分だと考えてしまうことがある。10代の子どもの脳はまだ発達段階にある。第一、医者を前にして怖気づいたことのない人間がいるだろうか。医師の診察室には力の不均衡がある。医師が主導権を持ち、患者は弱い立場に置かれる。体操をする女の子は特に大人に操られやすい。幼いころから近所の友だちとのつながりがなくなり、練習時間を作るために友だちと遊ぶのを諦めざるをえない。隔離部屋で生きているようなものだ。コーチに吠えられれば一斉に従う少女たち。それに加えて、身体と心の、みだりに踏みこんではならない他者との境界があいまいになっていく。落下を防止するために、男性コーチがときに女の子の身体をつかむ正当な必要がある以上、これを避けるのは難しい。

ナサールのケースでは、多くの子どもたちが、自分が性暴力を受けていることをわかっていなかった。自分たちは子どもで相手は医師、それも評判の高い医師だったのだ。子どもたちは医師としての手当てを受けているのだと思っていた。誰かに話す子どもがほとんどいなかったのは、起きていることがわかっていなかったからだ。

身体が痛むことも、体操なら当たり前の一つと軽んじられやすい。「痛みをがまんするのが体操だから」とサラは言う。「感情を持つことが許されないのよ、泣き言を言うのもね」。

ひびの入った尾骨の痛みを押して、サラはトレーニングを続け、ラリーの「治療」をやり過ごしていた。いまが最悪でこれ以上悪くはならないと思っていたサラだったが、それはまちがいだった。

サラの気力を粉々に砕いていたジョン・ゲッダートだったが、その一方でもう一人の若い体操選手の心も引き裂いていた。

ジョンはグレート・レークス・ジムナスティクスのコーチ時代、私を入念にグルーミングして、私が大学進学準備で体操クラブを離れたとき、待っていたように肉体関係の相手にするようになったの、とシェルビー・ルートは言う。当時18歳だったから法に触れることはないとはいえ、若い体操選手の例にもれず、早くから練習に追われて育ってきたシェルビーは、デートもセックスも未経験だった。ましてこの11歳も年上の男は、シェルビーのコーチ、信頼して従うように教えられてきた相手なのだ。無防備な10代の少女はジョンにからめとられていく。自分を愛してくれていると思っていたジョンからやがて捨てられ、自暴自棄になって自殺を考えるようになったという。

シェルビーの経験はナサールの被害者とは違うけれど、ああまで長く続いたナサール事件の根底にある、とても重要な部分を明らかにしている。体操という世界、幼い女の子やその親たちが、種目の性質上医師やコーチを信頼せざるをえない世界では、程度はさまざまだが、いわゆるグルーミングを許して深刻な事態を招く環境が作られることがある。

本書でこうして経験を明かすのは大変な決心だった。世間の目にさらされて古傷が開くことがどれほどのストレスになるか、想像がついた。いま住んでいるオーストラリアからの電話で、「話すのが自分の責任だっていう気がするの」とシェルビーは言う。幼い女の子と親たちに、選手が巧みに手なずけられていくプロセスに気づいて、自分のように心に傷を負って生涯その影響を受ける不幸を避けてほしかった。

私は、先方の弁護士を通じてジョン・ゲッダートにコメントを求めたが、返事はなかった。指導が虐待的だとの訴えが高まり、ナサールのスキャンダルを受けてジョンを停職処分にした監視団体 The US Center for SafeSport にも接触した。同団体の行動規範中「コーチとアスリートという関係が一旦できあがると、その関係が続くかぎり、年齢にかかわらず、力の不均衡が存続すること、未成年のアスリートであれば、コーチとアスリートという関係が終了したあともアスリートが20歳に達するまで、力の不均衡が継続することを前提とする」という原則に抵触する、とある職員から聞いた。

シェルビーは1985年、グレート・レークス・ジムナスティクスでトレーニングを始めたときに、初めてジョンと出会った。琥珀《こはくいろ》色の髪をバレッタで留めた16歳で、両親のダークブルーの車モンテカルロの運転を覚えたばかりだった。片方の耳に三つ、もう片方には一つピアスきらきらさせ、80年代の流行に沿って、チャコールグレーのトレンカに、ピンクのVネックセーターを後ろ前に合わせて背中がVになるお洒落を楽しんでいた。ピアース・ブロスナンが泥棒から探偵になった男を演じたテレビ番組「レミントン・スティール」が好きだった。台所で学校新聞をタイプしながら、ダイヤル式電話で家族に聞こえるのもかまわず夢中でしゃべっているような女の子だった。

もといた小さめのクラブから、もっと上達したくて、グレート・レークス・ジムナスティクスに移った。当時同じように新顔だったサラ・テリスティは、シェルビーの前の年に10歳でここに入っていた。

シェルビーは、体格はトップだったけれど、技術はまだ甘かった。黒、白、黄色の配色で胸のあたりに花模様、ウエスト周りがストライプになっているお気に入りのレオタードで、めきめき上達して、ジョンの目にとまった。ジョンから午後の練習の前、早い時間にジムに来てくれと言われるようになった。ほかの女の子たちがやってくる前の時間に、一対一で技術を磨く指導をしてくれるようになったのだ。練習中シェルビーを怒鳴りつけることもありはしたけれど、ほかの女の子、特に怪我をした子たちほどきつくあたられることはなかった。ジョンはシェルビーとは時間をとって話をした。学校のこと、家族のこと、生活のこと。「私のことよく見ていてくれたの。そばに座って話をしてくれたし、話を聞いてくれた。自分にそんなに関心を持ってくれる、それも大人で、自分が尊敬する人がよ。それはいい気分だったわ。あのころが危なかったんだわ。家では両親とは気持ちが通じない気がしていたし、姉は大学生で家を出ていたし」とシェルビーは言う。「それがまちがいの始まりだったのね」。

いま思い返すと、シェルビーは「ジョンが私をグルーミングしていたのがわかる。少しずつ少しずつ順を追ってね。ほんとにさりげなく。スキルを積み上げて新しい技ができるように指導するコーチと同じようにね。そのやり方を私に使ったのよ。そして親しくなって信頼させたんだわ。それは辛抱強く、計画的にね。でもまだ若くて、相手があのレベルのコーチだったら、本当は自分のことを一番に考えてくれたりなんかしないってわかるわけがないもの。考えなしに信頼してしまうのよ」。当時はジョンもまだ駆け出しで、コーチのキャリアの基盤を築こうとしている時期でもあったという。「私へのコーチングのときも、いまのジョンみたいに自信過剰でもなかった」そうだ。それでもシェルビーにはジョンの野心が感じとれた。「何か自分の力を証明したがっているみたいだったわ」。ラリーがグレート・レイクスでボランティアを申し出る前の話だ。

シェルビーのスキルは目覚ましく良くなっていった。その上達をジョンが喜んでいるのがはっきりとわかった。『大学の奨学金もいけるんじゃないかな』って言われたの。誰も信じてくれないときに、ジョンだけは信じてくれた」のだという。「それが私がほしかったことだった。ジョンはそれを見抜いたのよ」。大会で演技がうまく決まるとシェルビーを抱きしめ、ジョンはじわりじわりと距離を縮めていった。「ハグはいろんなことを伝えられるのよ。ときどきちょっと長びかせたり、ちょっときつめに抱いたりしてね。私のことを喜んでくれてるときはわかったもの」。

シェルビーのむかしからの友人で、グレート・レークス・ジムナスティクスにいたことのある整形外科医シーン・ウィルソンが憶えているシェルビーは、「支えてくれる人もいない、家族にも理解されないで道に迷ってるような高校生だった。必死に努力して体操選手として成果を上げて、そんなときにジョンが目をかけてくれて、それはかわいがられてね。誰かに気にかけてほしくてたまらなかったのね。ジョンはそこにつけこんで手なずけたのよ。ジョンにしてみたら簡単だったでしょうね」。

やがてシェルビーは全額奨学金を得て、アイオワ大学に進む。1986年に高校を卒業したとき、ジョンは卒業パーティーに出席して、Sの文字をチャームに彫りこんだ金のネックレスを贈ったという。この時点ですでにシェルビーの両親を信頼させてもいた。両親にすれば、スキルを上げて大学の奨学金をとるまでに娘を助けてくれたコーチだ。すばらしい男だと思っていた。「私と同じでね、両親も、ジョンが私のことを気にかけて、私のことを一番に考えてくれているって信じていたのよ」とシェルビーは言う。「本当に信頼できるかどうかも、本当の意図はなんなのかも、ジョンは両親に疑う余地を与えなかったから」。

高校を卒業した年の夏、シェルビーは17歳、バンドではボストンやボン・ジョヴィ、ビデオではMTVのロバート・パーマーの「恋におぼれて」に夢中だった。ジョンからはフロリダの大会に同行しないかと誘われた。シェルビーのチームメートが一人と、ジョン以外にコーチが二人一緒だった。予選を通らなかったシェルビーはこの大会で出番はなく、自分は今シーズンは終わっていたし、もうジョンの指導も受けていなかったのに、一緒に来てチームメートのサポートをしてくれと言われて、そのとおりにした。競技が終わって、一行はビーチ沿いの屋外バーでテーブルを囲んだ。コーチたちが女の子にフルーティカクテルを注文した。体操の世界に育って人づきあいもデートもしたことがないシェルビーは、アルコールを口にしたことがなかったし、飲酒が認められる年齢でもなかった。すぐにめまいがしてきた。

その夜遅く、ジョンはシェルビーを浜辺の散歩に連れ出した。「私を水際まで歩かせて、腰に手をまわした」という。「腰にまわした手に力を入れてね、『もう君なしでどうしていいかわからない』って言ったわ。私も、私だってジョンなしでどうしていいかわからないわ、って思ってた」。これもジョンの小さな試しだった。シェルビーはされるままになっていた。ジョンは、いける、と思ったのだろう。

その夏の終わりに、ジョンはまた大会に同行するよう、シェルビーを誘った。前と同じくあるチームメートのサポートをしてほしいとのことだった。確かオハイオだったが、その遠征で、ジョンはフロリダの浜辺での甘い記憶を巧みに利用してはるかに大胆な行動に出た、とシェルビーは言う。元コーチという立場を利用して。「もう安心だったから。私は18歳で、もうすぐ家を出て大学に行く身だったしね」。ある夜シェルビーとジョンはホテルのプールで泳いだ。ほかのコーチと例のチームメートも一緒だったが、やがてみんなも寝るといっていなくなり、二人だけが残った。水をかけたり水中で脚をつかんだり、ジョンはじゃれつくようにシェルビーをかまったという。

「最後には私の背中をプールの壁に押しつけて前に立った。両方の手で脇を押さえてね。そして初めてキスしたの。びっくりしてどう反応したらいいかわからなかったけど、調子を合わせたのを憶えている」という。するとジョンはエスカレートした。「私の水着のショーツから片足を抜かせてセックスまで行ってしまったの。初めてで経験がなかったから、どうすればいいかわからなかった」という。元コーチとしてジョンを信頼していたから、何も「心配することなんかあるはずがない」し、誰かに見られたって別にかまわないと思っていたという。「避妊の用意はなくて、それはジョンも同じだった。こんなことをしてどうなるんだろうとは思わなかったし、考えようともしなかったわ。ジョンのリードに任せて何も聞かないで、ジョンを信じたの。教えこまれてきたようにしたのね」。そして、「なぜ自分なのかっていう疑問は確かに感じていたわ。私には何も特別なところはないし、あの年の初めにやっと歯列矯正を外したような、どこにでもいる女の子だったのに」と続ける。

そのあとシェルビーは一人で、呆然としながらホテルの部屋に戻った。「どうやら本当にセックスしちゃったらしい、って考えたのを憶えている」とシェルビーは言う。「もうバージンじゃないんだ、と思った」とも。シェルビーはこんなことでめそめそするまいとした。「体操選手は、感情や心配を脇へ追いやるように教育されるのよ。平均台から落ちたくなかったらそうするしかないの」。一方シェルビーはロマンチストでもあった。「風と共に去りぬ」とヒロインのスカーレット・オハラが大好きだった。

その年の秋、シェルビーはアイオワの大学に進み、ジョンと連絡をとり続けた。「電話料金がすごかった」という。携帯電話が出る前で、長距離電話がとんでもなく高くついた時代のことだ。ジョンもシェルビーに電話したり、会いに来たり、手紙を寄こしたりした。これも電子メールが現れる前の話で、短い手書きだった。シェルビーはその手紙を大きな段ボール箱に大切にとっておいた。ラジオカセットが入っていた箱だった。もっと家に近かったら、そしてジョンの近くにいられたら、と何か月も悩み、1987年秋、ジョンの力を借りて、2年生からセントラル・ミシガン大学に移籍する。セントラル・ミシガン大学はかつて体操選手として競技していたジョンの母校で、そこのコーチに口添えしてくれたのだ。シェルビーは全額奨学金を受け、大学のチームで選手のキャリアをつないだ。そしてそのあいだもジョンに会い続けた。シェルビーが2年生のあいだずっと手紙のやりとりが続いた。ときどきジョンが大学に訪ねてきて、シェルビーの学生寮の部屋かホテルに泊まっていったという。「別に隠さなかった。私たちのことはみんな知っていたし」。ときには遠征のお土産を持ってきてくれた。ヨーロッパに遠征したときは、青緑系のティールブルー地で胸にBellaと黒い文字が大きく入った、たっぷりしたTシャツだった。「なんにも見えないほどジョンに恋してとらわれてしまってたわ」という。ジョンはシェルビーに、妻とは別居したと言っていたそうだ。「私と結婚して子どもがほしいと言ったわ。私はそれを信じたの」。

両親とはジョンのことをあまり話さなかった。このころ両親とは距離があったし、ジョンはそれを承知のうえで利用した。「ジョンが好きでたまらなかった。ああいうのは初恋のときだけね。純粋で無防備で激しい恋は。こんなだったから、両親が気づいたときはもう遅かったのよ」。

シェルビーの母コニー・ルートは、「ジョンとの関係には気づいていたけれど、そんなグルーミングのことはわからなかったわ。18歳の誕生日のあと、性関係があるんじゃないかと疑った。性のことはおたがい口には出さなかったけれど、母親の勘でわかったわ。ジョンは娘がアイオワの大学にいたとき会いに行って、セントラル・ミシガン大学に移ってからも会っていたのね」と当時をふり返る。

シェルビーのジョンへの信頼は、ある衝撃的な忠告を耳にしたときからほころび始めた。セントラル・ミシガン大学体操チームの男子から聞いた。「ジョンはそこらじゅうの女と寝ているよ」と言われたのだ。「騙されてるんだよ」と。シェルビーはジョンに電話してどういうことなのかと訊いた。ジョンとはそこからあっという間にだめになった。感情的になって何度か電話して、シェルビーは何を信じたらいいの、と泣いた。こんな裏切り方をする男だと信じたくなかった。「ジョンは、そっちへ行くから会って話そうと言った」そうだ。でもそれは嘘だった。「それっきり会いに来なかった」のだ。初めての恋がこんなにいきなり終わって、相手はなんの気遣いも感情も見せずにいなくなって、立ち直れないほど打ちのめされたシェルビーは自殺まで考えたという。「あれは本当に私の人生最悪の時期だった」。受けた衝撃と悲しみと混乱をどうしていいかわからなかった。まだ10代で、相手は大人の男だ。結婚して子どもがほしいと言いながら、いきなり消えてしまうようなことがどうしてできるのか、どうしてもわからなかった。「今日この一日をどうやって乗り切ろうかって考える毎日だった。自分が悪かったんだって思ってね。どれほど恥ずかしいと思ったかわかってもらえないと思うわ。ただひたすら、悪いのは自分だったし、自分の責任だって信じて微塵《みじん》も疑わなかった」。あのころはジョンにも責任があるとはわからなかったという。

これでジョンの見納めとはならなくて、また顔を合わせることになる。大学の後半2年間は、セントラル・ミシガン大かミシガン州立大で開催されるシェルビーが出る大会に、ときにはジョンもやってきた。「どこでいつジョンが出てくる気になるか皆目わからなくて」とシェルビーは言う。ジョンが顔を出すと、フロントの近くの観客席に座って自分に声援を送る声が聞こえた。何もなかったような態度だった。将来の話までしていたというのに、とシェルビーは言う。自分はまだ悲しみから立ち直れないでいるのに、相手はなんの問題もないようにふるまう。その態度にますます混乱したシェルビーは、大会でジョンを避けるようになった。

うろたえず体操に集中しようとした。子どものころのトレーニングを活かしてジョンを意識から遮断しようとした。でもそれはつらすぎた、とシェルビーは言う。当時セントラル・ミシガン大学は通年で使える施設がなかったから、学校が閉まる夏のあいだはグレート・レークス・ジムナスティクスで練習するしかなく、毎日ジョンと顔を合わせることになるのも不安の種だった。ここでもジョンは何ごともなかったようにふるまう。激しく揺れる気持ちと闘いながら、シェルビーは体操に集中して大会で成果を上げ、セントラル・ミシガン大学の選手として殿堂入りを果たす。コーチのジェリー・

レイガードは、「セントラル・ミシガン大学の体操を世に出したのはシェルビーだ。自分がCMUのコーチになってようやく、みんなの規範となる、チャンピオンの強さと品格がチームにもたらされた」と当時述べている。

「ぜんぜん気にしてないってジョンに見せたかったの」とシェルビーは当時をふり返る。「どう、この演技、わかったでしょう、もうあなたはとっくに過去の人なのよ、と言ってやろうと思ったの」。もちろん気にしていないどころではなかった。ジョンの裏切りはその後何年もシェルビーの人間関係に影を落とし、誰かを愛することも信じることも難しかったという。友人のシーンが当時のことを、「ジョンと終わったときのシェルビーはずたずただった。自分の夢をかなえてくれた相手だったし。大学の奨学金も初恋もね。30年も罪悪感と恥ずかしい思いで過ごして、自分も他人も信じられなかったのね」と言う。

大学を卒業したシェルビーは、インディアナポリスに移り、情報テクノロジーサービスの会社で働いた。「誰にも知られていないところでやり直したかった」という。「ずっと体操選手として生きてきて、それがなくなった自分はなんなんだろうってもがいていた」。インディアナポリスで一度ジョンと行き合った。世界選手権の会場で仕事をしていたときのことだった。信頼する元コーチで、自分に対して力のある立場の男が10代の自分に性的関係を誘導したというのに、まだ心の傷になっているジョンとの経験を、自分のせいだと思いこんでいた。やがてシェルビーも、あれは自分が悪かったのではないと理解するけれど、それはその先ずっとあとのことだった。

2007年にも、シェルビーの古い写真を見つけたといって、ジョンから連絡があった。10代の体操選手として遠征したときの写真だった。懐かしげに当時のことを語り、いまどうしているかと訊いてきた。

その後、10年近く経って、ジョンはまた連絡してくる。ナサールのスキャンダルが大々的に報道されたときにFacebookで接触してきたのだ。そのときのジョンの言葉にシェルビーはあらためて苦い思いをさせられるのだが、これについては後述する。

第5章 すべてに別れを告げて

高校の最終学年に入った1991年、サラ・テリスティはいろいろな大学から入学の勧誘を受けるようになった。体操の奨学金で大学に進む、そのためにここまでの年月を耐えてきた幼い日からの夢が、すぐそこまで来ていた。一方、度重なる怪我は、その夢を脅かすまでに深刻になっている。そんなサラは、ますますナサールの格好のターゲットになっていく。

膝の軟骨が裂け、結局きちんと治らなかった肋骨には合併症が出ていた。胸の痛みは切り裂くように激烈で、サラでさえなんとか治したいと数か月練習を休んだほどだった。「もうそのころはジョンにも見限られてたし、休んでも何も言われなかった」という。それどころかジョンは、脱臼した肋骨の付き方がまずかった箇所に隆起ができているサラを笑いものにした。その隆起を「三つめのおっぱい」と言ったのだそうだ。そして、はじめの小さい二つはがんばって三つめに追いつかないとな、とからかった。「子どもだったから、一緒になって笑い飛ばしたし、自分でもそれから私の三つめのおっぱい、って言うようになったけど」とサラ。「心の深いところではものすごく傷ついてたわ」。

するとジョンは「三つめのおっぱい」をサラのあだ名にして、女の子たちの前でサラと言わずにあだ名で呼ぶようになった。

このころ、自分がやっている医学研究のためと称して、ラリーはサラを含めて女の子たちをクラブの外に連れ出すようになった。どこかの診療所に行ったこと、白い近代的な施設ではなくて古いくたびれたところだったことをサラは憶えている。州立大の中の施設だと思う。そこでラリーは女の子たちの手首をレントゲン撮影した。確か骨端軟骨の研究をしているんだと言いながら。そのあとでラリーと一緒にラリーのアパートに立ち寄ったのだという。私と初めて話したとき、サラはそのアパートの記憶をいくつか話してくれた。リビングルームのソファのそばにコーヒーテーブルがあって体操雑誌が広がっていたこと、バスルームの便器の上に載っていたポプリの入った器。ほどなくほかの記憶もよみがえることになるのだが、それは想像を絶する話になる。

＊　＊　＊

もう一人、ナサールのアパートにつかまった子どもの体操選手に、トリネア・ゴンツァーがいる。ナサールは、グレート・レークス・ジムナスティクスに来た1988年以来ずっと、手首やふくらはぎのテーピングといった、トリネアの小さな怪我の手当てを体育館でしていた。わざわざ時間をとって母親にテーピングのしかたをていねいに教えるラリーを、トリネアの家族は親切で気配りのある男だと思っていた。トリネアもサラと同じく、小さいのに人一倍極めたい子だった。ジョン・ゲッダートに怒鳴りつけられたこともあったけどね、とトリネアは言う。でもほかの子たちほどきつくあたられなかったらしい。「ジョンは特定の子を選んできつくあたるみたいだった」という。「チームメートをかばってしゃしゃり出て、口答えするなと怒られたわ」。ラリーの性暴力が始まったのは1989年か1990年、8歳か9歳のころだったとふり返る。乗馬中、蜂に刺されてそり返った馬から放り出されたせいで、股関節が痛んでつらかったそうだ。左股関節が脱臼していて、時間をかけて治すしかないと覚悟していたけれど、始終問題が出て悩まされていた。練習中、特に何かにまたがる動作をすると、外れることがあった。ラリーから、体操クラブにはバスタブがないから、うちにきてアイスバスをやるといい、腫《は》れが引くよ、と言われた。時間を割いて娘を助けてくれるラリーを、骨惜しみしない親切な人だと家族は思い、医者というよりは友人だとみんなで思いこんでいた。

トリネアの母親は娘をラリーの家まで車で送り、娘が冷浴しているあいだ椅子に掛けて待っていた。「ラリーがバスタブに氷を入れて、私はそこに座ると、ウエストあたりまで氷で埋まるの。卵型のタイマーをかけて」とトリネアは当時のことを教えてくれる。タイマーが鳴るまでの15分ほどを、体操雑誌をめくりながら待った。タイマーが鳴ると、ラリーが今度はバスタブにお湯を張ってくれるのをバスタオルを巻いて待つ。お湯がたまったら数分浸かって、そのあと身体を拭くと、Tシャツとショーツに着替えてリビングルームにいるラリーのところへ行った。ここでラリーは診察台の上にトリネアをうつぶせに寝かせる。トリネアを寝かせたまま台を動かして、これからしようとすることが母親に見えないように向きを変えるのだった。そしてマッサージしてから素手で指を膣に入れる。「その行為がなんなのか説明された覚えはないわ」とトリネアは言う。それどころか、いかにも普通のことをしているように、トリネアや母親と雑談していた。

このころにはもう、ラリーの戦術は次の段階に進んでいて、性暴行を働いている部屋に何も疑わない親を同席させていた。こうすることで子どもたちは、ママやパパが同じ部屋にいるんだから、されていることに問題があるはずはないんだと感じるようになる。ラリーはこの先何年もこのやり方で女の子たちに暴行を働くようになる。

「ラリーを信じ切っていたから」とトリネアは言う。手首もふくらはぎも治してくれたラリーだから、これも股関節を治すための治療なんだろう、と疑わなかった。子どもだった私には、お医者さんに何か悪いことをされるなんて考えられなかったのよ、と。「祖父は外科医だったし、お医者さんは絶対悪いことをしないって信じて育ったから」。トリネアはその後もラリーのアパートで何度もアイスバスに入った。ときどき、アパートに着くと、入れ替わりに女の子が出ていくことがあった。それからの10年のあいだに、ラリーは800回もトリネアに性暴行を働く。自宅で、スポーツクラブで、そしてのちには州立大のスポーツ医学クリニックで。ラリーは、僕は君の友だちだからね、と何かにつけて言った。こうやって手なずけるグルーミングの腕を磨いていったのだ。卵巣の手術を受けなければならなくなったときなどは、回復室で目が覚めるとそこにラリーがいて、大丈夫だよ、というように微笑んでいた。10代でラリーの結婚式に出席もしたし、20代ではヨーロッパをバックパック旅行した冒険を話したりもした。ラリーを生涯の友だちだと思っていた。ある日、30代半ばで、結局自分はこの男の正体がまったくわかっていなかったんだと思い知らされ、恐怖にとりつかれるまでは。このときのことはあとに話す。

ラリーのアパートにとりこまれた若い体操選手には、もう一人、サラー・クレインがいる。1990年代の初めにラリーのもとに通い始めた。それまでも、1988年、8歳のとき以来グレート・レークス・ジムナスティクスで怪我や捻挫でラリーの手当てを受けていた。「こんな大きな黒い往診かばんにあれこれぎっしり詰めてね」と話してくれるサラーは、ラリーをやさしいと思ったそうだ。いつも「スマイル」バッジみたいに笑っていて、人前ではぱっとしなかったけどね、「大きなラブラドールの子犬」って感じで、と。グレート・レークスでは、ラリーは体育館の裏の部屋で、レオタードの裾を強くひっぱり上げてV字型に丸出しにした「ウェジー」をやりながら、サラーの臀部《でんぶ》をマッサージするようになった。背中と腰の痛みをよくするマッサージだからね、と言ったそうだ。絶対に悪いことはしない、お医者さんなんだから、とサラーはそれを信じた。サラ・テリスティと同じく、サラーも力で抑えこむようなジョン・ゲッダートの指導のもとで、なんとかやっていこうと必死だった。「ジョンのクラブでみんな四六時中恐怖にさらされていたのよ。自分が一人の人間だっていう意識を誰も持てなかったのは、ジョン個人の責任なの。自分には侵されてはいけない境界があるっていう意識もなかった。声を上げる力が育つ前に、私たちから声を奪ったのよ」とサラー。そして「そこにラリーがいるわけよ。『おいでかわいこちゃん、助けてあげるよ』ってね」。

12歳になって、家族もすっかりラリーを一家の友人だと信じこんでしまったころ、サラーは、ミシガン州立大に依頼された柔軟性の研究というものに参加するために、一人でラリーのアパートを訪ねる。ラリーはサラーに、服を脱いで風呂に入れと言った。筋肉を温めれば柔軟性が高まるからと。そして診察台に載ったサラーに素手で指を差しこんだ。医学研究のふりをして。何年も、膣と肛門を指でもてあそんだのよ、とサラーは言う。僕たちは友だちだからね、とくり返しながら、肉食獣の腕にますます磨きをかけていった。サラーはのちにこのラリーの行為を「強奪」と呼ぶ。とうとう裁きの場にひきずりだされたラリーと法廷で対峙したときのことだ。「あなたはほぼまちがいなく、前代未聞の性暴行犯になるわ」とラリーに言い放った。「一度は友だちだと信じて大好きだったあなたに、生涯背負う十字架として、この言葉をお贈りするわ」。そしてサラーは、後の章で明らかになるように、サバイバーの強い牽引力となっていく。

＊　＊　＊

こうするあいだも、サラ・テリスティは高校の最終学年になり、そのころには精神状態が極度に不安定になっていた。取り出して私に見せてくれたノートは、最終学年のクラスでつけさせられていた、日々の生活を克明にとどめた日記だった。体操のメダルを放りこんでいた古い箱の中に見つけた母親が、何年も前にサラに送ってくれていた。つぎつぎページをめくり、私にどこを見せようかと読むサラの手が震えている。黄ばんだページの一つを見つめる目に涙が浮かんできて、「つらくて読めないわ」と私にノートをよこす。

几帳面なやや後ろ倒しの字体で鉛筆書きされた日記は、本当に痛ましい。毎日学校で担任に提出させられていた日記だ。

1991年9月5日、サラは体操をやめたほうがいいのかと迷っていた。

どうしてこんなことをするの私は。こんなに痛くて、プレッシャーと挫折感ばかりで、練習がこんなにつらいのに。今年で12年も体操をやっていて、いい加減疲れてきた。練習ばっかりでほかのことはほとんどできない。週4日から5日、毎回4時間半から5時間半はちょっと多すぎる。体操は確かにだいたいいつも楽しいけど（でも最近はそうでもなくなった)、痛みをこらえてやるのも気がのらなくて、続けていくのも難しくなってきた。

あばら骨はもう治らない。3か月も練習を休んだのに悪くなるばっかりだ。膝もまた悪くなってきた。やめたいなと思うけど、この12年の体操人生を本当に捨てられるのか。あと1年の辛抱だ。1年ならなんとかなりそうだけど、でも本当に耐えられるかどうかわからない。いまたまたまこういう時期なだけで、そのうち気持ちも変わるのかもしれない（前にも何度かあったし)。でも今度はいよいよ無理な気がする。やり過ごせるまでもつかどうかわからない。もう暗い話はやめよう。2時間後には支度して練習にいかなくちゃ。気持ちを明るくして前向きにいこう。

今日はほんとに素敵な日。

何もかもがすばらしい。

私ならやれる。

体操が大好き。

体操が大好き。

そう信じられたらどんなにいいか。

信じたい。本当にそう信じたい。どこかに行って頭がちぎれるくらい叫んで、壁をどんどん叩きたい気分だ。

そして9月10日、体重の心配が心に忍び寄る。

さて、何を書くか。うーん。今日は練習がある。楽しみにならなかったらおかしい。本当に体重測定がないといいな。すごく太った。いやすごくはないけど、体重重めだ。夕べはキャンパス・ライフに行った。楽しかった。そのあと家に帰ってきて宿題をした。楽しくなかった。まだ火曜日なのにもう木曜日の気分。疲れすぎている。6時40分に起きてシャワーを浴びて支度して、7時ちょうどに家を出る。起きるのが遅れるとほんとに困るけど、このごろベッドから出られない。(ばかなこと書いてるなと思うけどほかに何を書けばいいのかわからない)

9月24日には医者のことで気持ちが波立っている。

やれやれ、別にどうってことないんだけど、今日は医者に行く日だ。ほんとにばかな医者だ。会えば喧嘩になる。とにかく体操をやめろの一点張りで、私は、はいおっしゃる通りです、としか言いようがない。大抵30分は言い合っている。最高だ! まさか。

そしてブレア(その医者の名前)の次は、ヤコブ医師のところへ行く(いかれたあばら骨のことでかかる医者は、これでなんと9人目だ!)。医者が大嫌いになってきた。なんにもわかっていないのだもの。体操をやめろとしか言わない。わかってないんだ。やめられないんだよ。12年も続けてきたんだ。体操は私の人生なんだ。体操がなくなったらどうしたらいいかわからないんだってば！

24日の記録の下に、妙によそよそしい担任の書きこみが赤ペンで入っている。「うちの夫の態度と同じみたい。夫も医者が大嫌いなのよ！」

11月6日、サラは手持ちの薬がなくなったことを嘆いている。

昨日練習でやることを増やした。あばら骨はまだ痛むけど、どっちにしろ痛みが完全になくなる日は来ない。またひどくなるのでなかったらもう来なくていい、と医者に言われている。フェルダンも打ち切られた。これ以上悪くならないでほしい。それさえなければなんとかなる。

夕べパパに起こされて、早めに誕生日プレゼントがほしいか、と訊かれた。CDプレイヤーだった。すごい、うれしい。

11月8日の記録は暗くてぎょっとする。

今日は書けそうにない。腹が立ちすぎて！　何かを壊したい。学校が大嫌い、体操も、人生も大嫌いだ。夕べこんな夢を見た。自分の喉を掻き切って血の海に座りこんでいた。でも切ってもすぐに治るので、何度も何度も切ったけど死ねない。何か意味のある夢なんだろう。

担任がまた書きこみをしているけれど、これも妙に通じていない調子だ。生徒の心が破綻の崖っぷちにあることがわかっているとは思えない。「ずいぶん恐ろしい夢を見たのね！　きっとあなたの腹立たしい気持ちや不満と関係があるのね。何かとても心を乱されることがあって、でもそのことを口に出せないで、その怒りを自分自身に向けているとか。もしかしたらの話だけど」。

サラは鉛筆で返信を書きなぐっている。「ご明察のとおり。腹立たしい思いを自分に向けるって、しょっちゅうやってる。毎日ね」。

体操は高校だけ、あと1年でやめるつもりだった。

ジョン・ゲッダートに永遠の別れを告げた日のサラは、ブルーの1978オールズモビルカトラスを運転して体育館に向かいながら、ずっと泣いていた。「本当にこれでいいんだろうか、本当にもうこれ以上続けるのは無理なんだろうか、って考え続けていたの」だという。「両親に本当にすまないことをしたと思ったわ。あんなに長いあいだ、あれほど一生懸命やってたのに、自分が弱いばっかりにみんなをがっかりさせたんだって」。車を止めようとしてハンドルを切ったとき、腕の角度のせいであばら骨が突き刺すように痛んだ。やっぱりやめるしかないのだと悟った。「シートに座って、無理にも背筋を伸ばして姿勢を整えたんだったわ。体育館に入って、スーツ姿でね。レオタードを着てなくて体育館にいるって変な感じだった。段違い平行棒のそばにいるジョンが向こうに見えたから、フロアを横切ってそっちへ行こうとしたら、ジョンが気づいてこっちにやってきたわ」。涙をこらえてもう続けられないと告げたサラは、ジョンの反応に驚く。

「練習も試合もしたいようにやって続けてもいいんだよ、って言ったのよ。近々ハワイで大会があったんだけど、それも一緒に来ないか、試合に出なくてもいいから、って。見に行くだけで、応援だけのために来てもいいっていうのね。私は断った。それはほかの子たちにフェアじゃないから、って。ジョンは、ほんとにそれでいいのか、と訊いてきたから、それでいいと返事したけど。戻ってきたくなったらいつでもまたおいで、ってジョンは言って、私をハグして、向こうへ行ってしまった。私はコーチと女の子たち何人かにさよならを言って、ラリーの部屋には絶対近寄らないで外に出て車に戻った。そして大声で泣き叫んだわ」。

一方両親は大喜びだった。やっとやめてくれた、と。でも完全に縁が切れたわけではなかった。その年は高校のチームで体操人生を締めくくった。グレート・レークス・ジムナスティクスに比べたら、春風のように穏やかな日々だった。

その後何年も、この説明のつかないジョンとの別れの瞬間が、サラを困惑させる。「あれからずっと、ジョンが私の好きにしていいから、って言ったのが、どうもよくわからなかったの。残ってさえいてくれるなら、ってね。試合にも連れて行くし、観るだけでもいいし、好きな種目一つだけ出てもいいって。自分で決めさせてくれることなんかなかったのよ、一度も。始めてからずっと体操で言われてきたことと真反対なんだもの。何かをしたくないって言ったらいつだっていやな目に遭わされたんだから。いまになってどうして、好きにしていいから、だなんて。あんなに引き留めたのはどうしてて。ジョンじゃないみたいだった。自分の好きにしていいなんて、絶対誰にもそれまで言わなかったから」とサラは言う。「本当は何をもくろんでるんだろうって思った。私を壊れさせて気がとがめたのかしら。あんな怪我をしてるときに何度も練習させてね。それともラリーのことかしら、ラリーにされたことを私が口外しないように？　本当の理由はこれからもわからないでしょうね」。

　サラがジョンのクラブをやめるころには、ラリーの性虐待は一段と過激になって、ラリーのアパートで受けた暴行は、想像を絶するあまり、その後20年間、サラの記憶の奥深くに封印される。「箱の中に入れて蓋《ふた》をしてしまうのよ」とサラは言う。「つらすぎて耐えられないことをね。脳が自分を護ろうとするの。それも脳の役割なのね」。サラと私が初めて会ったときは、そのときの記憶はまだ戻っていなかった。いつの時点でか、ラリーのアパートに一人でいたことだけ、サラは憶えていた。でもすでに、記憶の全容はよみがえろうとしていたのだ。ほどなく封印されていた蓋を荒々しく突き上げて姿を現すことになる。

　何年も性虐待の報道を手がけてきた私は、心の傷になる子どものころの記憶を封印してしまうという類の話を、それはたくさんの女性たちから聞いている。その一つがバーバラ・ドリス、神父から受けた性虐待のサバイバーの話だ。バーバラは人道支援をしていて、いまは聖職者による性虐待の被害者と一緒に活動している。合唱団を手伝ってほしいからバーバラを教会に寄こしてくれ、と神父が母親に電話してきたのは、バーバラが8歳のときだった。母親は、きれいな洋服を着て行きなさい、と言った。「わざわざ一番いい服を着て、ストラップのついたパンプスを履いて行けって言ったのよ。でも私、お転婆だったから、あんなかっこ悪い靴が大嫌いだったの。一番お気に入りの茶色の靴を履いて行ったの。見つからないようにこっそり裏口から出て教会に行ったわ」。そこで神父にまさかと思うような裏切りを受ける。「神父は言ったのよ、おまえは悪魔のような子どもだ、私はお前の魂を救うために神から使わせられた身だって。そして私をレイプした。私はママの言うことを聞かなかっされた罰だと思ったの。子どもの世界ではそれで筋がとおってた」という。子どもだったバーバラには、されていることの苦しささえ言い表す言葉がなかった。誰にも話さず自分自身にも隠した。封印した記憶が何十年も経ってから、父親が突然亡くなるという新しいトラウマをきっかけに津波が押し寄せるようによみがえった。思い出してしまうと、その記憶が以来ずっと意識に根を下ろした。教会の鐘の音を聞くと決まって気持ちが陰ったのはこのせいだったのだと、いまならバーバラにはわかる。

サラも同じように、ずっとポプリの匂いを嗅ぐたびに気持ちが暗く陰った。ラリーがバスルームに置いていたあのポプリだ。

グレート・レークス・ジムナスティクスを去った年は、サラにとって、うつ状態や夢を諦めた空虚感と格闘する試練のときだった。「死んだみたいだったわ、あんなに打ちこんできたものを手放したんだから」とサラは言う。「めざしてきたものがなくなってしまって」。摂食障害はなんとか抑えこんでいたものの、自傷は一進一退をくり返していた。怪我の痛みは相変わらずで、膝の手術を受けなければならなかった。「ほんとに自分が情けなかった。落伍者なんだって。あれやこれやと罪悪感にさいなまれて自分を責めていた」。

いまでもなお、子どものころの苦しみと、その影響の何もかもが自分のせいだという思いと闘っている。「正直ね、いまになっても自分を責めなくなったとは言いきれないのよ」という。そう聞いた私は、そんなばかな、という気持ちを隠せなくなる。顔に出さないで、とは言われたけれど。だってあなたは子どもだったじゃないの、とつい言ってしまう。サラにしても、自分を責めるのは理屈に合わないのはわかっている。そこがいまの課題なんだ、という。「自分の中の女の子と話しなさい、ってセラピストに言われているの」。自分だって誰かからこんなことを聞いたら、「あなたのせいじゃないわよ！」と言うに決まっている、とはサラも認めている。でも自分の人生の話となると、子どものころに洗脳されたことの根は深い。本音を言えば、胸骨を折ったのも、そのあとに続く怪我もすべては自分のせいであって、体操のキャリアも人生も自分のせいで収拾がつかなくなってしまった。ジョンからいつも言われていたとおり、怪我をしたのは集中力が足りなかったからなのだ。

サラはウェスタン・ミシガン大学に進んだ。2年生のとき、ある男と性体験をしたことがラリーから受けた尾骨治療の記憶に火をつけた。「あれ、ラリーとおんなじ触り方だわ、と思ったの」とサラ。高校生のころは、されていることが医療行為だと思っていた。ところがこうなって突然、あれは性行為ではなかったのか、と思い至った。いま思い返すと、たぶん自分でも本当のことを知りたくなかったんだろうと思う。当時は同学年のルームメート三人とキャンパスの外に住んでいて、まだ情緒が安定しなかった。かつて優等生だった面影はもうなくて、授業についていくのがやっとだった。不安を酒で紛らわせようとすることも多かった。ラリーから受けた性虐待の最悪の部分はまだ蓋をされたままで、地層深く潜んでいた。ときどき自殺を考えることがあった。

誰かの助けが必要だとわかっていた。1993年、大学の自殺ホットラインに電話した。そのあとで学生保健センターに電話して無料の学内セラピストの予約をとった。セラピストに会って、体操で苦しんだ年月と、その経験がいまの自分にとりついてどうしても離れないと話し始めた。怪我をするたびにひどい目に遭ったこと、医師に納得できない手当てをされたこと。一旦起きたことを話し出すと気持ちが揺れて、つぎつぎ言葉があふれ出した。セラピストの名前は憶えていないのに、目の色が黒かったこと、ホルダーや書類の散らかった机をはさんで窓のほうを向いて聞いていたことは憶えている。

セラピストは、痛ましい経験を整理できるようにサラを手助けするでもなく、虐待した可能性のある医師のことを訊ねもしなかった。それどころか途中からサラの話をいっさい聞かなくなった。「私の話をさえぎって、大げさに言ってるんじゃないの、って言ったのよ。コーチや医者が選手にそんなことをして許されるわけがない、って。要するに私の作りごとだって思ったんでしょうね」。動揺しやすい心を抱えたサラは、恥ずかしくていたたまれなくなった。「私は話をやめて、そのまま黙っていたわ。きっと自分の頭がおかしいんだなって思った。いろいろ言い続けるセラピストの顔をじっと見ていた。すぐにでもあそこから走って出たかったわ」。

セラピストがサラの話に耳を傾けて、聴き取りをして、しかるべき当局に届けていたら、何百人という女の子が、ナサールに遭遇せずにすんだだろう。

サラはもう二度とこの話を口にしなかった。20年経って背筋の凍るような経験に見舞われるまでは。そのことはサラが再び登場するときに語られる。

第6章 信じてもらえなかった女の子たち

1990年代を通じて、若い女性や女の子がつぎつぎと、ラリー・ナサールの「治療」が普通ではないと訴えて、コーチ、カウンセラー、アスレチック・トレーナーに警鐘を鳴らす。ナサールはこれにひるむこともなく、それどころかこうした被害の訴えで行為を阻止されることもなかったために、かえって自信を強くした。地位も名声も着実に積み上げるナサールは、制御不能になっていく。

1993年、ナサールはミシガン州立大学でオステオパシーの学位を得たのだが、おもしろいことに、もう少しでこの学位をとりそこなうところだった。最初の2学期を終えた時点で、生化学の単位を2回落として退学処分を受けたのだ。数年後にFacebookでそのことを書いている。*4 退学にならないために医師と教授から成る諮問委員会に嘆願書を出すはめになった。「優先順位をとり違えている、体操クラブに時間を使いすぎて医学部生の勉強の時間が足りていない、と言われた」そうだ。ナサールは大学側にもう少し猶予をくれないかと求めたが、返事はノーだった。そこで体操界の知り合いに助けを求めたその一人が、ジョン・ゲッダートだったのだ。ジョンはナサールのために嘆願書を書いた。ラリーは4年ではなく5年かけて卒業する学生として医学部に復学する。卒業して地元の病院で研修するあいだも、グレート・レークス・ジムナスティクスのボランティアは続けていた。つぎつぎと女の子たちを手にかけながら。

チェルシー・マークハムも、ナサールの性虐待を誰かに話した女の子の一人だった。1995年、10歳のとき、チェルシーはミシガン州ローズヴィルの体操教室で平均台から落下して背中を痛めた。コーチからラリーに診てもらうといい、と言われて、母親のドナ・マークハムが月に数回ランシングまで車で診察に連れていくようになった。それから20年あまりあと、法廷で展開された胸を引き裂くような被害者陳述で、ドナは、当時まだ12歳だったチェルシーが、何回目かの診察のあとで明らかに様子がおかしく、それっきりひきこもってしまったことを訴えた。いつものようにお気に入りのカフェで母娘でランチの予定だったのに、チェルシーはなぜか家に帰りたがった。車に乗りこんでドナは何があったの、と娘を問いつめた。チェルシーは泣きじゃくり出して、ラリーが身体の中に素手で指を差しこんで痛かった、と打ち明けた。診察のあいだドナは同じ部屋にいたけれど、ラリーは巧みに自分の身体でドナの視界をさえぎっていた。

ドナはまっすぐ戻って、ラリーにどういうことなのかと訊きたかった。「『チェルシー、じゃあ一緒にすぐ戻ろう』と私は言いました。というか、もう96号線の中央分離帯を横切ろうとしていました」と法廷で語った。でもチェルシーは何も言わないで、と懇願した。体操の将来がなくなるかもしれないと恐れたのだ。「娘はものすごく動揺していました」。記憶をたどるドナの顔が苦痛にゆがむ。「『マ

＊4　Mark Alesia, Marisa Kwiatkowski, and Tim Evans, "Timeline: Former USA Gymnastics Doctor Larry Nassar," *IndyStar*, September 20, 2016.

マ、お願い黙ってて』という娘に、『どうして？』と私は訊きました。すると、『ママはわかってないのよ。そんなことしたらみんなに知れわたって、みんなが私のことをあれこれ言うわ。大会に出たら、審判だって、ああ、あの娘か、ってわかってしまうわ』と言ったんです」。

娘の動揺ぶりを見たドナは、ナサール医師には直接言わず、翌日コーチにこのことを訴えた。「『まさか、そんなことありえない。ラリーとは長年のつきあいだけどね』と言われてしまいました」。

コーチが耳を傾けてくれていたら。

ドナはよその親とも話したけれど、変なことをされたなんて聞いたこともない、と言われた。そのあとチェルシーは、どんどん先が見えなくなって、つぎつぎと問題をはらみながら過ぎていく年月に苦しむことになる。「娘は自己嫌悪的なものにとらわれていました。精神科医にかからせましたが、効果があるとは思えませんでした。自分を責めてばかりいました」とドナは法廷で証言した。「娘にとって致命的だったのは、相手がその分野でトップであるはずの医師だったことです。怪我を治してくれるはずの立場だったのに、そうはしなかった。虐待したんです、性虐待をね。それも同じ部屋にいる私のすぐそばで、そんなことをするなんて」。

不幸なことに、時間をかけてもチェルシーはうつ状態から抜け出せず、2009年に自ら命を絶った。「毎日毎日娘のことを思っています。毎日です。すべてはあの男が始まりでした。あの男が始まりだったんです、何もかも。毎年毎年どんどん悪くなって、とうとう娘は耐えられなくなったんです」。ドナは法廷で訴えた。「それで家族は破壊されました。この件のあれこれを切り抜けようとして、私は集中セラピーを4年間続けて、やっとこれは自分のせいではないんだという事実を受け入れることができました。娘があんなことになったそもそもの原因は、ラリー・ナサールなんだと」。

心を揺さぶるドナの証言のあと、誰かが証言に立つたびに一人一人の心に伝わる言葉をかけるローズマリー・アキリーナ裁判官が、「いつかあなたは美しい娘さんと再会するでしょう。そのとき娘さんがあなたに感謝するのはもちろんですが、何よりもいまここで、娘さんはあなたを抱きしめていますよ、きっと」と、チェルシーに代わって証言に立った労をねぎらった。

私は法廷証言から1年ほど経ったころ、ドナの様子をうかがった。このとき、チェルシーを失った哀しみに加えて、ドナにはもう一つ深い哀しみが重なっていたことを聞いた。チェルシーの姉が、本気で助ける気があったのか、とチェルシーの死後何年もドナを責め続けたのだという。でもいま、その姉も自分自身が母親になってみて、「子どもを護るためならどんなことでもするのが母親だ」とわかってくれた、とドナは言う。「母娘関係はいまが最高」なのだそうだ。

1990年代を通じて、ラリーは抜け目なくトップにのぼりつめていった。1996年にはアメリカ体操連盟の医療コーディネータに任命された。[*5] アトランタ・オリンピックにも随行し、負傷して痛みに顔をゆがめながらフロアから運び出される体操選手ケリー・ストラグの鮮烈な映像に、ケリーに向かって腕をいっぱいに伸ばす姿が映った。フィジシャン・アシスタント（PA）でアスレチック・トレーナーでもある妻と結婚したのがその年で、結婚式にはジョン・ゲッダートも出席している。

＊5 Mark Alesia, Marisa Kwiatkowski, and Tim Evans, "Timeline: Former USA Gymnastics Doctor Larry Nassar," *IndyStar*, September 20, 2016.

「ランシング・ステート・ジャーナル」によれば[*6]、このころジョンはグレート・レークス・ジムナスティクスを解雇されている。優勝数と奨学金獲得では確かにクラブの名を上げたジョンだった。これも同紙によると、選手を50回以上州大会で優勝させ、個人優勝は11回、全米総合優勝も5回を数えた。その一方でジョンの同僚たちからは、指導のスタイルを懸念する声も上がっていた。同体操クラブの共同所有者の一人が同紙に語ったところによると、当初クラブがめざしたのは、「誰にとっても明るく健康な体操競技環境を提供することだった。ジョンのもとで自分たちがどんどんその考え方から遠ざかっていくのがわかった」という。

ジョンは妻とともに、ランシング郊外の小さな街ダイモンデールに新しい体操クラブを開いた。ジョンのLinkedInによると1996年のことで、夫妻はそれを、ゲッダート夫妻のアメリカ体操連盟ツイスターズクラブ、と呼んだ。ラリーもツイスターズでボランティアを始めた。

1997年、ラリーはミシガン州立大学で助教授、そして同大体操部のチームドクターの職を得たほか、ホールト高校で学生アスリートの専属スポーツドクターとなった[*7]。州立大のスポーツ医学クリニックでも、体操選手に限らず、同大と地元ランシングのあらゆる患者の治療にあたった。

その同じ年、もう一人、若い体操選手ラリッサ・ボイスがラリーの性虐待を通報している。

ラリッサは州立大のユース体操プログラムに参加していた。当時のラリーは「神のごとく」下にも置かない扱いで、本人もそれを利用していたという。州立大のクリニックでラリーから腰痛の治療を受け始めた当時は16歳だった、と話してくれる。ラリーはさりげなく一線を越えてきて、まず断りなくブラのフックを外して背中をマッサージしたという。次にラリッサの身体を肩から掌でなで下ろして乳首に触れた。まだ高校生だったラリッサは、問題になる部分に触っているのにラリーは気づいてないんだろうと思っていた。診察のたびにラリーは微妙に境界線を押してきた。初めて素手の指を体の中に入れられたとき、「ショックで呆然として、頭が真っ白になった」という。

その後もラリーは、ときには大学の、女の子たちが練習しているフィールドハウスで同じ行為を続けた。「私の身体に指を入れてまさぐって、私はその身体で練習に戻る。そのくり返し」だったという。「両親は私が練習場の裏でラリーの手当てを受けていることも知らなかった」。どんどん不安になって、ラリッサは誰かに話したほうがいいだろうかと考えるようになった。「もし誰かに話したとして、信じてもらえるだろうかと心配だった。もしかして私の心が汚れているだけだったら、って」。

ある日自宅の裏庭で、年下の体操選手と一緒にトランポリンをしているとき、勇気をふりしぼって、ラリーの「治療」をどう思ってる?と訊いてみた。友だちは自分もラリーに同じことをされている、気持ちが悪い、と言ったという。「それを聞いてもっと勇気が出た」ラリッサは、「友だちを護りたい気がして、つい『私、誰かに話してみる』と口にしてしまったの」と話してくれる。

ラリッサは州立大体操チームのヘッドコーチ、キャシー・クラゲスのところに行った。クラゲスの

＊6　Eric Lacy and Christopher Haxel, “Accomplished, Controversial Coach,” *Lansing State Journal*, February 9, 2018.

＊7　Coverage by the *Lansing State Journal* and *IndyStar* of the USAToday Network, “Who is Larry Nassar?” (updated timeline of Nassar’s career）, https://www.usatoday.com/pages/interactives/larry-nassar-timeline/.

部屋で椅子にかけ、「詳しく話したの」だという。「『ラリーの指が私の身体の中に入ってきて、指でもてあそばれている感じがした』って言ったの」。クラゲスとの面談は残念な結果に終わる。「最悪だったのはキャシーの反応だったわ」。ラリッサはまるで尋問みたいなことをされたうえに、大勢の前で辱められた。コーチはユース・プログラムの女の子たちを自室に二人または三人ずつ呼び入れて、ラリーの治療でいやな感じがしたか、と訊いた。そのあいだラリッサはそこに座っているように言われ、いたたまれなかったという。

もう一人ラリーから同じことをされた女の子がいる、とラリッサはクラゲスに訴え、クラゲスはその娘とも話した。その若い体操選手も、自分もラリー医師に身体の中に指を入れられた、って答えたのにね、とラリッサはいま遠い目をする。クラゲスコーチは、あなたたちはドクターの治療を誤解している、ラリーはおかしなことをするような人じゃないから、と女の子たちに言った。そして、自分は席を外すからラリッサと話してみて、と大学体操チームの選手を呼んで部屋を出ていった。呼ばれた選手たちが「すれすれのところまではいくけど、身体の中に手が入ってきたことはないわ」と言っていたのをラリッサは憶えている。そして「なるほどね。でも私はそうじゃなかったわ。私は指でもてあそばれている感じがしたの」と切り返した。戻ってきたコーチにもラリッサはひるまなかった。『私は本当のことを言っているだけです』ってクラゲスに言ったわ。自分が嘘つきじゃないことを証明しなくちゃって、必死だったから」という。

クラゲスコーチは、ラリッサに報告書を出すことはできると言いながら、あなたにとってもラリーにとっても、そうしたら「ものすごく困ったことになる」わよ、と釘を刺したという。この時点でラリッサは「すぐにでもクラゲスの部屋から出ていきたくなった」。ラリーと古い知り合いで、グレート・レークス・ジムナスティクスで一緒に働いたこともあるクラゲスは、この件を二人の女の子の親にも、担当当局にも届け出なかった。それどころか、クラゲスは二人が言ったことをラリーに告げたのだった。

「結局それでラリーはかえって自信をつけて、ますます強気になったのよ」とラリッサは言う。

次のラリーの診察で、クラゲスが、信じて打ち明けた自分を裏切って、「狼」の餌食《えじき》にするような真似をしたとわかった。そのときの、暗い海のような失望をラリッサは忘れられない。ラリッサと向き合って腰を下ろしたラリーは、「キャシーと話したよ」と不気味な口調で言った。そして、自分がしていたのはラリッサが良くなるための治療だったんだよ、と説教した。後悔と恥ずかしさ、してしまったことに追いつめられて、ラリッサは、誤解してすみませんでした、とラリーに謝った。何もかも自分が悪かったと言って、はじかれたようにマッサージ台に載った。いやらしいことをされたと考えた自分が、もう汚れた心を持っていないことを証明するために。その日ラリーの虐待は「とりわけ手荒」だったという。「ラリーは私のことを気がちがったみたいに怒っていた」。ばかなことをした報いだ、もう黙って従うしかない、とラリッサは台に横たわっていた。

ラリーの性虐待は4年間続いた。ときどき性生活のことを訊かれて、彼氏にどのくらい「フェラチオ」してやるのか、と言われた。セックスの相手はいないと言っても、フェラチオは毎回しろ、とラリーは言い張った。何を言われているのかすら、よくわからないラリッサだった。ふり返ってみると、ラリーが明かりを消してベルトを外し、うなり声を上げたことがあった。マスターベーションしていたにちがいないとラリッサはいま思う。マッサージ台から降りようとしたら頭を押し返されて、動くなと言われた。ラリッサは次第にうつ状態にとらわれていった。「最初は大学で競技するチャンスがこれで全部だめになったと感じたわ。MSU（訳注：ミシガン州立大学）に行きたかったから」。でもくり返し性虐待を受けるうちに「体操が好きだっていう気持ちもなくなった」という。

そして自殺を考えるようになった。法廷でラリッサは17歳当時の日記を読み上げた。

ゆっくりとだけれど、日々私に忍び寄ってくる。一歩一歩私の魂を食い尽くそうと近づいてきて。自分が生きる価値も幸せになる価値もない人間のような気がする。いつも何か罪悪感があって、それが1日ごとに重くのしかかってくる。レンガの山が肩にのしかかってくるような気持ち。弱りきった背中に、毎日また一つ新しいレンガが載せられる。生きるのがこんなにつらいことに、もう疲れてしまった。罪悪感を抱くこと自体に罪の意識がある。たぶん精神病なんだろう私は。こんな気持ちが晴れて、穏やかな日が来るんだろうか、それとも死ぬまでこんな気持ちで生きていくんだろうか。

20年近く経った2016年、「インディアナポリス・スター」紙がラリーの疑惑を報道したとき、一度は性暴行を通報した自分だったのに、ラリッサは信じたくなかった。あの医師から受けたのは正当な医療行為だったと信じたかった。子ども心に性暴行だと思った自分が正しかったとしたら、つらすぎる話だったから、とラリッサは私に言う。そしてあれから20年ものあいだ、ラリーが女の子たちを餌食にしてきたことを考えるのも。州立大のキャンパスを歩いて、かつて練習したフィールドハウスを訪ねたときのことをラリッサは思い出す。若い体操選手だったころの懐かしい音や匂いに触れて、事実を受け入れる気になった日のことだ。「しん、と身体が冷えた」という。「あれから20年も経って、結局あのときの自分の判断が正しかったんだって思うしかなかった。やっと、過去のこまごましたことや、暴行された折々のことをじっくりふり返ってみてもいいかなと思えるようになったわ」と。

ラリッサは地元の弁護士マンヴィア・グレウォル、通称ミックに助けを求めた。ミックとは長年の知り合いで、子どものころはお隣さんだった。ランシングの草深い郊外にある事務所を訪ねた私を温かい笑顔で迎えてくれたミックは、腰を下ろすと、子どものころ、裏庭で友だちと一緒にトランポリンをして跳ねていたラリッサを憶えている、と話してくれる。無垢な姿の記憶は、あのころにはもう性犯罪者にとらわれていたのに、自分は何も知らなかったのだと思い知らされて、ひたすら切なく、つらくなるという。

ナサールのスキャンダルのさなかにミックを訪ねたラリッサは、1997年にラリーを通報したのに信じてもらえなかったのだ、と必死に訴えたという。ラリッサと一緒に通報した体操選手（名前を明かさないでおきたいと希望）も来ていた。自分たちの身に起きたことを話す二人の顔に、「信じてもらえないかもしれないっていう強い不安がはっきり見てとれた」と、ミックは当時を思い出して言う。でもミックは信じた。苦しむ相手を信じようとするのはミックの血筋だったから。インドのパンジャブ地方からアメリカにわたった医師と看護師を父母に持つミックだ。その名前のマンヴィアは、「人から秘密を打ち明けられる者」という意味なのだそうだ。ラリッサともう一人の選手の話を聞いたとき、「どれだけ二人が傷ついたか、そして誰も二人を信じなかったことを考えるとつらくてたまらなかった」という。これがナサール事件の核心となるのだが、足掛け30年、女性たちは嘘つきと言われ、信用されなかったのだ。そのことがミックにはやりきれなかった。シーク教徒の地域で育ったミックは、幼少のころから女性と男性は平等だと学んでいた。それはシーク教の基本的な教えだった。そのあともどんどん女性が訪ねてきて、結局100人以上の代理人になった、とミックは言う。みんな僕にとっては家族だからね、と。「ミドルネームのシンは僕の育った文化と遺産と宗教の名残なんだよ。シンはライオンのことなんだ。それが僕の売りでね。ライオンは自分の家族を護るんだ」。

ミックの事務所を出るとき、私は青緑系のティール色のTシャツをわたされた。性暴力啓発の色だ。被害者女性が自らをそう呼ぶ、シスター・サバイバー全員の名前が背中に白糸で縫い留められている。ミックがそのTシャツを作ったのは、サポートの意思表示だった。クライアントに、家族に、「全米の、時には海外の人々に」配ったそうだ。「世界中の人が支えてくれている、と被害者にわかってもらうためにね」。

法廷で、両脇に立つ父と夫に付き添われて被害者陳述をおこなったラリッサは、自信と信念に満ち、自分を凌辱した相手に向き合いながら落ち着いた声で話した。性虐待を受けたあとの年月について「考え方の筋道がおかしくなってしまって、いやらしいことをされているととらえる自分のほうが悪いのだと思いこんでいました」と述べた。そして何年もあとの記憶を引いて、「ミシガン州立大学を卒業しました。それから大学院の理学療法コースに願書を出したとき、その博士課程のための推薦状を書いてくれた一人がラリーでした」と言ってラリーのほうに向き直り、「そのことをあなたが憶えているかどうかは知らないけど」と言った。ラリーは「憶えている」と答えた。

子どものころ本能的に感じたことが正しかった、そして1997年時点でラリーを止めることもできたのに、とわかったことで、パニック発作、帯状疱疹、うつ、片頭痛など、身体も心も思いがけない深刻な影響に苦しんだ、と説明しながら、ラリッサは陳述を続ける。「心も身体も痛んで、神経がまいってしまいました。家族も苦しみました。私の人生全部が損なわれたんです」。

ラリッサの夫と父親も法廷で発言して、ナサールの暴行で家族が被った影響を語った。スキャンダル発覚当時、ラリッサが死んでしまいたいと言ったときのことを、「自分の妻があんなにすさまじい心の傷に苦しむ姿を目の前にしたら、誰だって助けることもできない自分はいままでの人生、何をしてきたのかと呆然とするしかないでしょう」と、夫のアダム・ボイスは述べた。「人間というものにものすごい不信感が生まれて、あれ以来ずっと怖くて他人に子どもを託せなくなりました。自分では一度も会ったことのないこの醜悪な人間に対して、どうしていいかわからないほどの怒りを感じることがよくあります。夜は眠れないし、いろんな思いが頭の中を駆けめぐって夜中に目が覚める。血圧も上がりました。前より忍耐力がなくなって、一過性の、つまりこんなことが起きたせいでしかないうつ状態と闘っている最中です」。

心を一つにして、一家はいま、たがいの癒しに心を砕きながら前を向いて進もうとしている。「時間が経てば、私の痛みも悲しみも和らぐでしょう」。法廷で述べるラリッサの視線はラリーに据えられて微動だにしない。「今日、やっとあなたに捕らわれていた自分が自由になったって言えるようになったわ。今日からあなたに奪われていた私の身体も心も私だけのものよ」。

そのあとでアキリーナ裁判官は、「あなたの言葉は一つ一つ世界に届きました。明確でとても勇敢な言葉でした。語られたあなたの思いも明晰そのものでした。もうすでにそうされているかもしれませんが、ああ、まあ、私はセラピストではないので、いずれにしてもあなたはぜひ16歳の自分を許してあげなければいけませんね。信頼した相手が悪かったのですから。それは子どもならいくらでもあることです。あなたの訴えは聞く人の胸に響いています。私たちは子どもたちに、おかしいと思ったらわかるまで何度でも考えなさいと教えなければならないし、大人も子どものためにはっきりものを言えるようにならなければ」。そして、「あなたは本当に強くなって、かつて恐れていた野獣を言葉の力で倒しましたね」と、ラリッサの勇気をたたえた。

今日ラリッサは、性虐待の被害者が傷を癒やす保養所のようなものを作りたい、と私に夢を話してくれる。「穏やかでホリスティックな場所にしたいの。動物や、馬とかもいるような。アートセラピーも採り入れたり。大きすぎる夢だけど、したいことがわかったわ」。

ラリッサの元コーチ、キャシー・クラゲスはこの間、ナサールのスキャンダルを受けてミシガン州立大を停職処分となり、結局辞職している。ナサールの判決後、クラゲスも、警察に嘘をついた、ナサールの性暴力のことを知らなかった、と虚偽の主張をしたとして告発されている。本人は罪状を認めていない。

私は先方の弁護士らを通じて、本書に引用している告発について、クラゲスのコメントを求めたが、「クラゲス氏は起訴されている件については無罪であり、裁判でそのことが証明されるとこちらでは確信している」との連絡をその中の一人から受けた。

やりきれないことだけれど、ラリッサのあとにも黙らされた女の子がいたのだ。

第7章 叫び

90年代が終盤にさしかかるころ、女の子を含めた若い女性たちが、誰かが聞いてくれることを願って声を上げ、ナサールの行状を訴え続けていた。16歳のリンゼイ・シュエットは1999年、ナサールの行為に文字どおり叫び声を上げた。リンゼイの経験はさながらホラー映画のシーンのように展開する。

リンゼイは体操選手で、慢性的な股関節の痛みで州立大のクリニックに赴いたとき、サウスダコタから一家で引っ越してきたばかりの街の新参者だった。別の医師が診察を始めたのに、ラリーの申し出ですぐにそちらに回された。クリニックでリンゼイに目をつけて、体操選手の手当てには経験があるから自分がやろう、と言ったのだ。

いま30代で韓国で暮らし、山奥の村で子どもたちに英語を教えているリンゼイは、海を隔てた寝室からFaceTimeで私に体験を聞かせてくれる。ラリーがオリンピック選手の手当てをしていたと聞いてすごいな、と思ったそうだ。憧れのケリー・ストラグもその一人だった。「ひたすらケリーにあこがれて、体操を始めたんだもの」という。

「手を出しすぎるって言われることもあるけど、僕は本当に患者のためにやってるから」なんてわざわざ母親に言って、いま思うとラリーの初めての診察は奇妙だったわ、とリンゼイは言う。「それからね、私の後ろに手をまわして2回ほどお尻を叩いたの」。いい気持ちはしなかったけれど、相手は大物のオリンピック・ドクターだから、とあまり深くは考えなかった。

次の診察で、たっぷりしたショーツをわたされて、これを着てマッサージ台に寝なさいと言われた。リンゼイの母親は同じ部屋で椅子に掛け、ラリーが娘の脇や脚をマッサージするあいだ本を読みながら待っていた。「下のほうから脚を揉んでた手がだんだんショーツのあたりに近づいてきたの。あ、パンティのラインまで触りそうだわ、いやだなどうしよう、って考えていたのを憶えている。それからショーツの下に手が入ってきて、脱がされてるのがわかった。大丈夫、きっとそのうち止めてくれる、いくらなんでもそこまではしないわ、と自分に言い聞かせていたけど、結局そこまでしたのよ。まさかと思ったけど、本当に。ラリーは私の中に指を差しこんで好き放題動かしたの。本当に怖くて、なかなか終わらなくて、ものすごく痛かった」。リンゼイは性暴行の知識があった。「The Hand That Rocks the Cradle（邦題「ゆりかごを揺らす手」）」という映画で、医師が若い女性にみだらな行為をするのを見ていたからだ。同じことが自分にも起こったのだとわかっていた。

ものすごくいやな経験をしたあと、リンゼイはこの先どうしようかと考えた。「学校は転校してきたばっかりだし、もしラリーのことを責めたらみんなから嫌われるだろう、って思った」のだという。サウスダコタから来た田舎者と、学校の子どもたちからはもうさんざんからかわれていた。泣き疲れて眠る何日かを過ごしたあと、勇気をふりしぼって学校カウンセラーに話した。もしきちんと言わなかったら、またあの医者のところに行かされる、と怖かったのだ。カウンセラーはリンゼイの話を聞き、親に電話しなさいといって受話器をわたした。言われたとおりにすると、母親から、あとで一緒に話しましょう、と言われた。またラリーの診察に行かされたらどうしようと心配になって、もう一度カウンセラーにそのことを伝えた。「そしたら、そんなことされないんじゃないの、でももしまた行きなさいって言われたら、先生にその手当てはいやです、ってていねいに言うしかないわね、ですって」。カウンセラーは虐待の訴えを上に報告することはしなかった。「親と話させたから、することはすんだと思ったんでしょう。あれからどう、とも訊かなかったし」。

親とラリーのことを話し合うことも結局なかった。両親は忙しくて娘にあまりかまっていられなかったのだ。それでも、またラリーのところへ行かないといけないか、と母親に訊いて、不安に思っていることを伝えた。母親は答えなかった。まだ10代の立場の弱い子どもの身では、州立大にアメリカ体操連盟という強大な組織の後ろ盾を持ち、みんなから信頼され尊敬されている医者が相手では太刀打ちできないだろう、とリンゼイは恐れた。恐れたとおり、リンゼイの訴えは相手にされなかった。

思い出したくもないある日のこと、リンゼイはまた母親と一緒にラリーのマッサージ台に向かう車に乗っていた。「ラリーのクリニックに向かって駐車場を歩きながら、どうしよう、もう二度とラリーにあんなことはされたくない、もしやったら叫び声を上げてやる、って考えていた」という。またマッサージ台に載ったリンゼイに、ラリーはゆっくりマッサージを始めた。そしてあの悪夢が始まった。「ラリーのマッサージの手がだんだんせまってくるあいだずっと、もしやったら叫んでやる、と思ってた。そしてとうとうやったの。ラリーの指が入ってきた瞬間に私は叫んだ。でも思ったほど大きな声が出なくて、『大丈夫か』とラリーが訊いたから、『大丈夫じゃないわ、痛い。止めてください』と言ったら、『わかった、じゃあもう一度やってみよう』って。また指を入れてきたから、叫び声を上げて泣いた。一旦叫び出したら止まらなかった。一人残らず聞こえるようにって思ったの」。ラリーは急いでリンゼイを部屋から追い出して、別の医者のところに行かせた。廊下を下りて医院の外に出るまでずっと叫び続けた。一人残らず聞こえてほしかった。

その後数か月のあいだ、「友だちができたから何人かとそのことを話したら、みんなそろってあれが相手じゃ勝ち目はないわ、と言った。あんなことされたのは自分だけなのかもしれない、あれだけ騒いだんだからラリーだって怖がってるだろう、いまごろラリーのやってることをきっと調べてるわ、と思おうとしたわ」。この出来事がリンゼイと両親のあいだに亀裂を生んで、州立大学の卒業を機にリンゼイは地球の裏側に赴いて、子どもに英語を教えることにした。これは幸せな経験になった。「打ちこめるものが見つかった」のだという。でも子どものころに受けた虐待の記憶はなかなか消えず、家族はばらばらのままだった。

あの医師から自分を救い出そうと決めた瞬間を思い起こしながら、リンゼイは韓国からビデオで被害者陳述をした。「二度と私に触れなくなるまで叫んで泣いてやろうと思っていました。大声で泣いてやろうと思ったのは、実際大声で叫びたいほど怒りが大きかったからですが、この医者の診察室で信じられないほどおかしなことが起きている、とあの建物にいる人に一人残らず耳に届いてほしかったからでもあります」。その耐えがたい経験の長年にわたる影響を「私の人生は、それはいろんな面でゆがめられました。ここでお話しするのはその一端にすぎません。男性不信にもなりました。いろんな意味で自分の身体も価値があると思えなくて軽蔑してしまいます。権威のある人とのあいだで何か問題を話そうとすると、信じられないくらい感情的になってしまう。こんな経験をしたことで、家族や、自分の健康、私生活にも仕事にも深刻な影響が出ました」と述べたあと、アキリーナ裁判官に向かい、「ここでお訊きしたいんです。まだ若い女の子のクオリティ・オブ・ライフの価値はどれほどとお考えなんでしょうか。私は、この男にだけは二度と日の目を見られないくらいの目に遭ってほしいと思っています」と問うた。健やかに送れたはずの人生がこうまで損なわれた、もしそれがまともに償われないとしたら、「一人の人間である若い女の子をなんだと思っているのか」というリンゼイの悲痛な問いかけは、法廷審問を通じて、そしてその後も、被害者たちの胸に刻まれた。それこそが、この訴訟で問いたいことだった。

ビデオでの痛烈な陳述を見終わったアキリーナ裁判官も、また灼けた鉄のような言葉で応じた。「リンゼイには、その叫びがこの2018年中ずっと、まちがいなく響きわたる、と伝えたいと思います。先ほどの問いかけに私は強烈に心を打たれました。刑期が何年になるか、量刑は私が決めます。答弁取引は先ほど申し上げたとおり尊重しますが、最後は私が決定します。若い女の子の人生の価値はどれほどなのでしょうか。我々の憲法は残虐かつ異常な処罰を認めていませんが、もし認めていれば、私なら、ナサールがここにいる美しい魂たち、つまり子どものころのみなさんに対してしたこと、彼が他人にしたことを、誰か、それも大勢に、彼に対してさせてもいいと考えるでしょう。それが私の答えです」。アキリーナ裁判官は続ける。「我々の国は、目には目を、の考えを採っていません。ミシガン州には死刑もありません。したがって損なわれた年若い女の子の人生に、ふさわしい量刑で応えることはできないのです。ですが私も子どもの親であり、この地球にあるすべての金をもってしても皆さんに償いきれないことはわかります。皆さん全員が黄金だからです。かけがえのない人たちです。こんなことが起こって本当につらい。そして、リンゼイ、あなたの叫びを、私は確かに聞きました」。

ミシガン州立大の学生アスリート3人からも、90年代後半からラリーの虐待が通報されていた。ソフトボール選手ティファニー・トーマス・ロペス、クロスカントリー選手クリスティー・エシェンバッハ、そしてバレーボール選手ジェニファー・ベッドフォードだ。3人とも、身体の中に手を入れられる手当てが不快だと大学の職員に伝えたと言っていると、2018年のナサールの判決のあと、ミシガン州司法長官が立ち上げた同大に対する捜査の報告書に記されている。

実にこの3人を含めて13人が、この20年近くの期間中にミシガン州立大学の職員に問題の虐待を通報したと言っている。これも報告書に記録されている。3人は、アスレチック・トレーナー、コーチ、カウンセラー、そして医師等大学の職員11人に話したのに対応してくれなかった、と言っている。捜査官等がこれらの職員を聴取したところ、以下が判明した。

職員ほぼ全員が、虐待の報告を受けた記憶がないと述べるか、聞いていないと明確に否定するか、のいずれかだった。これら州立大職員が意識的におたがいと、またはナサールと、口裏を合わせて同人の虐待を隠蔽しようとしたという証拠はないが、なぜナサールがかくも長期にわたってあのような犯罪を実行することができたのかについて、彼らが実際に口にした説明にもほとんど説得力がない。ある意味、ナサールと近い州立大職員は、被害者らと同様に、まちがった情報にふり回されていた。ナサールの同僚は全員が、彼が実際に患者に指を挿入するのを見たことがないと主張した。ただし、ナサールの専門に最も詳しい職員らは、膣に指を入れる行為は、一定のまれな状況において医学的に適切たりうると強調している。ナサールが、ある合法的な医学的手技に精通する同僚の知識を利用して、その手技に似た、しかし性的暴行に匹敵する手当てを自身の性的満足のために実施できる状況であったことは明らかである。

口裏を合わせていた証拠はないとしながらも、捜査は、この侵襲性の手法のことを聞いていたと報告されている職員らが「問題の深刻さを軽んじる、または告発を進めようとする被害者を積極的に思いとどまらせようとした」ことを明らかにしたうえ、以下のように記している。

これほど多くの被害者が独立的に、これほど多くのミシガン州立大学職員に対して、これほど長きにわたって訴えていながら、ことごとく対応されなかったという事実は、単に個別の不備が重なった結果であると説明することはできない問題が存在することを明らかにしている。これは、MSUスポーツ医学クリニック、およびより広くはMSUによる、大規模な大学の風土の問題が存在することの証左である。被害者らの供述はさまざまに異なるものの、各事例に一貫して見られる点がある。MSU職員は、疑いというだけでは不利益に扱わないという『疑いの利益（the benefit of the doubt）』の原則を、訴え出た若い女性ではなく、ナサールに適用する傾向があった。通常の医療行為の際に手指の挿入をおこなったという告発、これは犯罪に匹敵する不正行為の重大な告発であるが、それを受けて、当該MSU職員等は、訴えた若い女性の話を軽視し、世界的に有名なスポーツドクターであるナサールの主張を重んじた。

結局、きわめて重要な医師ラリーは誰からも信用され、被害を訴えた若い女性たちは信用されなかったということだ。

私はミシガン州立大学の広報に問い合わせ、本書に書いている非難を伝えてコメントを求めたが、返事はなかった。現在は同大学の他部署で働いている元メディアチームの職員から折り返し連絡があり、広報スタッフに私の依頼を伝えるとのことだったが、返事は来ていない。

「マッサージ台に横たわって、これはしていいことなんだろうか、おかしいんじゃないか」と考えていた記憶がある、と元バレーボール選手ジェニファー・ベッドフォードは、被害者陳述で、ラリーが世間話をしながら自分に性虐待を働いた診察時のことを証言した。「頭の中に二つの声が激しくせめぎ合っていました。これはおかしいんじゃないか、という声と、世界的に有名な、あんなにたくさんのアスリートを治療してきたドクターなのよ、という声でした。ラリーが『下半身のあの場所』を手当てすることはみんなが知ってるけど、誰も文句を言わないんだもの、もっと大人にならなくちゃ、と思ったんです」。チームメートもラリーの変わったやり方のことは知っていて、冗談に「クロッチ・ドク（お股センセイ）」と呼んでいた。

ジェニファーは背中に手を添えてくれる夫に付き添われて法廷に立ち、当時の自分を、世間から遮断されたアスリートだった、と表現した。そして受けた性虐待にもう一つ別の問題があって苦しんだことを訴えた。身体が意思に反して物理的に反応したのだ。「最初は、こんなことまで話すのはとても気が進まなかった」という。「でもこれは、そんなことは絶対にないのに、被害者は実は暴行されたがっていたんだという人もいるいまの社会で、誰もがなかなか口にできない大きな問題だと思います」。ジェニファーは続ける。「具体的に話します。診察のとき、ラリーは当時の私がそんなものがあるとは知らなかった、身体のあちこちの場所を指で押しました。そうしたら反応したんです。そうなってほしいわけでもないのに反応してしまうんです。そんなことが起きているあいだ、私は台の上で激しい屈辱と混乱と恐怖に凍りついて横たわっていました。自分の身体を抑えられないなさけなさに絶望していました」。

ラリーは気づかないふりをしていた。「悪夢のような経験のあと、起きたことをどう整理していいのかと、疑問が頭の中を猛烈なスピードで駆けめぐりました。うれしくもないのに身体があんなふうに反応できるのだろうか。わたしにはそれはありえないと思えました」と、法廷でジェニファーは述べた。「自分の身体に裏切られた気がして呆然としました。ラリーのことは絶対に悪く言ってはいけないと思いこんでしまっていた私は、ともかくあのときは自分を疑って責めるしかありませんでした。人の一番いいところを信じたかったけれど、相手は医者だとか、自分のためを思ってくれるからだとか、感謝の気持ちを忘れてはいけないとか、こんな反応をねらってやっていたわけじゃないとか、どんなに理屈をつけようとしても、何かがおかしい、という頭の中にある声をふり払うことはできませんでした」。

ラリーを通報することを考えると、恐怖が降りてきた。嘘つき呼ばわりされて、見下され、レッテルを張られて、「頭がおかしい」と言われるだろう。トレーナーに話はした、とジェニファーは法廷で述べている。被害届を出せるかと相談すると、いくつか質問をされた。「できるかぎり正直に答えたかったのですが、自分が恥ずかしいと思っていることをこまごまと明かすのが怖くて、あいまいなことしか言えなくて、話が進みませんでした。トレーナーからは、通報したら調査もされるし、ナサールを非難して、医者としてするべきでないことをされたとか、犯罪的な不正をされたとかって供述する覚悟がいるのよ、と言われました。当時の私は、どうしてもはっきりそうまでは言い切れませんでした。私はただ、いやだった、と伝えてそれを記録してほしかったのです。正式な告発をせずに、こうした屈辱的な細かいことを世の中に知られずにそうするにはどうしたらいいか、私は知りませんでした」。

25分間の胸を刺すような陳述の中でジェニファーは、当時をふり返って、性虐待を続ける医者を自分は止めることができただろうかと考えた、と言った。そしてこう結んだ。「自分の前に、そしてこれから、声を上げる女性みんなと一緒に立ち向かいたい、あなたは一人じゃない、と言いたい。いま言えるのはそれだけです。愛する人たち、姪や甥、家族や兄弟姉妹、友人のために、私はもう黙ってはいない。もう私のような思いを誰もしなくてすむように。でもそうなるためには、みんなが勇気を出して、恥ずかしいと思わないで本当のことを話してほしい。私はただ本当のことを伝えて、怖いという思いに負けないで、もうほんの少しでもその怖さに支配されないために、ものを言っていきます」。

元ソフトボール選手ティファニー・トーマス・ロペスの法廷陳述では、やはり苦しんだ精神的苦痛が悲痛な声で語られた。自分を裏切った相手を目の前にして、「もし今度会うときがあったら、あなたを殴りつける自分を思い描いてきたわ。でも本当に殴る代わりに、私の気持ちや思いにあなたの心臓を殴らせることにした。あなたとあなたにされたことを抱えて、私は今日までずっと歩き続けてきたの。州立大を離れた日から一歩進むごとにね。あの美しい、あなたがその手で触れて汚したキャンパスよ」。どうしたんだ、とラリーに聞かれながら、汚された気がしてマッサージ台の上ですすり泣いていた自分をティファニーは語った。あれから何年も、自分だけがこんな目に遭ったのか、ほかにも被害者がいるのだろうかと考えていたという。「2、3年おきに、ほかにもティファニー・トーマスがいるんだろうかっていう疑問がわいたわ。でもある日、あろうことか、あなたがにこにこして人生を謳歌している写真を見てしまった。傷ついてがっかりしたけど、一方ではあんな目に遭ったのが自分だけらしいとわかって本当にほっとして、そしてこのことは生涯自分の胸にだけ抱えて生きていこうと決めたの」。

「もう一度生き直すことにしたわ。何年もあなたのしたことが私の喉元を締めつけていたけど、もうあなたにそんな力はない。自分のためにはっきりものを言うのも、もう怖くない。子どもたちのために恐れずに声を上げていく。偉い地位の人たちとわたり合う自信もついたわ。そして一番だいじなことだけど、男の医者とも怖がらずに話をしてみるわ。あなたのしたことを許そうとしてみる。そうすることで私の心が癒えるように」。ティファニーはラリーに向かって畳みかけた。

最後に、ラリーを見て、氷のように落ち着いて、勝つのは自分を含めたサバイバーのほうよ、と言った。「90年代の終わりに、本当のことを話そうとする私を黙らせて追い払おうとしてあなたが選んだ人たちは、強くなった私たちサバイバーに結局勝てないわ。私たちを毒牙にかけて、墓穴を掘ったのよ。あなたが当然の裁きを受けるように私たちは要求する。それが私たちの権利だから。かならずそれを実現するわ」。

ティファニーの言うとおりだ。でもそれを実現するために、ここまで年月がかかったのだ。当初の訴えから10年間、ラリーは腕に磨きをかけて巧妙な犯罪者になっていく。

第8章 誘惑

2000年、新たな10年へと歩みを進めるナサールは、まだ子どもと言っていい患者をグルーミングで手なずけ、その親を巧みに惹きつけて疑わせない手腕を完璧に磨き上げていた。自身父親にもなった。三人の子どものうちの第一子が2001年に生まれる。女の子だった。この間ずっと、女の子を含む若い女性たちがつぎつぎとナサールの性暴行を、警察などのしかるべき地位の人間に訴え出ていた。

リンゼイ・レムケのケースは、子どもだけではなく、その親までも操ったナサールの巧妙さをよく表している。リンゼイが体操を始めたのは2002年、薄茶色の髪にはしばみ色の目をした6歳の女の子だった。育ったミシガン州ベイ・シティは、サギノー川がヒューロン湖岸に注ぎ、橋と小船の佇まいが美しい街だ。ダンス教室で体操がリンゼイの目をとらえた。別の教室の女の子が宙を飛ぶのを見て、これが自分のやりたいことだ、と思ったという。母親が地元のベイ・ヴァレー・アカデミーという体操クラブにリンゼイを入れた。初めて手にした、絹のような手触りで柔らかく伸縮するレオタードを、リンゼイは大好きになった。好きになりすぎて寝るときも脱がなかった。

「ほんの少しのあいだでも脱ぎたくなかった」とリンゼイは言う。「何をするときでもレオタードを着てしたかった」。上手になりたいという強い思いに、持って生まれた才能も相まって、リンゼイはクラブのスター選手になった。たしか8歳のころ、コーチから「ツイスターズに行って、そこのコーチに一度見てもらったほうがいい」と言われた。ツイスターズは、ジョン・ゲッダートがダイモンデールに開いた体操クラブで、リンゼイの住む街から車で片道1時間半ほどの所にあった。母親の車に乗ってトライアウトに出かけた。

「うわあ、すごい」。体育館に足を踏み入れたリンゼイは圧倒された。「こんなに大きかったの」。ツイスターズはこのころにはみごとな体操工場になっていて、つぎつぎとトップ選手を生み出していた。短いうなり声、身体が床や器具に当たる鈍い音、コーチの金切り声が聞こえた。つぎつぎと、段違い平行棒で回転し、跳馬に突進し、床運動で厚い、鮮やかな色のマットに着地する子どもたちの目は、一点に集中して微動もしない。汗臭い匂いが立ちこめている。みんなが激しく競い合っている空気をリンゼイは肌で感じた。地元の小さな町のクラブはただ楽しくて、トップになるのも簡単だった。誰も子どもを怒鳴りつけたりしなかった。このクラブはぜんぜん世界が違う。それでもリンゼイは怖気づくまいとした。自分の実力を見せたかったし、だめもとなんだから大胆に出ればいいのだ。リンゼイは終始落ち着いて、他の受験者を圧倒した。

リンゼイと私が初めて会ったのは2017年の春、ナサールのスキャンダル報道が火を噴いてからまだ数か月後で、法廷で罪状認否と、あの膨大な被害者陳述が始まる前のことだ。この時点で何十人もの女性がナサールの被害者だとして警察や弁護士と話をしていたが、まだその多くは身元を明かしたがらなかった。リンゼイは最初に実名で名乗り出た中の一人だった。勇気が要ることだった。

Twitterではインターネットトロールが攻撃をくり返していた。Facebookで血も凍るような投稿を目にしたこともある。訴え出た体操選手やその親を質問攻めにして愚か者呼ばわりしていた。当時21歳でミシガン州立大学の3年生だったリンゼイは、全額支給奨学生として体操チームに所属していた。リンゼイと母親のクリスティ・レムケ-アキオは、獰猛《どうもう》な性犯罪者の手口を世の中の人にわかってほしかった。

私と初めて会ったときのリンゼイ母娘は、ラリー・ナサールが二つの貌《かお》を持っていたショックからまだ立ち直っていなかった。その二人も、次の年には次第に変わっていき、怒りといらだちの段階に入っていく。ラリーにとどまらず、ラリーにあんな行為を許した関係者全員への怒りといらだちだった。母娘はどんどん強く、はっきりものを言いながら、責任追及と改善を求める動きの牽引力になっていく。とはいえ私と初めて話したあのときは、起きたことをなんとか理解しようとしながら、怪物へと変貌していくラリーを目の当たりにした人間が、見て考えたことを聞かせてくれた。

レムケ一家の友人でもある弁護士ジェイミー・ホワイトの、ランシング郊外にあるオフィスで、土曜日の朝、私は母娘に会っている。体操選手は朝早くから動きたがる。リンゼイは落ち着いて視線もしっかりしている。ジェイミーがマクドナルドで買ったお気に入りのベーコン・オニオン・チーズビスケットを前に、リンゼイは、自分と両親がラリーの罠にかかった過程を淡々と話す。

ツイスターズに入って最初の数か月、よちよち歩きのころから体操をやっている子もいる中で、リンゼイは自分が何年も後れていると感じていたという。追いつきたかった。母親のクリスティは、放課後毎日リンゼイを体育館に車で送るようになった。息もつけないようなスケジュールで動く毎日が始まって、最後の授業が終わったら、学校から飛び出して宿題は車の中、5時ごろ体育館に着いて夜9時まで練習、母の車で帰宅する。なんとか日付が変わる前にベイ・シティに戻って、ベッドに倒れこんで翌朝起きて、またこのくり返し。親は体育館内を自由に歩けなかったけれど、館内を見渡せる部屋があって本を読んだりワークアウトしたり、練習を見たりできた。上階のその部屋に、声までは届かなかったけれど。

小柄で活発なリンゼイの母クリスティは、夢を追うリンゼイのために家族は犠牲をいとわなかった、と言う。とはいえ、実際容易なことではなかった。クリスティは歯科医院の院内責任者として働き、夫はゼネラルモーターズのプロジェクト責任者だった。夫妻にはまだ小さい息子もいた。あれだけの距離を来る日も来る日も送迎する負担は大きかった。「自分の予定を調整して毎日リンゼイを体育館まで送ったわ」とクリスティは当時をふり返る。ぎりぎりなんとかやっていた。ときにはリンゼイと二人で体育館から少し下ったところにあるザ・コンフォート・インに泊まることもあった。

ツイスターズのコーチたちはリンゼイを大声で怒鳴りつけ、身体が覚えるまで同じテクニックを何度もやらせた。いつまでもできないと、ロープ登りの罰が待っていた。ロープ登りは地獄だった。いろんな難易度があって、まず手だけを使って脚はぶら下がったまま、次に両脚を左右どちらかに寄せるか開脚状態で登る。これをマスターすると、同じことを今度は錘《おもり》の入ったベストを着けてやる。そしてときにはタイムをとられるのだった。「あれは、ほんとに最低だった。あんなことやらされて。でもうまくなりたかったらこのくらいはやらないと、と思っていたから、とにかくやったわ。どんなにつらくても。ずいぶん従順な子だったから」。リンゼイはいったん口をつぐみ、そして続けた。「あの歳であんなに一生懸命で、厳しくしつけられてて、上達したいと思うと、なんでもするようになってしまうのね。これがレベル10の選手になるっていうことならやるしかない、って」。レベル10はジュニア・オリンピックの最高レベルだ。

クリスティは娘の覚悟に驚く。「私だったらもたないわ。さっさとさようならするわね」という。「娘はそれを歯を食いしばってやり抜こうとしたの。というか、私と夫はいつも『やめたいと思ったらやめるのよ』と言っていたのよ。二人ともゆるい性質だったから。子どもたちにはいつも、いまでも、『いまやっていることが楽しくないなと思ったら、やめてほかのことをすればいいのよ』と言ってるの」。

リンゼイは必死でロープの登り降りを続けた。皮膚のあちこちにロープの擦り傷を作り、やる気があるのか、と耳の奥まで響くジョンの怒鳴り声に耐えながら。「擦れて骨が飛び出すまで休ませてくれないんだなって思ったわ」とリンゼイは言う。実際、怪我を押して練習する女の子の姿がそこここで目に入っていた。勝つためにそこにいるのだった。ジョンはこのことを女の子たちの頭に叩きこんだ。試合に出るからには勝て。リンゼイも厳しい練習に明け暮れた。

* * *

リンゼイがツイスターズで勝つための体操マシンになれと叩きこまれていたころ、ラリーの妻は二人目の子を生んでいる。今度も女の子だった。

この時期、2004年は、当時17歳のブリアンネ・ランドールがラリーを警察に通報した年でもあった。

ブリアンネは脊柱側彎《せきちゅうそくわん》で、背中が慢性的に痛んでラリーの診察を受けた。体操選手ではなかったけれど、サッカーとテニスをやっていた。診察を受けたのは、ラリーがランシングのあちこちから来る患者を診ていたミシガン州立大のクリニックだった。「オリンピックコーチ級のラリーに診てもらえてラッキーだと思った」と話してくれる。「ものすごくいい先生だからって、みんなに勧められてたわ」。

ラリーはブリアンネに、これに着替えるようにとガウンとショーツを渡した。そして「なんの説明もなく膣に指を入れて胸を揉んだ」のだと、ブリアンネは当時のつらい体験を被害者陳述で語っている。「身体が凍りつきました。心の中で叫び声を上げながら、あんまり怖くて混乱していて、何もできずに横たわっていました」。その後二人以外誰もいない部屋で、ラリーは先々の診察日まで決めてしまった。そしてブリアンネに、ハグしよう、と言った。「その日学校から帰宅して、何が起きたか母に話しました。母に警察に連れて行かれて、報告書を書いて、それからレイプキット検査を受けに病院に行きました」と陳述している。「どんな検査をするのか怖くてたまらなくて、病院の寒い部屋に座っていました。サンプルを採られたとき身体が硬直しました。誰も信じてくれなかったらどうしようと怖かったことを憶えています。残念ながらこれが現実になりました」。

警察の報告書によると、ラリーはメリディアン・タウンシップ警察署で、あの内臓に侵襲する処置は正当な医学的治療だと、アンドリュー・マクレディ、バート・クレイン両刑事に話している。ブリアンネに触ったことは否定せず、そうしたのは治療のためだから、と述べている。刑事らの事情聴取で難解な医学用語をまき散らし、あとで自分のテクニックを説明するパワーポイントのプレゼン資料を刑事に送りつけた。これも意味不明の専門用語の山だった。警察の報告書に添付されているこのパワーポイント・ファイルは、次から次へとレントゲン写真、図式、不可解な医学用語が登場して、読んでいるとめまいがしてくる。警察の報告書には、ブリアンネの胸を揉んだことについて刑事らがラリーに聴き取りをしたかどうか言及されていない。二人の刑事はラリーのやり方について医学の専門家に問い合わせることもしなかった。

それどころか、二人は医師のラリーの言うことを信用して、この件の捜査を打ち切った。検察当局に送致することもせず。マクレディ刑事からブリアンネの母親に電話があり、この件はこれで終了、と告げられた。「ナサール医師から提示された事実により、起訴の手続きに入らないこととした」と母親に告げた、と報告書には書かれている。ブリアンネの母親は、ナサール医師のふるまい、特に処置をするときに手袋をつけていなかったことが気にかかると反論した。マクレディ刑事は、ご懸念は医師に伝えます、と返答した。

こうしてブリアンネは切り捨てられた。

被害者陳述で、ブリアンネはこの悪夢のような経験をたどった。法廷で、ゆっくりと深い息を吸ってから、ラリー・ナサールに直接語りかける。「ラリー・ナサール、この顔に見覚えがある？　私の名前を見て誰だかわかった？　２００４年にあなたから受けた性暴行を通報した17歳の女の子が私よ。あのころの私の弱い立場を利用して性暴行を働いたわね。警察から尋問されて、私があんまりいい気持ちじゃなかったからこの治療を誤解したんだろう、とぬけぬけとあなたは言った。よくもそんなことを。残念ながら警察は、私ではなくてあなたの言葉を信じたわ。今日ここに来たのは、あのとき私はあなたを怖がってたわけじゃないって言うためよ。いまだって少しも怖くない。強い女たちの結束で力をはぎとられたあなたなんか」。

医師助手として働くブリアンネは、子どもが虐待を訴えたときは、親も、警察も、組織も、「どうか子どもの言うことをきちんと聞いて、行動を起こしてください」と訴えた。「ナサールの性虐待がこれほど長いあいだ野放しになったのは、誰も私たちの言うことを聞いてくれなかったからです。でももう終わり、ナサール、あなたも、そしてすべての暴行犯も」。

アキリーナ裁判官は重要なメッセージをブリアンネに感謝して、「あなたはヒーローです。あなたはサバイバーであり、しかも一人ではなくて、強力な、これからもひたすら一緒に強くなっていく仲間のサバイバーがいるのですね」と述べた。

ブリアンネが法廷で発言した直後、メリディアン・タウンシップ当局が記者会見を開いて、ブリアンネに公式謝罪した。「何よりもまず、我々がここにいる一番重要な理由から始めたいと思います。この地域コミュニティや我々警察を代表して、ブリアンネ、あなたに謝罪します。あなたにつらい思いをさせて大変申し訳なかった」。メリディアン・タウンシップの行政官フランク・ウォルシュはこう述べ、2013年以来このタウンシップに勤めているが、と前置きして、「これまでも私たちが個人として話をしたり、謝罪したりすることは何度もしています。しかし本件は公開の場でおこなう必要があると感じました」。ウォルシュはブリアンネの母親、その夫やほかの家族にも「みなさんに大変苦しい思いをさせてしまって申し訳ない」と伝えた。

メリディアン・タウンシップ当局はこのあと、この件の独立捜査を委託し、結果を２０１９年に公開した。捜査は、担当刑事がこの件の捜査を打ち切る前に医学の専門家に話を聞かなかったのはなぜかなど、ブリアンネの主な質問に答えようとしたものだ。本書執筆中の現時点で、ラリー・ナサールを事情聴取した二人の刑事アンドリュー・マクレディとバート・クレインは、いずれもメリディアン・タウンシップ警察に巡査部長としてまだ雇用されている。マクレディ巡査部長は、当該医師の嘘を信じて医学の専門家に相談することはいっさいしなかったと、独立捜査官に対して述べている。

私は、マクレディ、クレイン両巡査部長から各自のナサール事件の対応について本書にコメントを願えるか、とメリディアン・タウンシップ警察に問い合わせたが、ある警部補から、両名に私の依頼を伝えたところ、コメントは差し控えるとの返事だった、との返答が来た。

マクレディ巡査部長から電話で個人的に謝罪を受けたブリアンネは、電話を切ってから「複雑な」思いが残ったという。「率直に言って、かみ合わない会話だったわ。会ったこともない相手がこの件のことを本当はどう思っているのか、どこまで本気なのか。電話では本気で謝ってくれているみたいだったから、ありがとうとは言ったけど。だからっていまでも怒っていないわけじゃないの。１日だってこのことを考えないで過ぎる日はないし、これからだって絶対に来ないと思うわ。少しのあいだでも頭から離れることはないの、どんなに忘れたくても」。

それでもブリアンネはマクレディも気の毒だと思う。「ある日はあの刑事に腹を立ててるけど、別の日は気の毒に思ったり。自分がラリーを止めることができなくて、そのためにほかの女の子が何百人も暴行されたっていうものすごい罪悪感に来る日も来る日もさいなまれるの。だって私はほかの女の子と違って、あれが暴行だってわかってたから。暴行されたってわかっていながら10年間も止めさせられない自分が情けなかった。だから毎日後ろめたいの。さっき言ったけど、自分の罪の意識が強いほど、あの刑事の罪悪感もそれはすさまじいだろうって怖くなるのよ。それは大変だったと思うわ。本当に腹の立つ話だけど、これであちらの人生が破滅するとか、少なくとも大きく変わってしまうのはいやなのよ。誰にとってもそんなことはあってはいけない、どんなに腹の立つ相手でも」。

実際、もし警察があの2004年の時点で当時17歳のブリアンネの言うことを真剣に聞いていたら、ラリーはその後何百人の女の子と出会いようがなかったのだ。

けれどその年、ラリーを通報した女の子はブリアンネだけではなかった。

12歳のカイル・スティーブンスも同じことをした。法廷での峻烈な被害者陳述で、一家の親しい友人だったラリーからねらわれ出したとき、自分は『おおきいあかい クリフォード』が大好きな6歳だったのだと証言している。「ラリーの家の地下にある暗いボイラールームでペニスをとり出して見せられたのが始まりでした。『見たいと思ったらそう言って。いつでも見せてあげるよ』とラリーは言いました。大人の強い立場で私を操ったんです。そのあと6年間で、ペニスを見せることから、かくれんぼに似せてむき出しのペニスを私の素足にこすりつけたり、指で私の膣をもてあそんだりしながら、私の目の前で自慰するまでになりました。こういうことを全部、私の両親、妹、自分の妻や子どもが同じ家にいるときにやったのです」。ラリーが自慰するときに使っていたブランドのローションの匂いを嗅ぐと、いまでも気分が悪くなる、とも言った。

聖職者の性虐待スキャンダルのことをニュースで知ったとき、そしてそれとは別に虐待を受けていると友人から打ち明けられたとき、当時12歳のカイルは、自分にもおかしなことが起きているとはっきり感じた。脚を摩擦するときにラリーがペニスを使ったことを両親に話すと、「両親はラリーに会いに行って問いつめましたが、ラリーはそんなことはいっさいしていないと否定しました」とカイルは法廷で述べている。ラリーは絶対にやっていないと両親を信じこませた。法廷でラリーと向き合い、カイルは、あのとき子どもだった私にマインドゲームをしかけたわね、と問いつめた。「あなたにつめ寄った両親は家まであなたを連れて来て、うちで私と話をさせた。リビングルームの長椅子に腰を下ろして、『誰にもそんなことは許されないんだよ。もしそんなことをしたやつがいたら誰かに言わなくちゃ』と、あなたが言うのを私はじっと聞いていたわ。そうして私はいまここにいるの。誰かにではなくて、みんなにあなたに何をされたか言うために」。

当時カイルの両親は、州立大の心理学者ゲリー・ストーラク博士のもとに娘を行かせたが、ストーラクもカイルの虐待の訴えを当局に報告することはしなかった。何年もあとになってナサールのスキャンダルが火を噴いたとき、ストーラクは患者を治療する資格を永久に放棄することに同意した。「デトロイト・ニュース」紙によると、脳卒中があってカイルと会ったことは記憶にないと言ったという。[*8]

カイルと両親の関係は破綻した。「12歳から18歳まで何年も家族を避けて距離をおいて過ごしまし

＊8　Charles E. Ramirez, “Psychologist in Nassar Case Surrenders License,” *Detroit News*, September 28, 2018.

た」と法廷で述べている。なかでも父親との関係はとりわけ難しかったという。「父が私が嘘をついたと信じていることが、水がしみこむように私たちの関係の土台をむしばみました。言い争いになるたびに、父から『嘘をついたことをラリーに謝れ』と言われました」。14歳になるころのこと、子どもたちのお守に行くように言われて赴いたナサールの家で、「私を洗脳しようとしている」と感じたという。「私がラリーを責めたことなんかなかったように迎えられて、自分が現実を見失っていくのを感じました。あの暴行は本当にあったのだろうかと心もとなくなって。正気を保つために、あの暴行のことを一つ一つ無理にも頭の中で反芻するようにしました。自分が嘘つきではないことを忘れないためです」。

大学進学で家を出る前に再度父親と激しく衝突したとき、カイルは、子どもだった自分は嘘をついていない、と父親に言い、父親も最後にはそれをわかって娘を信じた。「ラリー・ナサールにされたことで私はそれまでも十分苦しんできましたが、自分がどれほどひどいことを娘にしたのかを悟って愕然とする父親を見るのはもっとつらいことでした」とカイルは証言している。父娘の関係を修復しようとする二人だったけれど、痛ましいことに2016年父親は自殺した。「父がどんどん身体が弱っていく健康問題を抱えていたのは確かです。でもラリー・ナサールをかばった恥と自己嫌悪に耐える苦しみがなかったら、なんとか生きようと闘うチャンスは絶対にあったと思います。ラリー・ナサールは私と家族のあいだに割りこんで両親からまんまと信頼され、それを利用して私たちを仲たがいさせて家族を粉々に壊しました」。

燃えるような眼を据えて相手を見下ろしながら、カイルは法廷でラリーに言い放った。「ずっといつか思い知らせてやると思っていたの。とうとうその日が来たわ」。

＊　＊　＊

２００4年、カイルとブリアンネが訴えては、そんなことがあるわけがない、と相手にされなかったころ、リンゼイ・レムケがまさに、ラリーが行く手に待つ道を進もうとしていた。

リンゼイはツイスターズでほかの女の子たちに追いつこうと奮闘していた。母親のクリスティは、いくらなんでもやりすぎではないかと懸念する。「娘には『ここまでしなくていいんじゃないの』とことあるごとに言ったのよ」とクリスティは言う。「いつやめたっていいのよ」と。でもリンゼイは続けたがった。もっと強く、もっとシャープになって、レベル10まで行きたかった。でもその道はまだまだ遠くて、考えるだけで押しつぶされそうだった。ある朝シャワーを浴びながら、身体も心も疲れきって、リンゼイはいつの間にか泣き出して止まらなくなった。あちこちがひりひりと痛むのにも、疲れたと感じることにもこれ以上耐えられなくなった。どんなにがんばってもほかの子たちに追いつけそうになかった。母親にどうしたのと訊かれて、「もう体操に行きたくない」と答えた。

「じゃあもうやめよう」とクリスティが言っても、リンゼイはやめない、と言った。本当に諦めたいわけじゃなかった。やめるどころか、ツイスターズの練習以外に個人レッスンを受けることにした。コーチ料などの費用として月８００ドル程度を両親が払ってくれて、リンゼイはそのサポートに感謝した。ここまで体操にかけてきた一家はもう足が抜けなかった。リンゼイは大会に出場するようになって、そのたびに技術と自信を身につけていった。

先輩のサラ・テリスティと同じく、リンゼイにも激しい闘志があった。一方これもサラと同じように、何か別のことが起きていると感じていた。練習は、鍛錬というよりは洗脳のような気がした。「自分の意見、声があるなんて許されないの」とリンゼイは言う。「練習でうまくいかない日があると、あっという間に自信が地に落ちてぺしゃんこになるのよ」。うまくいく日を増やそうとリンゼイが自分を駆り立てているころ、当時30代に入ったばかりでコロラドに住んでいたサラは、もう二度と体操のことをふり返るまいとしていた。将来の夫に出会ったばかりで、過去のことは地中深く埋めておきたかった。

ツイスターズと自宅を車で往復する2年間を経て、リンゼイの家族はクラブの近くに住むためにランシングに引っ越すことにした。両親は体操に賭ける娘の思いがわかっていたし、車で3時間の往復にみんなが疲れていた。住み慣れた土地を一家で離れる価値はあると判断したのだ。この時点でリンゼイは1日2回、学校に行く前と放課後、それぞれ数時間ずつツイスターズに通うようになる。合計すると週に30時間以上体育館で過ごしていた。体操マシンと化していた。前だけを見て進め、と自分に言い聞かせながら。これくらいは当たり前なんだ、と。

リンゼイの父はランシングのゼネラルモーターズに異動になり、母は歯科医院に仕事を見つけ、その後ハウスクリーニング業の自営を始めた。クライアントの中に弁護士のジェイミー・ホワイトとその妻クリスティンがいた。家族ぐるみのつきあいが始まって、クリスティは体操で頭角を現すリンゼイの話や写真を披露した。のちに自分と娘がジェイミーに助けを求める日が来るとは、このころのクリスティは知りもしなかった。

一方ラリーのほうは、妻が三人目の末子を出産していた。２００６年のことで男の子だった。ラリーは体操のチームドクター・自閉症基金をスタートさせもした。長女が自閉症だったためで、このことはラリーがFacebookに書いている。

リンゼイは練習と勉強でへとへとになっていた。ツイスターズの体操選手たちだけが友だちだった。コーチに怒鳴り散らされながら体操を生き、体操を呼吸する世界に自分が生きていることをわかってくれたから。もちろんライバル意識はあったけれど、とリンゼイは言う。おたがい助け合ってもいたのだ。みんなこの現実離れした世界に生きている家族のようなものだった。

10歳になったとき、リンゼイにスイッチが入って、州や地域の選手権で連勝の波に乗る。その後の数年間、つぎつぎと優勝してレベル10到達の目標を達成した。チームメートと一緒に大会でアメリカのあちこちを回るのは本当に楽しかった。人生のいい時期だった。苦労が報われたのだ。でもその分期待も大きくなった。あるとき跳馬でへまをしたらね、とリンゼイは話してくれる。ジョンが拾い上げたマットでリンゼイを叩いた。ほかの女の子を押したり、物を投げつけたりするところも見たという。投げるのは水のボトルだったり、一度などはアイシング用の氷袋を女の子の頭をめがけて投げつけた。ときどき、女の子の両肩をつかんで締め上げながら、顔を近づけて大声で怒鳴ることもあったという。別のときにはレベル10の子たちに怒り狂ってロッカールームの掃除をさせて、それをビデオカメラで撮った。恥ずかしい思いをさせるためだった。「たまたまその日は機嫌が悪かったのね」とリンゼイ。それでもこれが自分の知っているただ一つの世界だった。リンゼイは、とにかく1位になること、そしてコーチを気分よくさせることがだいじなのだと思い知る。女の子たちが優勝したときのジョンは、上機嫌だった。リンゼイはとにかくトップに立とうとした。

2回半ひねりのバックフリップで着地に失敗したときから、うまくいかなくなった。足首をひねったのだ。突きさすような痛みを感じてジョンに、「ちょっと休みたい」と言った。ジョンは許さず「続けろ！」とわめいた。リンゼイは言われたとおりにした。段違い平行棒に移り、これなら足に体重がかからないだろうと思ったけれど、下り技でうまく着地できなかった。足が波打つようにずきんずきんと痛んだ。ジョンが怒鳴る。「そんなに痛いなら行って診てもらえ！」。火を噴いたみたいに怒っている声だった、とリンゼイはそのときのことを話してくれる。地区大会が近づいていて、骨が折れていたら出られないかもしれなかった。ジョンが考えていることがわかった。あいつのせいだ、怪我なんかしやがって、と。

体育館の外に立って車で迎えに来る母親を待ちながら、リンゼイは泣き出した。足が痛いことよりジョンを怒らせたことがつらかった。がっかりさせた、勝てない自分はジョンにとって価値がない、という気持ちをふり払おうとしながら。「ジョンにものすごく怒られたの」と涙を拭きながら母親に告げた。「もう練習しなくていいって言われた」。母親は、あなたが悪いわけじゃないわ、と言い聞かせた。二人は車でミシガン州立大のスポーツ医学クリニックに向かった。ラリーの診察を受けるために。ジョンは女の子をみんなラリーのところに行かせた。州立大のクリニックのときもあればツイスターズの裏の部屋のときもあった。

最初の診察はすぐに終わって、普通だった。温かくて親しみやすい人に見えたという。メタルフレームの眼鏡の奥の黒い目はやさしげだけど、ちょっとどんくさそうだった。「おっ、折れてるな」。リンゼイの足を診てラリーは言った。4週間から6週間はブーツを履いて杖で歩かないとダメだろうと言われた。ジョンは怒り狂うだろうとリンゼイは思った。

ベンチに座っているのはいやだったけれど治りは早く、すっかり元気になってまた連勝が始まった。そして12歳になろうかというころ、別の問題が現れた。背中に焼けるような痛みが出たのだ。すぐに、ほんの軽い動作でも背中に痛みが走るようになった。息をしても、かがんでも、立ち上がっても痛かった。眠るのさえも痛かった。試合で痛すぎてバックフリップが決まらず、頭から着地してしまったとき、またラリーに診てもらいに行った。椎骨が不揃いに発達する症状だと診断された。成長して思春期を過ぎれば痛みは治まるよ、と言われた。当面は、痛む筋肉をマッサージして和らげてあげよう、とラリーは言った。

ラリーは州立大のクリニックで毎週、たいてい診療時間後にリンゼイを診るようになった。リンゼイの家族のスケジュールに合わせて、と少なくともラリーは言っていた。「ラリーは、私たちは忙しいだろうから時間外でも入れるようにする、って言ったのよ」と嫌悪の表情でクリスティは言う。「いかにも、私たちのために、みたいに」。ちょっとした気遣いを見せてリンゼイが自分を慕うように仕向けた。アドヴィルやアイシー・ホットボディクリームをわざわざ自宅にまで届けに来たりして。面倒見のいい、なんでも打ち明けられる、話を聞いてくれる年長者になりおおせていった。コーチとうまくいかなくて腐っている日にはそれをラリーに話した。母親と言い争ったらその愚痴もこぼした。ラリーの診察室や、携帯のショートメールで。背中の痛みがあんまりつらくてやめることを考えたときは、ラリーに説得されて思いとどまった。「私が何を言っても、その気持ちを整理してくれた。やめたい、身体が痛くて耐えられない、あれやこれやをラリーを訪ねては話して、診察が終わって帰るときには前よりやる気が出ていたわ。オリンピックに出て金メダルを獲ってやるんだ、とか。なんでも助けてくれる、なんていい人だろうって」。リンゼイはそう言ってから私を見て、「こんなこと言うなんてどうかしてるって思ってるんでしょうね」と呟く。

とんでもない、と私。自分の知っていた親切な男といまニュースになっている怪物のような性犯罪者をどう折り合いをつけたらいいのか、というリンゼイの苦悩が、私には想像できた。くり返すが、リンゼイと私が話しているのはこのスキャンダルのかなり初期の段階で、ラリーが罪状を認めて女性たちが法廷で対決する前のことだった。リンゼイ母娘にはまだ理解にあまる話だったのだ。

ラリーはことさらリンゼイの両親と親しくなろうとした。ジョンがリンゼイのことを、上達具合をどう言っているかなど、内輪の話を漏らしもした。「訊けばなんでも教えてくれたわ」とクリスティは言う。「あのコーチと親たちの橋渡しみたいな感じだったわね」。ふり返ると、クリスティはラリーがほかの選手たちの話をしたがるのが気になっていた。でも深くは考えなかったという。何しろオリンピック・ドクターといえば超一流の人なんだから。ミシガン州立大学とアメリカ体操連盟が信頼して支援している。疑う理由がなかった。ラリーはついには医療保険会社に請求しないようにして、一家の負担を軽くしようとまで申し出た。リンゼイは才能があるから成功してほしいんだ、と言いながら。

レムケ一家はラリーの細やかな配慮に感謝した。この有名な医師は、娘のリンゼイが選手として開花できるようできることをしたいと思ってくれているようだと。「なんて運がいいんだろう私たちは、って思ったのよ」。思い出して首を振りながらクリスティは言う。「自分でも、ラリーのいるクラブで本当にラッキーだったわよ、と家族に言ったものよ。それもツイスターズの近くまで引っ越した理由の一つだった。リンゼイが万一怪我をしても、この世界的に有名な医者に診てもらえるんだもの」。リンゼイも同じ思いだった。「みんなでひたすら感謝していたわ」と思い出してため息をつく。感謝の気持ちを伝えたくて、一家はつぎつぎとラリーに贈り物をした。お気に入りのスコッチウィスキー、家族で出かけてディナーに使えるギフトカード。リンゼイのためにこれだけ時間を使わせては自分の子どもと過ごす時間が足りなくなるんじゃないかと心配していたのだ。「大きな借りがあるって感じていたの」とクリスティ。「家族と過ごす時間をとり上げて申し訳なかったから、しょっちゅう贈り物をしていたわ」。

ラリーの診察はいつも同じ手順を踏んだ、とリンゼイは言う。診察時間後クリニックに着いて電話かショートメールを入れると、ラリーが鍵を開けて中に入れてくれる。そしてマッサージ台にうつぶせに寝かせて背中をマッサージする。いつもショーツとTシャツに着替えたのに、あるとき、なぜかシャツを脱ぐように言われて腰に巻くタオルをわたされた。ラリーは肘と上腕でまずリンゼイの背中を何度も上下に揉みこみ、そのあとお尻のあたりまで下がっていった。ショーツの上から膣のあたりを揉んだあと、お尻を覆うショーツの中に手を滑りこませて素肌を撫で始めるようになった。そして別の腕で背中をマッサージしながら膣の中に指を差しこむのだ。あちこちにある「つぼ」を押すと炎症を起こした筋肉が柔らかくなるのだと、ラリーは言っていた。一旦指を入れると、15分から20分は抜かなかった。手袋も着けず医療用潤滑剤も使わずに。リンゼイの同意確認も親との相談もなかった。こんなことをされたのは初めての経験で、痛かった。でもリンゼイは自分の医師を信頼した。医者としての治療をしてくれていると信じた。評判の高い医師、偉い人で40代の大人なんだから。そしてリンゼイは世の中のことをほとんど知らない子どもだった。そんな子どもの私がこんな人を疑うなんて、とリンゼイは考えた。

これだけのことをリンゼイは淡々と感情を交えずに話す。これもみんなあの体操のトレーニングの結果なのだ。体育館で過ごした子どものころをふり返って、「自分をかわいそうに思うなんて許されなかったのよ。思い通りにいかなくて四の五の言うのも。前だけ見て強くなるしかなかったの。これが人生だ、これがやりたいことなら、やるしか、乗り越えるしかない。小さいときからそう考えるようにトレーニングされてるのよ」。ストイックと言っていいような話だけれど、初めて会って話しているいまはまだスキャンダルが出てから日も浅い。1年先のリンゼイの気持ちはどんなだろう、と私は考える。そして、次の年、私は熱い、声を上げることを恐れないアクティビストの出現を目の当たりにするのだ。

ラリーが患者の女の子たちを惹きつけた方法の一つが、Tシャツや飾りピンといったオリンピック・ギフトを贈ることだった。ああラリーはやっぱりすごい人なんだなと思わせ、そんなラリーから才能があると思われる自分もすごい、という気持ちにさせる。リンゼイにもラリーはときどきこうしたオリンピックのお土産を持ち帰って、リンゼイもほかの子と同じように、わあすごい、と思った。別のときには自分の生活のことや学校の男の子たちのことをあれこれ訊かれた。男の子のことを考える時間なんかないわ、とリンゼイは答えた。ラリーはまめまめしく休暇のたびにカードを送ってきたし、誕生日には電話やショートメールでおめでとうを言った。愛されているとリンゼイに思いこませたのだ。ジョンには、勝つように訓練されたロボットでしかないと思わされたけれど。ラリーの優しさも心づかいも本物だと思えた。まるで自分だけのチアリーダーみたいだった。「いかにも君は僕のだいじな子だから、と言いたげによくあれほどって思うくらいまめだった」とリンゼイは言う。「もう、お医者さんどころじゃない、もっとずっと距離の近い、セラピストだったり友だちだったり。キモイ感じでもなかったし、子どもが3人いるお父さんだし」。当時のリンゼイにはラリーの細やかさがとりわけ心にしみた。両親が別居を決めた時期で、ラリーがいてくれると思うと安心できた。

ラリーはリンゼイの診察を自宅に移した。母と別居した父が住んでいる家から数軒通りを下ったところで、このほうが誰にとっても便利だから、と言いながら。レムケ一家の全幅の信頼を得ているラリーのことだ。一家でラリーを、親友であり、親のようにリンゼイを気づかってくれていると思っていた。ラリーは自宅の地下室に簡易診察室を作っていた。州立大クリニックにあるようなマッサージ台、医療器具、薬、テープや装具やらなんでも入っている棚があった。確かに医師の診察室に見えた。子どもがなじみやすいしつらえにもなっていたわ、三人の子どものおもちゃがあちこちに散らばっていて、とリンゼイは当時を思い起こす。座り心地のいいソファが2つ、テレビが1台、そして暖炉。壁いっぱいに家族の写真が飾られていた。

そこでリンゼイは週に数回診察を受けるようになる。ときにはそれまでと同じく州立大のクリニックやツイスターズの奥の部屋にも行った。例の手当てで背中の痛みが良くなることはついぞなかったけれど、お医者さんがする必要なことなんだろう、とリンゼイは考えていた。どのみちラリーからは、成長するまで痛みは続くと言われていたから、完全に良くなる期待はしていなかった。

母親から、診察どうだったと訊かれれば、「問題なかった」と答える。医者に何をされているかを母親に話すことは一度もなかった。ラリーが両親の友人だということも手伝って、リンゼイは何も問題はないにちがいないと思い続けた。

その後4年間に、リンゼイはラリーから600回も性虐待を受ける。

誰にも話さなかったのは、自分にされていることが性虐待だとわかっていなかったからだ。ほとんどの子どもがそうであるように、リンゼイも医師を信頼することが身についていた。まして相手は少なくともオリンピック・ドクターなのだ。嘘なんかつくはずがないだろう。性虐待なんてリンゼイの頭に浮かびもしなかった。両親は体操の世界に閉じこもる娘が安全だと思っている。虐待が話題になったこともない。リンゼイはセックスのこともあまり知らない。男の子と手をつないだこともないのだ。デートするなんて遠い先のことだった。「体操をやってると、高校の2年生か3年生になるまで男の子とつきあうことなんかないのよ」とリンゼイは言う。ひたすら練習に励み、メダルを獲って、ジュニア・オリンピック全米チームに選ばれていた。

ほどなく、リンゼイは、それはいろんな大学から奨学金の誘いを受けて、進学先選びを始めた。国内の大学を見て回ってチャペルヒルのノースカロライナ大学に心惹かれた。のどかなキャンパスと暖かい気候がとても魅力的だった。同大から全額奨学金を受けることにした。背中の痛みも和らぎ、ラリーに言われたように、きっと成長したから良くなったのだろうと考えた。

残念ながら初年度は期待したほどうまくいかなかった。初めて家を離れて、支えを失くしたようで、大学の厳しい練習と学業についていくのが難しかった。家族から、自分を支えてくれていたものから遠くに来てしまったと思った。始終電話をよこすリンゼイを、母親は週末になると訪ねて来るようになった。

故郷のミシガンに帰りたかった。両親の近くに住みたかった。体操と学業に明け暮れる厳しい毎日に耐えるために、支えて励ましてほしかった。だから2年目は全額奨学金を受けてミシガン州立大学に移籍した。これで安心してやっていけるだろうと。チームには顔見知りの体操選手やコーチが何人かいる。その一人が長年ヘッドコーチを務めるキャシー・クラゲスだった。体操選手ラリッサ・ボイスが言うには、1997年には虐待の件を知っていながらなんの手立ても打たなかったコーチだ。本人はそれを否定しているけれど。むろんリンゼイはそんなことはいっさい知らない。州立大で過ごすこれからの年月に期待を膨らませていた。

ほどなく明らかになるその年月は、思いもかけなかった展開を見せる。

第9章 子どもたちの考え方は

「治療」と称してますます多くの女の子を手にかけていくラリーだったが、子どもたちが子どもだけのあいだでその話をするようになると、それがかえって有利に働いた。みんなが同じことをされているんだから、やっぱりお医者さんのすることをしてるだけなんだ、特別な誰かに変なことをしてるわけじゃないんだから、と思ってしまうのだ。そして、手を広げればそれだけ、ラリーは自分を護りおおせることになった。

リンゼイ・レムケがそうだったように、いっさい口に出さない子もいたけれど、リンゼイの友だちのプレスリー・アリソンとテイラー・スティーブンスはおかしいんじゃないかと友だちに話した。20代前半の親友同士に、私はいま、日曜日の夕方にランシングで会っている。バーベキュー帰りの二人だった。椅子に掛けて双子のように仲のいい様子を見ると、胸が痛む。暖かい夏の夜に、パーティーにでも出かけて思いきり楽しむのがふさわしい若い女の子たちが、子どものころ信頼していた医者に性虐待された話を私とするなんて。緑色の目をしてそばかすがかわいらしいテイラーと、青い目にブロンドの髪をゆったりポニーテールに結ったプレスリーは、高校時代から親友同士だ。二人とも幼稚園のころにツイスターズに入って、あのロープ登りに怒鳴り声、侮辱に耐えてきた。プレスリーは、女の子たちが大会でフローズン・ヨーグルトを食べたことが問題になって、ジョン・ゲッダートに謝罪の手紙を書かされたことがあったわ、と話してくれる。フローズン・ヨーグルトは健康に良くないと言われたそうだ。

こんなことなどに、二人は結局もう知るか、と足で砂をかけてツイスターズを出て、代わりに高校の体操チームに入った。州大会で6回優勝するほど強かった高校チームは、「新しい風のように爽快だった」とプレスリーは言う。ほんとにね、とうなずくテイラーも、コーチが何よりも女の子たちを優先してくれた、と言う。二人とも小さな怪我のあれこれで長年ラリーの手当てを受け、ラリーを「神様」だと思っていた。何しろあの輝かしい経歴だ。二人とも、高校生になった10代前半で、ひどい腰痛が出たときから、ラリーの暴行が始まった。

母親に付き添われて治療を受けに家を訪ねてきたプレスリーに、ラリーはねらいを定めた。娘が5歳のときからツイスターズに通っていたから、母親もラリーとは長年の知り合いだった。それまでも、診察には母親がいつも付き添っていた。ツイスターズのことも、州立大のことも、ラリーの自宅のこともあった。このときは、ラリーは母親の視線をさえぎってプレスリーの腰のあたりにタオルをかけた。プレスリーも、ラリーの独特の「治療」のことをひそひそ話す声は聞いていたけれど、むろんそれは医者としての治療だと思っていた。「始まったとき、これがあの治療か、と思ったのを憶えている」という。ラリーがヨガパンツを押し下げたのだ。「これから何を、なぜするのか何も言わなかった。手袋も着けていなかったし、何をしているのかママに話す気もなさそうだった。ずっと私はママも承知のことなんだと思ってたわ」。

テイラーを暴行したのは、ツイスターズの奥の部屋で治療を受けたある夜のことで、その前にラリーはクラブの女の子たちの診察をすませていた。「部屋にラリーと二人っきりで」とテイラーは言う。「レオタードとショーツを着けていたんだけど、レオタードを脱いで自分のショーツを履いて、上はTシャツに着替えなさいと言われたの」。テイラーはレオタードを脱いで着替えてと言われて変だな、でもお医者さんの言うことだから、と考えたという。そして、ラリーは「それをやりながらずっと気楽な世間話をしていた」そうだ。ラリーがする手当ての噂をテイラーはまだ聞いていなかった。終わってから、なんとも言えないいやな気持ちになって、その夜のうちにプレスリーとクラブの知り合いの女の子たちに連絡をとった。起きたことを話してどう思う、と訊いた。

みんなから、ラリーはいつもそうするよ、みんなされてる、と言われた。「私は、それならいい、自分だけじゃないなら、と思ってしまった」とテイラーは言う。子どもの頭では、ラリーがみんなに同じことをしていた、と聞けばそれなら普通のことなんだろう、と思ってしまう。誰かを特別にねらっておかしなことをしたというわけではなさそうだ、と。

その後も二人はこまごましたことでラリーの診察を受けたけれど、腰の痛みでは絶対にラリーのところには行かないと決めていた。身体に指を入れる口実に腰の痛みを使っていたからだ。ラリーはよく背中や股関節の痛みを口実にしていたけれど、脚の痛みなど、それ以外にも同じことをして、身体のある部分を押すことでほかの部分が良くなるんだ、と言っていた。ラリーご自慢の「治療」というのは、相手にどれだけ自分を信じこませたか、どれだけつけこみやすいかによって適当に言い方が変わるらしかった。

テイラーは背中の痛みが「ものすごくひどくなった」時期があったけど、そのことでラリーに相談しようとはぜんぜん思わなかったと言う。テイラーもプレスリーもラリーのやり方は医療行為だと思うことにしていたものの、あの気持ちの悪さには耐えられなかったのだ。「あの台の上であんなことをされるのは二度といやだった」とテイラーは言う。

プレスリーは、自分たちは「たぶんほかの子ほど洗脳されていなかった」のだと思う、と言う。右と言われればみんなが従う陸の孤島のようなツイスターズを出て、高校のチームに移ったのだから。「私たちもあそこにはいたけど、ある意味外の人間で、外から眺めるように見ていた」のだそうだ。テイラーも、高校のチームはツイスターズよりずっと自分のことを自分で決められた、と言う。怪我をしたときだって「治るまで十分休ませてくれた」と。

いま過去をふり返って、あのやり方はまともな治療のはずだと考えようとしていた時期を思い出しているテイラーは苦しげだ。「最初、これはまともじゃないってわかった。自分の判断を信じたのよ。これが一番つらいのだけど、あのとき身体が訴える勘を信じて何か言っていたら、ってわかってしまうとね……」。声が震えて言葉が続かない。子どもだったんだもの、相手は尊敬されている医者だったんだし、とプレスリーが言うと、テイラーもうなずく。「それでもつらいのよ。そのころの記憶がフラッシュバックして。そしたらつぎつぎ疑問がわいてくるの。ほかにもなんとかできたときがあったんじゃないかとか。マインドゲームになってしまう」。

おぞましい性犯罪者の手にかかったからといって、当時子どもだったテイラーが自分を責めるようなことを言うのは見ていて痛ましい。性暴行はしたほうが悪いのよ、あなたのせいじゃないわ、と私は言う。そして、あなたの話にはパワーがある、これを読んだ女の子たちが、大人のすることが何か変だと感じたら、相手がどんなに有名で「偉く」てもそう思う自分を信じていいんだって、自信を持てるような力がね、それは力強いメッセージだし、それで人生が変わる子だっているのよ、とも。でも二人の若い女の子にはもっとつらい思いをさせられる困難が待ち構えていた。そのことはあとに本人たちから聞くことになる。

この二人の経験は、私たちがときに忘れがちな、忘れてはならないことを思い出させてくれる。子どもは大人のようには考えないのだということだ。

長年の性暴行報道の仕事の中で、私は、自身の経験から子どもがどういう考え方をするのか決定的なことを理解した女性を取材したことがある。自伝的なHBO映画「The Tale」を監督した、ライターでもあるジェニファー・フォックスだ。ジェニファーは指導を受けていた陸上コーチから目をかけられ、おだてられていい気分になってやがてベッドに引きこまれたとき、13歳だった。相手は30近く年上だったのに、ジェニファーはそれが立場を利用した虐待だとは考えなかった。それどころか年上のボーイフレンド、初恋の人だと思った。強引にセックスの相手にされて、痛くて気分が悪くなったというのに。子どもだった当時の頭では、自分が選んだ状況下で自分の判断で決めていると思いこんでいたのだ。

30年後、40代になって、そのときのことをふり返って整理しようとしたジェニファーは、どうしてあの年齢であんな話にのってしまったのかわからず、少女期の脳では物の見方が違うんだと自分に言い聞かせて、ようやく納得した。「ふり返るときは大人の目で考えるから」と私に話してくれた。「あの映画の大半はその話なの。大人の目で当時子どもだった私に、どうしてあんなことをしたのよ、と問う。13歳だった自分がこんなことをしでかしたのが理解できなくて。でもそれはいま自分がそこを越えたから、当時13歳だった自分とは違う人間だからそう思うだけなのよ」。

もう一人、子どものころ性虐待を受けた女性からも、子どもがものごとをどう考えるのか貴重な学びを聞いた。80年代前半、ニューヨークのエリート進学校のホレスマン・スクールで7年生だったその女性は、放課後、当時40代だった男性教師から車で家まで送ってあげようと言われて相手の自宅に連れて行かれ、ジントニックを飲まされてレイプされた（名前は出したくないが、子どもがどういう考え方をするのか世の人に理解してもらうために話したいと言われている）。暴行を受けたあと、「何が起きたか両親に言わなかった。友だちの家でピザを食べていて寝てしまった、って嘘をついたの。変な話だけど子どもの脳はそんなに理論的ではないのよ。それどころか、実際、護ってくれなかった母親に腹を立てていた記憶があるわ」と当時のことを話してくれた。

恥ずかしいことをしたという思いもあったという。「セックスを話題にしたことがないような両親だったし、私はセックスは悪いことだと思いこんでいたの」。その教師からはその年さらに何度かレイプされ、女性はその後もそのことを両親に言わないようにしていた。「自分に何が起きているか両親にはわかっているはずだって、私は思ってたの。それで何も手を打とうとしないのだから、別にかまわないことなんだって考えたのね」。ときどき、不機嫌な態度をとって、母親からどうしたのと訊かれたという。「一度、『私がなんでママのこと怒っているか知ってるくせに！』って言ったことがあるけど、母はぽかんとしていたわ」。母親は娘に起きていることをまったく知らなかった。でも子どもだった娘は、母親は何もかも知っていると思っていたのだ。

このことはナサール事件を考えるとき、肝に銘じておかなければならない。子どもがどういう考え方をするのか。ラリーはまちがいなく、診ていた子どもたちの中にこのつけこみやすさを発見していたのだ。

第10章 クラブ

ランシングを出て10マイルほどの距離、ダイモンデールの街の長い並木道を行き止まりまで行くと、白とライトグリーンの堅牢で大きなビルが現れる。サミットと呼ばれる、さまざまなスポーツ施設とクラブが集まる巨大な総合ビルで、ツイスターズアメリカ体操連盟クラブもそこにある。

ツイスターズへの道は街の喧騒から相当離れていて、周りに木々以外に目に留まるものもない。陽差しの明るい金曜日の午後、私はその道を歩く。何年ものあいだ、親の運転する車からつぎつぎと降り立った女の子たちと、近所の家庭と交代で、州内、ときには州外からも長い距離を車で送り届けてきた親たちの光景を想像しながら。今日は、道を行く車も少ない。髭の男がハーレイで乗りつけて、造園用具店はどこにあったか知らないかと訊いてくる。携帯で検索して見せると、男はそのまま走り去っていく。サミットでは、ドアをくぐってすぐ中に入れて驚いた。何も訊かれなかった。そしてすぐ左手にあったのがツイスターズだった。クラブの外にある巨大なロビーで、ブルーのピクニックベンチに腰を下ろした。クラブ内には子どもたちの姿が見える。鮮やかな色のレオタード姿で、天井の高い大きな部屋にしつらえたオレンジとグリーンのマットの上で思い思いにくつろいでいる。体操教室が始まるのを待っているらしい。ストレッチをしている子もいて、ポニーテールが揺れていた。女の子たちのレオタード――最近の子はレオと言うらしい――は、むかし私が着たのと比べてずっとお洒落だ。私のレオは地味な紺色で長袖、脇に白い線が上から下まで入っていた。いまの子たちが着るレオは袖なし、背中のくりも大きくて、花やかわいらしい模様が入っている。

また女の子たちが建物に入ってきた。「ねえ、ソフィー」と一人が声をかける。みんなTシャツにデニムのハーフパンツ、サンダルという格好に、バックパックとジムバッグ。つぎつぎと持ち物を金属製ロッカーに放りこんでは勢いよくドアを閉める。「フレッシュ、ヘルシーベンディング」という謳い文句の自動販売機は、フルーツスナック、カシューナッツ、クリフ・バーを売る。砂糖たっぷりのグレープソーダはここにはない。ロビーの向こうにスケートリンクと、むかし懐かしいアーケードゲームの並んだ壁がある。インディアナ・ジョーンズのピンボールマシン、ミセスパックマンも、もう少し今風なゲームの中に見える。ツイスターズの中を覗きこむと、スター体操選手のメダル、写真、ニュース記事がいっぱいに貼られた壁が見える。クラブの入口には「ファイト・ライク・ア・ガール」のピンクのサインボードが見える。

女の子たちはいかにもファイターに見えた。筋肉質で強そうで。けれど、もろいのだ。

こんな女の子たちを見て、おおすばらしい、将来の体操スターだ、と思っただろう時期が私にもあった。でもいまは反対に暗い感情にとらわれる。あの暴行魔は、去ったいまもこの場所にとりついているかのようだ。まだこのクラブにやってくる子どもがいること自体が私には驚きだ。あれだけのことがあったというのに。ジョン・ゲッダートはナサールのスキャンダルを受けて停職処分になり、暴力的な指導手法に対して親から訴えが殺到する中、結局辞任した。本人は親たちに向けたレターの中で、停職は虚偽の告発に基づいたものだと主張している。現在ツイスターズの運営は妻が担っている。

ツイスターズからちょっと道を下りたところで、私はザ・コンフォート・インに立ち寄る。リンゼイ・レムケ母娘がときどき泊まっていたのと同じ宿だ。支配人の女性から、自分も、何十年も前、子どものころ体操をやっていたのだと聞く。ゆったりと時間が流れる午後、フロントデスクに立ちながら、当時を思い出して、グレート・レークス・ジムナスティクスのトレーニングのことを話してくれた。ラリーがキャリアをスタートさせた体操クラブだ。平均台から落下して、着地がまずかったために尾骨を損傷したとき、10歳くらいだったという。

「母親にやめさせられたんですよ。すごく悔しくて。やめたくなかったから」。でも母親は頑として譲らず、「この歳であれは身体に負担が大きすぎる」と言い張った。子ども心にママは「過保護だ」と思ったと言う。でもナサールのスキャンダルが大々的に報道されたとき、「逃げおおせたことを神に感謝した」そうだ。こう聞きながら、私は心がしんと冷えていく。この女性はあの医者の手が延びる前に抜け出した。それでもあの衝撃的なニュースを他人ごとと思えない事情はあった。娘にラリー・ナサールの手にかかった友だちが一人ならずいるそうだ。

この日、私は子どものころツイスターズで体操をやっていた若い女性、ヴァレリー・ウェッブに会い、この事件のいやな面をまた一つ知る。ラリーは、ツイスターズや州立大のクリニックだけでなく、ヴァレリーが通う高校でも彼女に性暴行を働いていたのだ。確かにラリーは自宅に近いホールト高校で校医を務めていた。そしてその高校のトレーニングルームをまた一つ暴行を働く場所に確保していたのだ。ラリーのおぞましい触手は地域一帯、そして世界へと延びていた。

ランシングで落ち合うヴァレリーは、やさしい、警戒心のない雰囲気で、声は若々しい。ツイスターズにいたころはさぞかし活き活きとした女の子だっただろう、とその姿が目に浮かぶ。さっき体育館で見た女の子たちと同じだ。もうおなじみになった痛ましさがまた私の胸を衝いてくる。いま20代前半のヴァレリーは、体操を始めたのは4歳で、7歳のときツイスターズに進んだそうだ。ツイスターズではちょっとした怪我でラリーの手当てを受けた。そのあと段違い平行棒の高棒から落下して背骨を折り、手術が必要なほどの大怪我をする。回復後も背中の痛みが続いて、ラリーは抜け目なくこの機会を利用してヴァレリーを手にかけようとした。

母親に付き添われてミシガン州立大クリニックを訪ねて、初めてラリーに性暴行を受けたとき、ヴァレリーは10歳だった。ラリーはショーツをわたして履くように言い、母親の視線をさえぎって、のんびりと家族や友だちや学校のことをヴァレリーに訊きながら、ショーツの下に手を滑りこませて指を挿入した。ラリーは、この「治療」をすればもう手術しなくてよくなるからね、と言った。思い出しても痛い施術だったけれど、相手は有名なドクターだった。「そんな人に悪いことなんかされるはずがない」と思ったという。「文句を言うなんて思いもしなかった」と。そして、ママがいるところでやるんだから、きっと大丈夫なことなんだとも考えた。

ホールト高校に通うようになってからは、学校でラリーの「治療」を受けるようになった。金曜日の夜になるとラリーは学校にやってきて、試合中のサッカー選手の手当てをするために待機したのだという。選手たちがフィールドにいるあいだ、ラリーはよく、ヴァレリーの診察に「ウォー・ルーム」と言われていたサッカーのトレーニングルームを使い、ここで虐待を働いた。寸暇を惜しんで虐待の機会をうかがっていたようだ。そのあと何年も、ラリーはヴァレリーにとり入り、オリンピックメダリストのナスティア・リューキンのサインを手に入れてやるといった、ちょっとした心づかいの態度を巧みに見せた。そして10代をとおしてヴァレリーにみだらな行為を続けたのだ。

ラリーを信頼して疑わなかったヴァレリーは、性虐待の疑惑が大きなニュースになったとき、激しい口調でラリーをかばって地元のラジオに出演までした。ラジオでは「いつも私の力になろうとしてくれて、あんなすばらしいお医者さんはいない」と言った。でも時が経ち、被害を受けた女性たちの話が耳に入ると、「自分に起きたことと寸分たがわない」とはっきりわかった。

「Me too」とヴァレリーはFaceBookに投稿した。

のちに、法廷の被害者陳述で、ヴァレリーは、ラリーからこの「治療」をすればもう手術を受けなくてもよくなると言われていたのに、その後背中の手術を7回も受けなければならなかった、と言った。「ラリー、自分の思い通りにするために私を手元に引き寄せて、自分のためを思ってこういうことをしているいい人だと思わせたのね。最初から自分がしたいことをするためだったのに。医者ともあろうものが、私にとってベストの治療をしないなんてことがあるものかしら」。それは自分の主治医が自分を餌食《えじき》にしようとしていたのだとはっきり理解する過程で、ヴァレリーの脳裏にこだました疑問だった。

その夜、ドライブスルーを歩いて通過するのはご法度らしく、アービーズで遅い夕食をとる目論見がだめになった私は、ヴァレリーと、はなやいだレオタードで跳ね回っていたツイスターズの女の子たちに思いを馳せる。希望に満ちたまだ幼い女の子たち。相手を疑うことを知らないで、喜んでもらいたいとひたすら願う。獲物をねらう野獣にとってこれほど都合のいいことはない。

インディアナ州のガールズ・クラブで体操をやっていた子どものころの自分はどんなだっただろう、と思い出してみる。ハンドスプリングやウォークオーバーなどの技術ではいい線を行っていたのに、床運動演技に盛りこまれるダンスの動作が、照れくささが先に立ってうまくいかなかった。演技全体を丸ごと抱きとめて心で感じるのよ、見る人にあなたの思いが伝わるように、とコーチは言った。私が思いの深い子だと知っていたから。そのとおりで、私にはあふれるほど表現したい思いがあった。やるな、とコーチに思わせたかった私は、アドバイスにしたがって、演技が本当に自分のものになるまで練習した。あとになって、故郷のブラウンズタウンで毎年祝うウォーターメロン・フェスティバルの舞台で、友だちのジェシカと踊ったとき、このコーチの意味深いアドバイスを思い出した。私たちは、シュープリームスの古い歌「愛はどこへ行ったの」に合わせて踊った。私は一つ一つの動作を心で抱きしめて踊り、大喝采を博した。

自分の街により本格的な体操クラブがなくて、私はたぶん幸運だったのだろう。ガールズ・クラブで習うだけのことはやってしまったあと、バスケットボールとテニスに移った。学校にチームがあったから。体操にぜんぜん未練はなかった。ナサールの時代にツイスターズで育った選手たちは、生涯悪霊と闘うことになるのかもしれない。ふり返っては、何から何まで自問しながら。これが性犯罪者が被害者に与える苦しみなのだ。

第11章 ペテン師

2000年からの10年で、獲物を求めて徘徊するラリーが家族を操る手管は、ますます大胆かつ不気味になっていく。イザベル・ハッチンス、通称イズィーは、このことを身をもって知っている。両親とも同じ考えだ。家族が崩壊した一因はラリーだと。イズィーが折れた脚で練習し競技したことに一役買ったのも、ラリーだった。

イズィー、楽しいことの大好きな、自称「間抜けな」子だったイズィーは、4歳のとき体操を始めた。両親が、娘のありあまるエネルギーを発散できるところを探していたのだった。「本当にエネルギーの塊だった。家具という家具の上を跳ね回って」と父親のエリック・ハッチンスが笑いながら言う。「親の僕たちも、このエネルギーをどうしたものか、って途方に暮れてたんだ」。母親のリサもうなずいて、「エネルギーが洪水みたいにあふれて、ちょっと普通じゃなかった」という。「2歳で冷蔵庫によじ登るようになったのよ。そしててっぺんに座りこんで。そこにキャンディを置いていたものだから。4歳になると、ドアからぶら下がってブランコみたいに揺れていたし。動きにキレがあってしなやかだった」。朗らかで誰とでも打ち解ける、幸せが「伝染する」ような子だった、とリサは言う。教室でも話し出すと止まらなくてよく叱られたわ、とイズィー本人も言っている。

「体操は本当にこの子のためにあるようなスポーツだった」とエリック。オハイオ州ロスフォードの自宅に近い、モーミー川沿いの小さな街トレドにあるサンライズ体操アカデミーで、イズィーは瞬く間にトップになった。体育館にいないときは、学校の運動場で実験をしていた。ブランコに乗って前にこぐと両足を頭より高く上げ、そのまま後ろ向きに飛び降りるブランコ・バックフリップだった。四六時中くるくるまわっていたものだから、母親のリサは「娘の顔より足に向かって話していることのほうが多かった」という。イズィーの兄も体操をやっていたし、よちよち歩きの妹のアイルランドもほどなくマミー・アンド・ミー教室にリサと行くようになった。

「あれはいい時代だった」とエリック。「あのころは楽しかった」と。

サンライズアカデミーでこれ以上習うものがなくなった娘を、母親は自宅から1時間ほどのところにあるハルカーズ・ゴールド・ジムナスティクスに車で送るようになった。イズィーはそこのレベルもすぐに超えてしまった。

2009年、10歳くらいのころ、イズィーは、次のレベルをめざしてツイスターズでジョン・ゲッダートの指導を受けるといい、ジョンに鍛えられて全額支給の大学奨学金がとれた選手がたくさんいるよ、とコーチから勧められた。「ジョンのことは有名らしかったわ。ジョーディン・ウィーバーのコーチだったから」とリサは言う。まだオリンピックでメダルを獲る前のことだったけれど、ジョーディンは体操界の有名人だった。一家にとっての問題は距離だった。ツイスターズは一家のオハイオの自宅から車で2時間かかる。

そこまでするのかどうか、家族の意見は分かれた。何かを極めようとする子どもたちを支えたいと考えるエリックも、車で往復4時間かけてミシガンまで通うのは無理だろう、家族が顔を合わせる時間もなくなる、と気が進まなかった。「片道1時間でも十分きつかったのに、それで2、3時間練習するんだから」とエリックは言う。当時エリックは不動産業で新しいキャリアのスタートを切ったばかりで、リサは家で育児に専念していた。イズィーはツイスターズに行きたがり、6歳でもうクラブの期待の星になっていたアイルランドも同調した。

「もしツイスターズに行ったら、最高のコーチが教えてくれるんだもの」。いまでは17歳の高校生になって、この本で初めてサバイバーだと明かそうとしているアイルランドは言う。

娘たちは二人して、お願いだから行かせてと父親に懇願した。子どもたちに与えられる機会はすべて与えたいリサは、車の送り迎えくらいなんでもないと思った。自分でも子どものころ体操を習っていたけれど、エリートクラブが家の近くになかったし、引っ越しもかなわず上に進めなかった経験のあるリサだった。エリックもリサも、子どもたちに一番いいように、と願う点では一致していて、その一番いいことがなんなのかの考えが違うだけなのだった。最終的には、とエリックは言う。「僕が多数決で負けたんだ」。

イズィーとアイルランドはツイスターズに通い始めた。いつも母親と一緒に、車の中で宿題をしながら。

突然ね、イズィーは言う。「体操がキャリア目標になったのよ」。

私はいま、イズィーとそのボーイフレンドのコーディ・イーゴと、ランシングのイタリアンレストランで会っている。屋外の席で、ものすごいボリュームのパスタランチを囲みながら。人目を惹く素敵なカップル。20代前半の大学生同士、鍛えた身体が美しい。長身のイズィーはハニーブロンドのウェービーヘア、黒い瞳でこざっぱりしたいでたちのコーディの腕には、大きなギリシャ文字のタトゥーが刻まれている。スパルタの王レオニダスの有名なセリフの「来りて取れ」だ。武器を奪えるものならやってみろ、と敵を挑発したという。家族と国を護ろうという決意なんだって、コーディは言うのよ、とイズィー。タトゥーを入れたのは陸軍州兵に入ったときで、ナサールのスキャンダルの前だけれど、苦しいときのイズィーを護ろうと懸命に支えてきた。

ドリンクを注文するコーディに、まだ21じゃない私は運転手を仰せつかっているのよ、とイズィーはジョークを飛ばす。二人は私と話すために、大学のあるオハイオから車でやってきた。ほかの子どもたちやその家族が、性犯罪者を早いうちに見抜くために、自分の話が参考になるかもしれないとイズィーは思っている。本当に仲のいい幸せそうな二人。同じ高校に通いながら、当時は相手のことをほとんど知らなかったわね、としみじみ話す。体操の世界に頭までどっぷりつかっていたイズィーには、友だちづきあいする時間もなかった。コーディにとってイズィーはミステリーガールだった。知っているのは体操をやっているということだけ。かっこいいなと思ったという。「筋肉もりもりだったよ」と、コーディは当時のイズィーを思い出してにっと笑う。実は恋してたんだ、と。微笑むイズィー。イズィーが杖をついて学校に来ていたことも、コーディは憶えている。

法廷審問の数か月後のいま、私はイズィー一家と会っている。一家は事件の衝撃の余波でまだ足元が定まらず、父のエリックはストレスから、ときに発作に襲われている。ツイスターズではね、とイズィーは当時のことを話してくれる。すぐに月曜から土曜まで週6日練習するようになったという。

火曜と木曜は1日2回。1日2回の日は、先生と相談して学校を休んだ。授業の進み具合についていけることが条件で、イズィーはそれを守った。ここにも優等生がいる。「わき目もふらずに本当によくやった」とエリック。「体操のおかげで、ずいぶん小さいときから時間のやりくりが上手になったんだ」。1日2回の練習日は、朝からずっと体育館にいた。スケジュールどおりに通えるように、イズィーと母親のリサはときどき体育館の近くにあるレッド・ルーフ・インに泊まった。イズィーはクラブメートのリンゼイ・レムケとたちまち仲良くなって、リンゼイの家に泊まることもあった。

母親のリサはと言えば、「ぐっすり眠ったことがなかったわ」と当時をふり返る。車の送り迎えに余裕があるときは、二人の娘のために車中で食べる身体にいいお弁当を作っていた。「タッパーウェアの株を買っておくんだったわ」と笑う。結局リサはツイスターズで仕事を見つけ、事務をやりながら就学前の子どもたちの練習を手助けした。リサによると、最初のころジョン・ゲッダートは一家に対して「とても低姿勢」だったという。「私たちにものすごく親切にしてくれた。なんとか逃げられないように一生懸命だったわ。イズィーとアイルランドは期待の新人だったから」。実際二人の実力は抜きん出ていた。イズィーはジョーディン・ウィーバーもいるトップの女の子たちと一緒に練習するように言われ、あっという間にレベル10の頂点を極めた。

「オリンピックも視野に入れた進路を考えていたんだ」とエリック。無理もない、このころのイズィーのビデオを見ると、息を飲むようなフリップで、まさにスーパーヒーローだ。けれどツイスターズとの車の往復に費やすあれだけの時間が、結婚生活のストレスになっていく。エリックは、なんとかして娘たちをオハイオの自宅近くに戻せないかと考えた。そしてジョンに、トレドにクラブのサテライトを開かないかと持ちかけて、次第にジョンと、そしてラリーとも親しくなった。

あれほどのきついトレーニングに追いまくられたイズィーが、ふくらはぎを攣《つ》らせ、骨盤を損傷するまであっという間だった。「イズィーが怪我をしたときから潮目が変わったのよ」。リサは遠い目をする。ジョンが喜ぶはずはない。ラリーに診てもらえ、と言ってイズィーを体育館の奥の部屋へ行かせた。

初診の日、ラリーはイズィーの臀部《でんぶ》と腿《もも》を揉み、そして、なんの前置きもせずに素手の指をレオタードの下に滑りこませて膣に指を挿入した。指を差し入れたままイズィーの片脚を高く持ち上げる。身体の伸縮性が良くなるんだ、と言いながら。ジョンにもこうやって持ち上げて脚のストレッチをしてくれるように伝えておく、とも言った。指を突っこむことは言わなかったけれど。衝撃のあまり混乱したイズィーは、やめてくれと言うことも思いつかなかった。相手は大人で医者なのだ。それもオリンピック・ドクターなのだ。きっと痛みをなんとかしようとしてくれているんだろうと考えた。それでもぎょっとしたし、なんとも言えずいやな気がした。こんな経験は初めてだった。

そのあと、クラブの女の子の一人に、こういうことをされるのおかしくないかしら、と訊いてみたけれど、おかしくないわ、自分も同じことをされている、と言われた。子どもだったイズィーはほっとした。ほかの子たちにもしているなら、おかしなことじゃないんだろうと。まさしくプレスリー・アリソンとテイラー・スティーブンスが考えたことだ。ラリーはみんなに同じことをして、それが普通のことだと思いこませたのだ。そして、年端もいかないで体操をやっている女の子たちというのは、本当に世間から遮断されている。「性虐待とか、セックスだって、どんなものか知らなかったから」

とイズィーは言う。次の日またラリーのところに行ったイズィーは、また同じことをされ、どうやら毎回こうなるらしいとわかった。痛みが和らぐまでは週5日来るように、と言われてそのとおりにした。ツイスターズのこともあれば州立大クリニックのこともあった。「自分の父親に会うより、ラリーに会うほうが多かった」のだという。

ミシガン州立大スポーツ医学部のTシャツや、手の中で転がしてストレスを和らげる中国の金属製健康ボールといった、ちょっとした贈り物をしながら、ラリーはイズィーの生活に入りこんできた。一番大きなごほうびは、箱いっぱいの1996年オリンピックのお土産だった。1996大会は、漫画キャラクターのイズィーがマスコットだった。イズィーのフィギュア、ソックス、絆創膏《ばんそうこう》。ラリーはそれを「いたいいたいイズィーのイズィーバンドエイド」と呼んだ。いい気分にさせるショートメールを送り、診察では練習のときのジョンのご機嫌など噂話をした。「ラリーは善玉、ジョンは悪玉、みたいな感じだったわ」とイズィー。ラリーはくり返し、僕がいろいろ気をつけていて護ってあげるからね、と言った。「友だち同士みたいに私と話したわ。実際友だち同士、それも親友同士だった。ラリーは私の『ラリー・ベアリー（熊さん）』、私はラリーの『ビジー（大忙し）イズィー』だったの」。

一方イズィーはこのころ、ジョンがラリーとは違う意味で女の子たちを虐待するのを、ずっと見ていたという。体重を測れ、とある女の子を怒鳴りつけているのを聞いたことがあった。「f-king 体重計に乗れ」とわめいていた。女の子たちに向かって身体のことで聞くに堪えない物言いをするのも聞こえたことがある。ビクトリアズ・シークレット（訳注：ランジェリー専門店）のモデルになれるんじゃないか、とか。別のときには女の子たちをわざとに競わせた。「練習で誰かがへまをするとね、みんなが罰を受けるの」。女の子たち全員にロープ登りか走りが追加されたのだという。できの悪かったその子に恥ずかしい思いをさせるための罰だった。

年下のアイルランドは、平均台の上でバックフリップをするのを怖がったときから、何かにつけて練習でけなされるようになった。「ジョンは私を後ろ向きに投げ飛ばしたの」。アイルランドは言う。「スポット（訳注：補助）してくれないで、投げ飛ばしたのよ」。

＊　＊　＊

ツイスターズでこうしたふるまいが横行していたことは、この20年間のさまざまな時期に体操をやっていた選手たちから私は聞いている。いま20代のアマンダ・スミスも、自分が経験した、正気の沙汰とは思えない出来事をいまでも忘れない。ランシングで会い、私は一目でアマンダのやさしげな雰囲気とユーモアに心打たれる。春の陽のような笑顔で挨拶をして、椅子に掛けて始めた話は、人間することとも思えなかった。9歳で、新しい下り技の練習で段違い平行棒から飛び下りたとき、着地に失敗して鼻血を出して目の周りに青あざができた。そして怪我をした罰が待っていた。ジョンに、オーバースプリッツをやれ、と言われた。左右どちらかの脚を厚みのあるフォームマットに載せて、普通のスプリッツより身体を低く沈ませる極端な形だ。「鼻から血が噴き出る顔で」脚を広げて身体を押さえつけられながら、泣くまいとしたけれど、涙がこぼれてしまうのをどうにもできなかった。そのあいだ、ほかの女の子たちもアマンダのへまの罰を受けていた。ロープ登りの追加を言いわたされたのだ。アマンダは1時間半そのスプリッツの姿勢でいるように命じられた。そのとき、いつの間にかラリーがふらっとやってきて、「こりゃ大変だ。ちょうど通りかかってよかった」と言った。ラリーはアマンダを助け起こして顔を拭き、君は本当に体操の才能がある、「ジョンのほうが大ばかなんだよ」とやさしい言葉をかけてくれた。そのやさしさがアマンダの胸にしみた。それからは、ツイスターズのラリーの部屋が「安心できる」場所になってよく訪ねていった、という。そう信頼させて、ラリーはあとで存分に実入りを楽しむのだった。

ジョンからは、しょっちゅうきつい声で怒鳴られていたという。ロッカールームまで引きずっていかれて、唾がかかるほど顔を近づけてわめかれたこともあるそうだ。悪魔みたいな形相で怒鳴られるのは、たいてい奥の部屋で、周りに人がいるときはそうでもなかったという。家族ぐるみのつきあいだったのに、この扱いだったのだ。アマンダはジョンの二人の娘のうちの一人と仲良しだったし、アマンダ一家はジョンの一家と一緒にクルーズに行ったこともある。クルーズ中ジョンはアマンダを「サメのエサ」とふざけて呼んだ。うちの子より上手だからってアマンダをえこひいきしてる、とか言う母親がいっぱいいてうるさいから、いっそここから海に投げちゃったほうが楽かな、と言ったのだ。いやなあだ名で呼ばれてありがたくもなかったけれど、この言葉は頭に残った。

これ以上侮辱に耐えられないという出来事があったのは、13歳のときだった。コーチの一人がスポットしそこなったために平均台から落ち、それを居合わせた母親が目撃したという。「私は大声で泣いていて、その私をコーチは耳をつんざくような声で怒鳴りつけた。大の男にそうするみたいに」とアマンダは言う。「私はママに目で訴えたの。そしたらコーチは『このびすびす泣く赤ん坊なんとかしてくれ』とママに言った」という。激怒した母親は娘を抱き上げて、「二度とここへは戻りません」と言い放つ。このときジョンは大会で街にいなかった。戻ってきて成り行きを聞いたジョンは、アマンダに戻ってきてくれないかと言ったという。でも母親はコーチが娘をばかにするのを許すわけにはいかない、と頑として譲らなかった。激怒したジョンは、「もうおまえに用はない」と言い放った。それっきりになった。アマンダは8歳で入って以来ずっとツイスターズにいた。その前は、よちよち歩きで体操を始めて、体操に恋した。なかでも段違い平行棒が大好きだった。「こじあけるようにして引きはがされるまで棒をつかんで離さない子だったのよ」と笑みを浮かべる。「そういう子だったの」と。お願い、ツイスターズに行かせて、と父母に懇願したのは自分だったし、自宅から100マイル以上の距離を、車で送り迎えをしてくれたのは父母だった。そしてツイスターズの近くに引っ越しまでしてくれたのだ。「入ったときは自信満々火の玉みたいに元気な子だったのに、出ていくときは不安のかたまりでまともな精神状態じゃなかった」。

高校で棒高跳びで尾骨を損傷したとき、アマンダはまたラリーの診察を受ける。ツイスターズのころも、左右の強さが不均衡だからと言いながら臀部をマッサージしたラリーだったけれど、久しぶりにミシガン州立大クリニックで診察を受けたときは、いっそう露骨なことをやった。クリニックのドアをくぐったときは、ほかの女の子たちもそうだっただろうが、「神様」に診てもらうんだと思っていた、という。何しろオリンピック・ドクターなんだから。診察室で、恋人はいるか、セックスはしているか、とラリーは訊いてきた。そして、「全身の筋肉を緩めよう」と言った。これは医学の治療だからね、と釘を刺しながら。「痛いよ」と警告して、ショーツの下に手を滑りこませるとまず肛門、次に膣に指を入れた。「ものすごく痛くって涙が流れた」とアマンダは言う。次にアマンダを立たせて上体を曲げさせた。これは「アラインメント」をチェックするためだそうだ。自分の身体をアマンダの身体に押しつけながら、ラリーはアマンダの背骨を上に下に掌で何度も撫でた。アマンダは、楽になりました、と言った。本当はそうじゃなかったけれど、もう二度とこんな格好をさせられたくなかった。

「あのあと、もう二度ともとの自分に戻れなかった」という。ある夜、ボーイフレンドに起きたことを打ち明けると、相手はとり乱して、それじゃもうバージンじゃないじゃないか、と口走った。『医者に触らせたんだって。僕だって触ってないのに？』って言ったのよ」。ほどなく二人は別れた。その後何か月かのあいだに気分の落ちこみはますますひどくなり、処女を失って年上の男たちとつきあうようになった。15歳でね、「錠剤の瓶をじっと見つめてた」のよ、という。幸いなことに、すばらしい出会いがあった。いまの夫になった警察官で、二人の子どももいるそうだ。そのあいだもずっと、ラリーはアマンダにFacebookで接触してきたという。結婚式や子どもたちの写真に「いいね！」を押しながら。

ラリーに対する告発がニュースになったとき、アマンダはシャワーを浴びて体中をそぐようにこすった。法廷の被害者陳述では、警官の夫に付き添われ、ラリーに最後通牒《つうちょう》を突きつける。「子どもたちも夫もこの一年、いつもどこか具合の悪い私に耐えてきたわ。不機嫌で、身体に触れることをいやがる。何かうれしいことがあるときだけ、ふと母や妻の顔に戻る以外、夢遊病者のような一年だった。でもそれももうおしまいよ。私はオリンピックに行くほどではなかったし、ビッグ・テンでもないけど、はっきりものを言えるようになったの。私は、声を上げられない人の声になる。USAG（訳注：アメリカ体操連盟）やMSUのような組織に気持ちをくじかれた人たち、怖くて声を上げられない、まだ立ち上がれていない人たちのために。私の言葉が、私たちの言葉が聞き届けられて、するべきことがされるまで、私は絶対に黙らない」。

＊　＊　＊

その間、イズィー・ハッチンスはひたすらトレーニングに励み、体育館でジョンが浴びせる怒鳴り声や侮辱をつとめて無視していた。一方母親のリサは、ジョンに面と向かってものを言った。ジョンが女の子たちを「がきども」とか「クライ・ベイビー」とか呼ぶのを耳にすると、「ひどい悪口はやめてください」と口のきき方を考えてくれるよう忠告した、とリサは言う。そのために、クラブの「ブラック・シープ（もてあましもの）」になったという。ジョンだけでなく、親たちからも。「はっきりものを言う人間を避ける親もいたから。自分の子どもに不利になったらって、みんないやがったのね」。

２０１１年、12歳になるころ、イズィーは脚に鋭い痛みが出て、ラリーの診察を受けにクリニックに行った。時間外に訪ねると、通用口から入れてくれたのだ。イズィーの脚を診て、ラリーは特に心配なことはない、と言った。テーピングを施し練習も大会出場も続けて問題ないと言いわたすと、テープ一巻きを持たせて帰した。痛みはますますひどくなる。「時間さえあったらラリーのところに行っていたわ。なんとかしてほしくて」とイズィーはふり返る。その一方で、ラリーはイズィーの両親と親睦を深めるのに余念がなかった。電話がかかればすぐとり、ショートメールに返信し、訊かれたことに答えたうえに、大変だろうから保険会社に料金を請求しないとまで申し出た。一家は州外の保険だからとんでもないコストになるのはわかっているから、とラリーは言った。リンゼイ・レムケ一家に言ったこととまったく同じに、イズィーは才能があるから開花してほしいんだ、と言ったのだ。

ラリーは夜、練習後に自宅の地下室でイズィーを診るようになる。いつも奇妙な、それだけにいまでもはっきり憶えている夜だった。急ごしらえのクリニックでマッサージ台をしつらえて暖炉に火を入れると、ラリーはその炎でローションを温める。まず痛む脚のマッサージをして、痛む箇所にできているしこりを擦る。そして揉む手が次第に上に向かってきて身体に指が入ってくるのだ。そのあいだイズィーはときに腹ばいに、ときに仰向けに、どちらにしても下着もつけずに台に寝ていた。始めから終わりまで、いつも気の遠くなる思いで堪えていた、とイズィーは言う。母親のリサはたいていラリーの妻や子どもたちと一緒に上階にいた。たまに地下室にいるときは、ラリーに視界をさえぎられて娘が何をされているのかまったく気づかなかった。

地区大会が近づいていて、イズィーは脚の痛みをなんとかしたくて気が変になりそうだった。ジョンは当然出ろと言うだろう。でも痛みは治まりそうになかった。勝たなければという重圧と、おそらくは当時まだわかっていなかったけれど、意識下でとらえていたといまなら確信できる性虐待のために、押しつぶされそうになったイズィーは逃げ場を求める。見つけたのが剃刀《かみそり》の刃だった。それで手首に小さく切りこみを入れるようになった。目立つのが心配になると、足首の内側を切るようになった。傷はソックスで隠した。夏のあいだはお尻に切りこみを入れて、ビキニショーツで隠していた。どうしてそんなことをするのか自分でもわからなかったけれど、たぶん自分でコントロールできるものがほしかったんだわ、とイズィーは言う。切っていることは誰にも知られなかった。ラリーは気づいていたのだろうか。そうだとしても何も言わなかった。

朗らかでやんちゃな子どもだったイズィーが、口数少なく引きこもりがちになっていく姿を親は見ていたけれど、あの厳しい練習で疲れているんだろうと思っていた、とリサは言う。いまは頭の中で何度も何度もあの年月を反芻しては自分を苦しめているという。「どれだけ時間が経っても、母親の私の目の前で娘にあんなことが起きてしまったつらさが癒えることもないし、忘れることもないでしょうね。気をつけているつもりだったのに」。くり返すが、これが獰猛《どうもう》な性犯罪者の常套手段だ。やったほうが悪いのに、被害者が自分を問いつめ、責めるように仕向ける。

イズィーは地区大会に出場して何度か落下する苦しい大会を闘ったものの、あれだけの怪我を負いながらなんとか全米大会に進める順位につけた。ジョンは脚を休めるようにと1週間イズィーに休暇を与えた。激しい痛みが治まらないまま練習に戻ったイズィーは、床運動演技をしようとして途中で続けられなくなった。歩くのもつらいのだとジョンに訴えた。ラリーから練習も大会出場も続けて問題ないと聞いていたから、ジョンは、練習をさぼりたくて怪我のふりをしているんだろうと責め立てた。「嘘つきが」、「赤ちゃんじゃあるまいに」と言われたという。ジョンの仕打ちはこれだけではなかった。みんなが見ている前でもう一度その演技を、それも空中で舞う難しいフリップを簡単な床上前転に変えてやらせて、イズィーを辱めた。「前転で演技する私を、みんなに手を止めて見るように言ったのよ」とイズィー。「すすり泣きながらやっていた」。

妹のアイルランドもその恐ろしい日、そこにいた。「ジョンがイズィーに向かってわめき立てて、みんなにここに集まれ、って言ったの」。アイルランドは目を伏せる。そしてジョンはひどい当てこすりを口にする。「イズィーが『この高度な演技を』するのをみんなよく見ておけ、って言ったわ。私はイズィーが気の毒でいたたまれなかった。姉がこんな目に遭わされて本当に怖かった」。

そのあと気がちがったように泣きながら、イズィーはロッカールームに逃げこんだ。ジョンが踏みこんで、「さっさと出てこい」、「俺の f-king クラブから出ていけ」と卑猥な言葉で怒鳴った。もう来るな、と言ったのだ。

イズィーのこの話を聞きながら、陸軍州兵入隊当時に基礎戦闘訓練を受けた恋人のコーディは、体操の最高レベルのトレーニングが軍隊のブートキャンプとそっくりでびっくりした、という。

ジョンとのこのひと騒ぎの後、ラリーは結局脚のレントゲンを撮りに行くようイズィーにアドバイスした。リサが車で送っていった病院で何人かの医師が診て、脚が折れていることがわかった。疲労骨折だった。そう、折れていたのだ。折れた脚で、練習して大会に出ていたのだ、1か月以上も。私にこの話をしながら、リサは携帯電話をとり出して折れた骨のレントゲン写真を見せてくれる。なんと、病院では肘の骨折も見つかった。2か所が折れていたのだ。イズィーは脚のギプスを受けとって、肘の手術の日程を決めた。

骨が折れてたって話したら、もっと早くレントゲンに行かせればよかった、ってラリーは謝ったわ、とイズィーは言う。でもリサは、ジョンと、そしてイズィーまで責めるようなことを言ったラリーを忘れていない。もっとはっきりものを言わなくちゃだめだなんて、痛みのことはイズィーは何度もラリーに訴えていたのに。

この怪我のことで両親はラリーを問いつめた。ここでも人を操る巧妙さを発揮したラリーは、父母のそれぞれに相手が聞きたがると推察したことを言った。父親のエリックには、深刻な怪我だからイズィーは違うスポーツをやったほうがいい、ダイビングがいいんじゃないか、と言っている。その同じ口で母親のリサには、イズィーは大丈夫、このまま体操の道を行けばいい、将来かならずものになる、と言ったのだ。「相手が聞きたがっていることを節操なく言うのよ、あの男は」とリサは言う。「こうやって私たち家族は引き裂かれていったの。親だった私たちがいがみ合うように仕向けたのよ。イズィーがずるずると、自分が手を出せるクラブから抜けられなくなるように。本当に家族にとっての災難だった」。

エリックも「僕とリサを敵対させるようなことばかりした。それぞれに違うことを言ってね」とうなずく。「前にラリーから来たメールを読んでみると、心底気分が悪くなる」。毎日車で送り迎えこそしなかったけれど、エリックはイズィーの体操人生に深くかかわっていた。「僕も練習に顔を出していたんだよ。リサと同じくらい。ツイスターズの奥の部屋にもいたことがある」という。いつものようにラリーは、父親が診察についてくると視界をさえぎっていた。父親に見られたらどうしようと、気が気でなかった自分をイズィーは憶えている。

いま思うとね、とリサは言う。ほかにもいっぱいそういう家庭があったんだろうけど、ラリーが自分たちのためにああまで時間を割いてくれるのが誇らしかったの。「メール魔だったわ」とも。「ほんとに返信がないことなんか1回だってなかった」。ショートメールの登場で、ラリーは家庭生活に入りこんで、みんなを信用させる強力な武器を手に入れた。女の子たちに自分はすごいんだ、って思わせるやり方を、まああれこれ考えついたものだわ、とリサ。大学の授業に使えるからって、女の子たちがストレッチを習ってるところをビデオに撮ったり。いろいろわかったいまは何もかもが違って見える、という。「私の娘たちをビデオに撮って、自分が娘たちにストレッチやマッサージをするビデオを手元に置いていたのね」とリサ。「ラリーに診てもらえるなんて普通じゃできないことだ、って私たちは思っていたの。オリンピック・ドクターにね。イズィーを治すために有名な医者にも紹介してくれた。そもそもどうして私たちにこんなにまでしてくれるのか、そこをよく考えるべきだったわ。ほとんど毎日娘を診ていた医師が、脚が折れてるのに気づかないし、肘が折れているのにもって、どういうことかしら。親だった私は、どうして起きていることが見えなかったのかって。それどころか羊の皮をかぶった狼にのぼせ上っていた。家族全員をだましていた詐欺師にね」。

「僕たちはラリーのことをよろずドクター」だと思っていた、とエリック。

「父も母ものせられたのよ」イズィーもうなずく。

ラリーから来たショートメールをまだ残しているエリックが私に見せてくれる。ラリーが何を考えていたのか、希少な手がかりだ。この医師が、どうやって自分を気づかいのある男だと、親たちに信じこませたのかがうかがえる。頻繁なやりとりの中で、エリックはイズィーの怪我が心配でたまらないと打ち明け、どうしたらいいだろうと相談している。あとになって問題が起きないように、いま体操をやめて、もう身体を傷めないでほしいのだと。ラリーも、そうしたほうがいい、と答えている。

リサのほうは、当時のラリーとのやりとりは保存していないものの、反対のことを言われたという。反対のアドバイスをラリーから受けたエリックとリサは、嚙み合うはずのない話し合いをくり返し、何を信じたらいいのかわからなくなって言い争った。

イズィーのことでエリックにあてたショートメールで、ラリーはこう言っている。

もう以前からずっと言ってることだけど、イズィーは体操をやめてダイバーをめざしたほうがいい。まあ、僕の見解だけどね。肘がかなり悪いし、今後も悪くなることはあっても良くなることはないとわかっていたから。体操を続けたいと本人が言うなら僕にできることはなんでもするよ。イズィーは僕にとって大切な子だから。

この言葉の裏で何が起きていたか、父親にはいかにもイズィーを気づかっているようなことを言いながら、そのイズィーにせっせと性暴行を働いていたとわかって読むと、目がくらむほど腹立たしい文面だ。もう少しあと、イズィーは段違い平行棒のトレーニングをやめたほうがいいんじゃないかと相談したエリックに、ラリーは次のように返している。

やっぱりダイビングがいいんじゃないかな、それで全額奨学金もねらえると思うよ、体操よりずっとうまくいくだろうし身体も楽になるはずだ。

痛ましいことに、エリックはラリーの力添えとアドバイスに感謝している。

ラリー、ほんとにいろいろありがとう……。どうしてもやりたいことがあってひたすらがんばっている、でもそれが将来どんな悪影響に苦しむことになるのかわかっていない子どもの姿を見ている親は、本当につらい……。知ってのとおり、僕は子どもにはとことん望む道を行ってほしい親だけど、何もかもを犠牲にしても、とまでは思えないんだ。

ラリーも同意する。

イズィーには診察のたびにダイビングのことを言っているよ。エリック、イズィーはみんなに愛される本当にすばらしいお嬢さんだ。周りを楽しくさせて笑いを誘う。こんな子を持つ親はそういるもんじゃない。　ラリー・ナサール

そしてエリックはこう返信している。

だから余計につらくてね。僕もイズィーは体操じゃなくても十分やっていけるだろうと思う。ラリー、イズィーがそのあたりを歩いてる姿はまるで50代なんだよ。考えてみくれ、50代ってどんな状態か……。

そしてラリーは返信する。

想像したくないね。別のスポーツに替わる決断をイズィーはしないと……。

あとになってエリックはこう送っている。

だからね、子どもには長い目で見て一番いい道を歩んでほしいんだ。イズィーがどれだけ体操が好きかわかってるし、大学からの勧誘も本格的になってきた。2年生だからまだ違う方向を見つける時間も少しはある。水泳、陸上、ダイビング、とかね……。

違うスポーツに替わることを娘と話したことがあるかとエリックが訊いたときの、ラリーの返信。

もちろん話したさ。でもイズィーは体操をやめる気はない。　ラリー・ナサール

そしてエリックの返信。

先々心と身体にどんなつらい影響が出てくることになるのか、それをなんとか本人にわかってほ

しいんだが……。本当に助かっている。あらためてありがとう。

治療の選択肢についての話で、ラリーはこう言っている。

イズィーの身体の伸縮性をチェックしてみたんだが、お尻をもう少し鍛える必要があって、それを急いだほうがいい。そうすればお尻が下がらないし、向こう脛をひねることもない。ダイバーになってくれるとどんなにいいか！　ラリー・ナサール

そして最後に、エリックの読むのもつらい結びで終わる。

娘のためにいろいろ本当にありがとう。父親として見ているのが本当につらい。知ってのとおり……、僕は慎重派だ。怪我をしてもすぐに練習に戻す親も多いけど、だから壊れた女の子がこんなに多いんだ。見立てとご意見、よく考えることにする。

何か訊いたり相談したりするたびに長い時間を割いて答えてくれるラリーを、一家は自分たちを気づかってくれる友人だと信じ続けた。ある土曜日などは、練習後、地下室が水浸しになったラリーの自宅にみんなで出向いて箱の荷物を階段に出し、オリンピックで撮った写真を家に持ち帰って、ていねいにはがして乾かしたりもした。友だちだと思っていたから。

一方アイルランドは、ツイスターズで着実にレベルアップして、1日2回練習がある日にはトップレベルの子に交じってトレーニングを積み、レベル9までのぼりつめた。手首、足首、首とつぎつぎに怪我が出始めると、ラリーはアイルランドにも性虐待を始めた。自分はイズィーほどラリーと親しくなかったけど、やっぱり友だちだし、なんでも話せると思っていた、とアイルランドは言う。「ジョンの悪口をいつでも安心して言えたから。なんにも言わずに聞いてくれるってわかってたから」。診察のたびにラリーに何をされているかアイルランドは誰にも言わなかった。誰かに言わなければならないことがあるとは思っていなかったから。相手は信頼されているドクターなのだ。医者としての手当てをされていると思っていた。

回復途上だったイズィーも、トレーニングを途切れさせたくなかった。あんなにがんばってきたのだ、ここまで何年も。自分も家族もいろんなことを犠牲にしてきた。大学の奨学金の可能性も見えてきた。やめるのはいやだったけど、ジョンとツイスターズからは絶対に離れたかった。それで2012年、新しい体操クラブ、スプリッツ体操アカデミーに通い始めた。自宅からの距離はツイスターズの半分だった。アイルランドもそこに入った。血も涙もないツイスターズから離れてせいせいした。その間、両親は別居した。

ラリーとイズィーはFacebookでつながり続けた。イズィーが自分の投稿にラリーをタグづけすると、ラリーがまめまめしく「いいね！」を入れた。折に触れて診察に行って手当てを受けた。ラリーはイズィーにまた贈り物をする。大きなプレゼントで、痛みを和らげる電気マッサージ器だ。一方エリックとリサは、ときに裁判所に出廷しながら手続きを進め、2014年、正式に離婚した。「家族にとって試練のときだった」とエリックは言う。ラリーと体操の世界が自分たちを引き裂いた一番大きな原因だと、二人とも認めている。

その年、イズィーは、全額奨学金を得てアリゾナ大学に進むことを口頭で約束している。「これまでの人生は何もかもこのためだった」とイズィーは言う。そして膝の靭帯を切り、また手術になった。イズィーはなんとか体操を続けようとしたけれど、このまま続けると大人になってから身体に相当な問題が出る、子どもを持っても抱くこともできなくなるよ、とある外科医から言われた。どうしなければならないか、わかっていた。考えただけで恐ろしいことだったけれど。体操をやめなければならない日が来るのを何年も恐れてきたのだ。トレーニングや手術、リハビリテーションのために、一家の出費は何万ドルにもなっていた。そう考えても、もうあれほど多くのものを自分から奪った体操に「なんの愛着も残っていなかった」し、「これに耐えていこうという強い気持ちも残っていなかった」という。あれほどまでにがんばってきて結局夢を逃した娘に、母親は気持ちが乱れた。父親はくじけてくれてほっとしていた。

一方イズィーにはいいこともあった。高校の最終学年でボーイフレンドのコーディとよく出かけるようになった。「あんなことにならなかったら、こうなれたのにっていう自分をとり戻せるように、本当に助けてくれたのよ」とイズィーは言う。エリート体操選手になって外の世界からひきこもる前の、太陽みたいに快活な女の子だった自分に。「ほんとに度を越してエネルギーのある子だったから」。

2016年秋、イズィーはオハイオの大学に進み、何を専攻するかラリーに相談している。スポーツ医学をやりたかった。まさにラリーの専門だった。医師助手になるといい、そうすれば家族との時間もとれるよ、とラリーはアドバイスした。

このころ、アイルランドももう体操はここまで、と決心している。もう10年以上、過酷なトレーニングですりつぶされそうな思いだけが続いていた。「15歳の誕生日を機会に体操をやめたいとパパに話した」という。「それを誕生日のプレゼントにするの」と。

その秋に、ナサールのスキャンダルがニュースになる。当初姉妹は、信頼していた医師にされたことが、医療行為ではなくて、性的行為だったかもしれないとはとても信じられなかった。このときのことは、その後の展開で二人の口から聞く。

第12章 最後の行動

意気揚々と2010年を迎えたラリーは、その後の10年、ソーシャルメディアとショートメールの効力を存分に使って、診ている若い女の子たちの友だちになりおおせ、信頼させた。Facebook や Instagram があれば、夜、女の子たちの寝室にも入りこめる。写真や投稿に「いいね！」を押して容姿をほめ、上位入賞におめでとう、と送りながら。まったく忙しい男だ。やたらと時間を使ってねらった獲物をかわいがり手なずける。ネット上で、そして直接会ってグルーミングするのだ。

オータム・ブラニーもそんな女の子の一人だった。30年間におよぶ事件の最後の被害者の一人、オータムは、診察の予約ならいつでもショートメールでいいよ、夜でもかまわないから、とラリーが言ってくれたとき、いかにも自分が特別な存在のような気がしたことを憶えているという。オータムのためならいつでも時間をとるよと言ってくれたのだ。オータムの母親にも同じことを言った。いつでも電話してくれていい、すぐ出るからと。母娘は、こんな有名なドクターが自分たちのために時間を空けてくれるなんてすごい、と思った。それが10歳のころで、それからずっと、「しょっちゅうラリーにショートメールしてたわ、それこそ毎日」とオータムは言う。「大抵は怪我のことで。でもときどきつらいことがあるときも電話した。もうそこらじゅう怪我だらけだったから。ラリーがよくしてくれてほんとに助かっていた」。ラリーがオータムにつけたニックネームはシマリスちゃん、だった。

母親のクリス・デイと一緒に、土曜日の朝早くランシングで私と会っているオータムは16歳だ（早い、と思ったのは私だけで、練習で早起きに慣れているオータムはそうでもないだろうけど）。法廷で被告人の有罪答弁と被害者陳述があってから数か月経っている。オータムが最近になって自分も名乗り出ようと決心したことは、こうして会う前に母親のクリスから私は聞いている。「オータムは、最近になってやっとはっきりものを言う決心がついて、ほかの人たちのためにも実行したいと思ってるのよ。ずっと被害に遭ったことが恥ずかしくて隠れていたけど、もうあの怪物にあんなことをされたからって、自分が悪いわけじゃないんだってわかったから」。見るからに若いオータムだけれど、同時にとても賢《さか》しげだ。一見するといかにもこの年代らしい、さっぱりと清潔な顔に波打つ豊かなブロンドヘア、緑の目がきらきらと輝いて、デニムのスカートにサンダルの夏らしい服装の10代だけれど、話すのを聞けば、年齢にそぐわないほどのリーダーの資質がたちどころにわかる。自分に起きたことをあえて世間にさらそうという勇気も、ほかの女の子たちの助けになればと決心したことだ。

オータムがジョン・ゲッダートの別世界に足を踏み入れたのは２０１１年、9歳のときで、5歳から競技していたミシガン州ブライトンのインフィニティ体操アカデミーであっという間にトップに立ってしまったあとのことだ。「ほんとに負けず嫌いな子だったから。裏庭でバレーボールしているときだって絶対負けたくなかったくらい」と笑う。「体操でもとにかくうまくなりたい、うまくなりたい、って思って練習してたことしか憶えていないもの」。当然次のステップはツイスターズだった。母親のクリスが、45分ほどの距離を車で送り迎えするようになった。そして時間のやりくりをするために、学校の勉強も家で教えることにした。「家族みんなで、なんとかオータムがやっていけるように協力したの」だとクリスは言う。夫と上にもう二人子どもがいて、オータムの祖父母もいる家族だ。「それだけオータムはすばらしかったのよ。２０２０年オリンピック候補として注目されていたの」。

事実、ツイスターズでもジョンがたちどころに目をつけた。「初めてあそこに行った日、ジョンがずっと私を見てたのを憶えているわ」とオータム。「おもしろいのはね、初めて会うときのジョンって、好感度最高なのよ」。あちこちの大学もオータムに注目していて、クラブにスカウトにやってきた。家に帰る車の中で「イェールってなあに」と言った子どもの自分を思って、微笑みが浮かぶ。いろんなことが一気にきつくなった。「ずーっとジョンにあれこれ言われていた。何を食べてるかまで見てた。いつも監視してたわ。がりがりに痩せてたのに、なんにも食べさせてくれなかった。サラダくらいね、食べてよかったのは。デザートなんか食べようともしなかった。家にいるときでもね。ジョンにばれたらと思うと怖かった。本当に怖かったの」。ジョンはオータムのFacebookも監視していた。いつか家族旅行でロデオマシンに乗って笑っているオータムの写真をアップしたとき、「投稿した5分後に、『僕のフェラーリをなんであんなマシンに乗らせるんですかね』とジョンからメールが入った」とクリスは苦い顔で首を振る。自分の娘をフェラーリ、と言われたのだ。

「ああいう状況は、渦中にいるときはわからないのよ。抜け出して初めて見えてくるのね。どうしてあんなことを我慢したのかって」とクリス。オータムもうなずいて、「カルトみたいなものだったのよ」と説明してくれる。「異様な世界だけど、中にいるときはそれが普通なの。おかしいなと思うことがあっても、とりあえず頭の奥に投げこんで考えないようにする。どうしてって訊くのも許されないのよ。そうしたら仕返しが待ってるから。洗脳よね」。

娘を注意深く見守るクリスは、ツイスターズに付き添って体育館の上階の部屋から練習を監視していた。上からは何が起きているのか聞き取れなかったけれど、何かいやな感じのすることが見えると、すぐにジョンにメッセージを送るか、あとで事務所で話をした。「ジョンに言い返せるのはママだけだったのよ」とオータム。「ママはジョンが怖くなかったの。私は『ママ、お願いやめて。結局私に返ってくるのよ』っていう子だったけど」。それでもクリスはひるまなかった。

ジュニア・オリンピックの頂点にあと一歩のレベル9までのぼりつめたオータムは、全米選手権の演技でカーロイ・ランチのコーチをうならせた。そのコーチからランチのトレーニングキャンプに誘われたのだ。アメリカのトップ若手選手と一緒に練習できるから、と言われて。オータムは誇らしかった。ベラ・カーロイとその妻マーサ・カーロイが立ち上げたカーロイ・ランチは、当時全米チームと米国オリンピックチームのトレーニングセンターだった。ベラ・カーロイはナディア・コマネチに史上初の10点満点をとらせたコーチとして聞こえていた。「まさか、夢じゃないかしら、と思ったわ」オータムは言う。オータムはテキサスのランチに向かった。ジョンが同行した。母親のクリスも。

道中、オータムはジョンにわずかに甘やかされて驚く。レストランでパンケーキを食べさせてくれたのだ。ランチでのある夜には、ドアをノックしてプレゼントを置いていった。ぬいぐるみが二つ置かれていた。一つは自分に、もう一つは一緒に泊まっているツイスターズの友だちにだった。突き放したりやさしくしたりするジョンに、オータムはとまどう。「ずうっときつい声で怒鳴られてるのに、いきなりこんなにやさしくなる。まるで違うジョンが何人もいるみたいだった。あれは本当に不気味だったわ。クエスチョンマークが頭にいっぱい浮かぶみたいに」。オータムはこう言って、ランチの毎日はものすごいストレスだった、と話してくれる。「みんながライバルで、その子たちとずっと一緒なの。みんな自分だけに注目してほしいと思うから絶対に気が抜けない。そうして自分にものすごいプレッシャーをかけてしまうの。あそこでは一瞬も気が休まることがないのよ。いつもコーチの目に完璧に見せたくて」。

テキサスのランチにいるあいだ、母親のクリスが近くにいてくれることが救いだった。ランチに親は入れなかったから、クリスは道を少し下ったところのホテルに泊まっていた。「夜になると電話しては『私が眠るまでそこにいてね』とだけ言った」とオータム。「5日かそこらあそこにいるだけなのに、いつもすごいホームシックになったわ」。

「娘と私は腰でくっついてる結合双生児だったから」とクリス。「何をするのも一緒だった」。「何をするのも」がユニゾンになって二人は笑う。

結局ランチのトレーニングキャンプには5、6回行ったという。「いつも娘のスーツケースに食べ物をこっそり入れて、おやつを持たせていたのね。ランチの食事はひどいから」とクリス。「見つからないように、ジョンにばれませんようにって」。でもジョンは見破った。「ルールを守れって長いメールが入ったけど、『この程度のおやつも食べられないなら、行かせません』ってすぐさま返信してやった。やせっぽちの女の子なのに食べないと。それに持たせたのは身体にいいものばっかりよ。プロテインバーとかピーナツバターとか」。

胸を衝かれるような、当時の写真がある。もう一人ツイスターズから参加した子と一緒に、スーツケースを置いて車のトランクに座って笑顔を作っているオータム。カーロイ・ランチに向かうときに撮った子どもっぽい写真。やせっぽちで幼くて、ワクワクしているような二人。私は、怪我をした罰にオーバースプリッツを命じられたアマンダ・スミスのことを思う。希望に満ちて体操の世界に入りながら、まともな精神状態でなくなって、そこをあとにしなければならなかった。「体操の世界がどんなものかって、説明が難しいのね」とオータムが呟く。「本当に異様なスポーツだから」。クリスもうなずく。「性犯罪者にあんな都合のいい世界はないわ。本当に都合のいい。いまふり返るとつくづくそう思う」。

ツイスターズに入って最初の年に、オータムはラリーに出会った。「膝の関節が後方にずれてしまった」のだという。「あのときは『あのドクターに診てもらうの、え』っていう感じだったわ。ラリー・ナサールでしょう、オリンピック・ドクターの。ものすごく光栄なことなんでしょうね、あの人に診てもらうなんて」。ラリーはあっという間にオータムと友だちになった。「ジョンが気にもしないことを、ラリーはいろいろ訊いてきたの。学校や家や友だちとか」。最初、あちこち小さな怪我で診察を受けたときには、ラリーは虐待のようなことはしなかった。手助けを惜しまない親切な人だと思った、とオータムは言う。ラリーの自宅で診察のときは、マフィンとジュースを用意して待っていてくれた。「ラリーは友だちだわ、って思ってた。ジョンの悪口を言えるのはラリーだけだったの。告げ口しないから安心だった」と。

前を行くそれはたくさんの女の子たちと同じく、オータムも、ジョンは怪我をするのを許さないのだと思い知らされていた。「怪我したら決まって用なしみたいに無視された。ジョンのお気に入りでいるために、怪我をしないためならなんでもしないと、っていう気持ちになってしまうの。嫌われたら大変だから。いじめっ子みたいな人だもの」。一度、向う脛にひびが入ったとき、履くように言われた医療用補正保護ブーツを脱ぎ捨てて大会で演技したことがある。「トレーニングで痛みを感じないような身体になってしまうのよ」と言う。無理もないことだけれど、怪我をした向う脛では床運動の演技はうまくいかなくて、「ジョンは苦虫を噛みつぶしたような顔をした」という。「もう私のほうを見向きもしなかった。もう二度とブーツを着ける気にならなかったわ。どうせジョンが怒りまくるんだから。ジョンといると、信じられないようなことをさせられてしまうの。むかしの私に、どうしてそうまでするの、って言ってやりたい。でも答えようがないわ。とにかくやってしまうのよ。期待を超えなければならないの」。

母親がどれほど注意のアンテナを張っていても、大家族を抱えた身では、いつも全部のことに気づくのは不可能だった。ジョンに突き飛ばされて段違い平行棒から落下したときのことをオータムは思い出す。ものすごく怒られたけど、自分の何が悪かったのかさっぱりわからなかった。ほかの子と一緒に着替えていたロッカールームに踏みこんできたこともあった。その子が、女子のロッカールームに入ってきていいんですか、って言ったの。「ジョンはその子を嫌っていたんだけど」。そして、「平行棒で新しいスキルを練習していたとき、まちがってジョンの顔面を蹴ってしまってものすごく怒らせたことがあったの。この野郎、ってすごい形相で言われて、おしっこが漏れそうなほど怖かった。殴られるかと思ったから」。

別のときには「オータム、フーハ、ってなんだい」と卑猥な質問で恥ずかしい思いをさせられた。

トランポリンで跳ねているときに、いきなりこんなことを聞かれて面食らった。まごついて、膣の俗語だと説明しようとするオータムに、「うん知ってるけどね」とジョンはせせら笑った。口笛を吹かれることもあったとオータムは言う。大会後にナッシュビルのラインダンスにみんなで出かけたときもそうだった。やめてほしかった。「ジョンがママのそばをうろつくのも本当にいやだった」そうだ。オータムと同じブロンドで小柄な美人のクリスに、ジョンは興味を持っているようだったという。

いやな目に遭っていることを、オータムは母親に言わなかった。ジョンにあれこれ文句をつけに行ってほしくなかったからだ。「私がジョンの首を引っこ抜いたらどうしようとでも思ってたんでしょうね」とクリスは言う。「黙らない母親だって、娘は知ってるから」。ママがそこにいて護ってくれているとわかっているのは安心できてよかったのよ、コーチとことを構えてほしくなかっただけよ、とオータムもうなずく。

「本当におしっこを漏らしちゃったことがあるのよ。ジョンじゃないコーチとのことだけど」とオータムは続ける。段違い平行棒の練習中にトイレに行かせてほしいと言ったら、まだだめだとコーチに言われた。そうしたら下腹部がバーに当たって「そこらじゅうにおしっこまき散らしちゃったの。レオタードがぐっしょり。チームメートたちが掃除させられた」のだという。それをクリスが目撃していた。「見えたわよ。ジョンの部屋に行ってつめ寄った」とクリスは言う。「そのときのコーチが夜になって電話してきて、なんのかんのと言い訳しようとしたけど、その男もぺしゃんこにしてやったわ」。

そうするあいだも、ジョンは勝たせるコーチとして国内外で着々と名を馳せていった。それと同時に地元では、そのやり方に厳しい目が向けられるようになっていく。2011年、ミシガン州警察がジョンを暴行罪容疑で取り調べたと「ランシング・ステート・ジャーナル」が伝えている。[*9] ツイスターズのスタッフから、体育館の外にある駐車場で暴行を受けたという訴えがあったのだ。言い争いのあいだ、逃げられないように片足を踏みつけられて胸を殴られた、とその女性は言った。けれど検察官は起訴を見送った。

その同じ年、ジョンはアメリカ体操連盟世界大会チームのヘッドコーチに指名された、と本人のLinkedIn ページに出ている。着々と頂点を極めていくジョンだった。

やはりその年、当時15歳の体操選手のマッケイラ・マロニーが、ラリーの治療がおかしいとジョンに話していたことが、ナサールのスキャンダル報道後に「デートライン」のインタビューで明らかになっている。[*10] ナサールは、2年間マッケイラに性虐待を働いた果てに、東京でおこなわれた世界選手権期間中のある夜、二人きりになったホテルの部屋でベッドに引きこんで凌辱するという、これまでにない大胆不埒な行動に出たのだ。「ベッドの上で、裸の身体にのしかかられて、指であれこれされて、私は大声で泣き叫んでいました。死んでしまう、と思いました」と、マッケイラは「デートライ

＊9 Eric Lacy and Christopher Haxel, "Accomplished, Controversial Coach," *Lansing State Journal*, February 9, 2018.

＊10 Sarah Fitzpatrick and Tracy Connor, "McKayla Maroney Says She Tried to Raise Sex Abuse Alarm in 2011," NBCNews.com, April 23, 2018, https://www.nbcnews.com/news/us-news/mckayla-maroney-says-she-tried-raise-sex-abuse-alarm-2011-n867911.

ン」の取材で語っている。「どんどんエスカレートしていって、もうあのラリーじゃないみたいでした。違う面、ラリーの隠れていた貌《かお》が歯を剥いてきたような気がしました」。

次の日、こんな正気を失ったような目をしているんだから、誰かが気づいて、どうしたのと訊いてくれるだろうと幼く期待していたマッケイラだったけれど、誰も自分の哀しみに気づいてくれないとわかって、黙っていてはいけない、と気力をふりしぼった。練習後、ほかの女の子たちとジョンも一緒に乗っている車の中で、忌まわしい夜のことを口にした。「夕べね、ラリーに指でいたずらされたみたいなの」とみんなに話した。大きな声で言ったのに、ジョンは反応しなかった、と「デートライン」に話している。ラリーはその後何年もマッケイラを性虐待し続けた。

ラリーとジョンは、肩を並べて海を越え、2012年ロンドンの夏季オリンピック大会へと進む。すでにジョンは頂点を極め、米国オリンピックチームのヘッドコーチになっていた。ガブリエル・ダグラス、マッケイラ・マロニー、アリー・レイズマン、カイラ・ロス、そしてジョーディン・ウィーバーの面々が、団体総合の金メダルを獲得した年だ。金メダルという成果と激しい闘志にちなんで、炎の5人と呼ばれた。表向きの顔が誇りに輝いている一方、裏では5人の誰もがラリー・ナサールの手でもてあそばれて苦しんでいた。

ランシングのそれぞれの家で、オリンピック優勝にまで猛然とのぼりつめる炎の5人を観ていたツイスターズの体操選手たちは、友だちのジョーディン・ウィーバーの活躍にいっそう狂喜した。ツイスターズのジョンのもとで一緒に練習に励んだスーパースターだった。ランシングの街が、丸ごとテレビ画面に釘づけになっていた。地元の弁護士ジェイミー・ホワイトも、自分と妻のクリスティンが道路わきに車を止めて、ジョーディンが金メダルを獲る瞬間をライブストリームビデオで見ていたのを憶えているという。

　一方10歳になったオータム・ブラニーは、レベル10に到達してトレーニングがいっそう過酷になっていった。その年、「ハムストリング（腿裏《ももうら》）が筋断裂した」という。ラリーはここぞとばかりに、それまで身体のマッサージと鍼《はり》だった治療に、指の挿入を加える。それが始まったとき、母親も部屋に同席していたけれど、ラリーは用心深く視線をさえぎっていた。「お尻にタオルを載せられたのを憶えているわ。私はママから顔を背けてた。レオタードを着ていたのに、ラリーはそれをひっぱり上げて脇に寄せた。何をするのよ、って思っていた。そしてとにかく痛かったの。いつも思い出すのはラリーの爪がとがっていたこと。爪がとがっていたっていうのが記憶に残っているの。だから終わったらトイレに行かなきゃならなかった」とオータムは言う。「ラリーはいかにも普通にしてた。目をつぶっていたわ。いつもそうだったのよ」という。ラリーは患者の手当てをするとき、目をつぶることが多かった。「ママに何も言わない、何をしているのか説明もしない。手袋も着けないで。私もママに何も言わなかった。何だか恥ずかしくて。誰にも知られたくなかったの」。

　私は、この年ごろの女の子がどれほど自分の身体に意識過剰になっているか、と考える。ガールズ・クラブの体操教室に通っていた自分も、レオタードを着けるとお腹が出っぱっているのが気になってしかたがなかった。友だちのケリーのお腹はすっきりぺちゃんこだったのに。いま当時の写真を見ると、何をあんなに気に病んでいたのかと驚く。私は十分やせっぽちだった。でもあのころは体型が気になってしかたがなかったのだ。女の子たちが、それも身体が変化する年ごろの子どもたちが、医師の診察室で起きているなんだか恥ずかしいことを、絶対に口にしたがらない気持ちが、私には手にとるようにわかる。

ラリーはその後何百回もオータムにその虐待を働いた。助けるふりをして、オリンピックから持って帰ったバッジやペンをせっせと与えて、友だちごっこをしながら。でもオータムはいつもあのマッサージ台が怖くてしかたがなかった。「本当にいやだった。40分も続くのよ。とっても気持ちが悪くて」と言う。「『楽になったかい』っていっつも言うのよ。私がならない、って言うと、触る場所を変えて『こっちのほうがいいかい』って。とにかくやめてほしかったから、そうみたい、って言ったけど。楽になったことなんか一度もなかった」。一瞬口ごもったあと、「一つどうしても頭から離れないのがね、やっと勇気をふりしぼって『こんなことされるのがいやだ』って言ったの。そしたら『わかってるよ』ですって。そしてそのままやり続けたのよ」。

ラリーがほかの女の子にも同じことをしているのをオータムは知っていた。「女の子たちみんなで『ラリーはあなたにもやってるの』って訊いては『うんやられてる』って言い合う。でもそれで終わりだった」。そろってツイスターズを出て高校のチームに入った親友同士プレスリー・アリソンとテイラー・スティーブンスとまったく同じで、オータムと仲間の女の子たちも、みんなにしていることならおかしいことじゃないんだろう、誰か特定の子にやってるわけじゃないんだから、と考えたのだ。ラリーがほかの女の子に「治療」をしているとき、部屋に入ったことがある。「おー、フーハに毛が生えてきたねえ」とラリーがその子に言うのが耳に入った。

横で聞いている母親のクリスがぎょっとした顔をする。クリスはあのオリンピック・ドクターを信頼していた。「一家をあげて友人だと思っていたのよ。信じられないくらいいい人だって。お金になるわけでもないのに、あれだけ時間を割いてくれたんだから」という。「教会でも、ボランティアをしていて、なんて立派な人かしらってね」。

「みんなにおんなじことをしていたのね」とオータム。「ジョンもラリーを気に入ってた。だって問題があっても練習や大会に出る許可を出すんだもの」。

クリスは、オータムが最近診てもらったカイロプラクターは、自分のしようとしていることを一つ一つきちんと説明したのよ、と言う。「『オーケー、オータム、髪をどけるよ。首に触るからね』って。医院を出るとき娘が言ったのよ、『あれが普通だったのね』って」。

ラリーが10歳のオータムに性虐待を働き始めたその年には、オータムは体操がいやになり始めていた。「もう精神的にボロボロだったし。いよいよもっと厳しいトレーニングをしないと、っていう話になりそうだった。ジョンはますます私にうるさくあれこれ言うようになったし。これを食べるな、あれをするなって。四六時中こんなことに我慢するなんて、もうまっぴらって思ったの。でもやっぱり言われるままになった」。その一方でこんなことを考える自分に、オータムはものすごく腹を立てた。オリンピックメダリストのジョーディン・ウィーバーと一緒にトレーニングする身になって、何が不足なのか、と。「ジョーディンができるなら、私にだってできる、って思った。ずっとオリンピックをめざしてきたんだから。トップに立ちたかった」。一家の投資も相当な額になっていた。トレーニングに年間3万ドル、それに遠征費や医療費もかかる、とクリスは言う。オータムの手当ては一家の保険会社に請求をしないことにしようと、ラリーが申し出た。オータムには成功してほしいからと。リンゼイ・レムケ、イズィー・ハッチンス、その他たくさんの選手たちに使ったのと同じ手口で、貪欲な暴行魔への階段をまた一段進んだラリーだった。どの家庭も、体操にかかる目の飛び出るような出費で青息吐息の中、助力を惜しまないと見えるオリンピック・ドクターに心から感謝した。

オータムは、きっぱりやめてしまおうかと母親に相談することもあった。「いろんなことを話し合った」という。「本当につらい話だった」。

「やめたいなと思う。そんな時に限って大会でものすごくいい成績が出せて、そしたらやっぱりやりたいと思い直すのよ」と、クリスは当時のことを話してくれる。「ほんとに、ほんとに上手だったから、それはつらかった。やめて本人が後悔することになったら、と思うと怖かった」。結局クリスは娘の判断に任せることにした。

オータムはその後2年間、体操を続けようかやめようか、気持ちが揺れていた。大会でつぎつぎ優勝してジョンに認められると、続ける価値があるんだと思うのだった。特にジョンがご褒美にビルド・ア・ベア・ワークショップに連れて行ってくれたときは、やっていてよかったと思った。けれど一旦2位に転落したら、女の子たちに過酷な代償が待っている。「何かといっては怒鳴りつけられたわ。『一人順位を落としたから、みんな平均台のルーティン演技を20回だ』っていう調子だった。『コンディショニングトレーニングだ。吐くまでやれ』って言って」。実際吐いてしまう子もいたのだ。

こうするあいだにも、ジョン・ゲッダートはもう一つ、2013年にも暴行罪容疑でミシガン州警察の取り調べを受けていた。今度は体操選手からの訴えで、腕をつかんで足を踏みつけたと「ランシング・ステート・ジャーナル」が伝えている。[*11] これも同ジャーナルによれば、ジョンは言い聞かせることがあったからベンチに座らせようと腕をつかんだのだと主張している。検察官は起訴をためらい、コーチにはカウンセリングを受けるよう命じた。

２０１４年、13歳のころ、オータムはもうこれまで、と思った。「もうこれ以上続けられないって、はっきりわかったの。最後の藁《わら》にすがってたけど。毎日練習が終わると痛くて、泣きながらアイシングしてた。惨めだったわ」。

「最初は、まあ今日はたまたま調子が悪かったんだろうと思っていたけど」とクリスは言う。「でもとうとう、いいえそうじゃない、この子はもう駄目なんだなってわかったわ」。

ジョンに言わないと、と考えると頭が変になりそうだった、とオータムは言う。「ジョンと一緒に座って、ものすごく怖かったのを憶えてるわ。『まあエリートはめざさないほうがいいんだろうな。レベル10でいいということにしてろ』ってジョンに言われた」。つまりいまのままでいていい、全米チームやオリンピックのためにがんばらなくていいということだった。「本当にジョンが怖くて、『そういうことじゃなくて、もうこれ以上やりたくないんです』って言ったの。ジョンは『わかった。じゃああと2週間やるんだな』って。それからは徹底的に私を避けた。まるで道端の紙屑みたいに。なんの価値もないみたいに扱われて」。

「そのあと2回くらい練習に行ったかしら。それでもうこれ以上はごめんだと思ったわ」とクリス。

＊11　Eric Lacy and Christopher Haxel, "Accomplished, Controversial Coach," *Lansing State Journal*, February 9, 2018.

「それっきり二度と戻らなかった」。

体操をきっぱり捨てたとき、「最初の1週間は最高だった」とオータムは言う。「食べたい物を食べてよかったし」。

「ひたすら眠ってたわね」と母親も言う。オータムが笑う。「そうよ、必要な休息をとってたの。そしてそれが過ぎたら、私は何をするの、って思って」。

もうあんな息もつけない、練習、勉強、食事、練習、食事、睡眠の過酷なスケジュールに追われることもない。自由な時間がいつもたっぷりある生活に慣れていなかった。「体操から切り替えるのは、何もかも本当に大変だった。ゆっくり座っていられるたちじゃないから。何をやってるの私は、って思ってしまう。このままじゃ人生で何も達成できない。一体自分はどうしちゃったのか、って」。オータムは笑って言う、「私、まだ13歳だったのにね。やっぱりまだ縛られていたのね。誰かから四六時中ああしろこうしろって言われない毎日が、すごく不思議な感じだった。ぎっちりつまった予定がないことが。そのうち泣き出してしまって。ママが『大丈夫？　やっぱり体操やりたいの？』って訊くの。『ううん。いまは本当に幸せなの』って私は言った」。やっと思いを吐き出したオータムは、ただほっとしていたという。「肩にのしかかっていた重いものが、すっと持ち上げられたみたいでね。ずっと何も感じることができない、感情を出すこともできない環境で育ってきてたから」。

オータムは8年生として学校に戻った。自宅勉強とクラブでの練習が何年も続いたあとで、あの世界に戻るのは容易ではなかった。「私は小柄なくせにむきむきしてたから。30キロもないのにエイトパックで。変に目立ったんでしょうね。子どもたちにからかわれたわ」と言う。自分がよそ者みたいで周りになじめなかった。「自分が世界一みっともないばか者みたいな気がしたわ。成績はオールAだったけど」。

肩の手術の予後や何やかやで、相変わらずラリーのところには通っていた。「すごくうまく乗せられてたから、体操をやめたあとも通ってたの」だという。ミシガン州立大クリニックで2016年9月に予約していた最後の診察は、クリニックのほうから理由も告げずにキャンセルされたそうだ。そのときは知る由もなかったけれど、ラリーの退場はもう始まっていた。性虐待の告発がいまにも報道されようとしていたのだ。告発の一大ニュースに、オータムは脚が萎《な》えていく思いだった。そのときのことは、のちにオータムの話に戻るときにわかる。

*　*　*

2016年8月、ラリーがミシガン州立大クリニックでの職務を解かれる前の最後の数時間、エンマ・アン・ミラーという13歳の女の子がラリーの診察に訪れた。エンマは30年にわたるこの事件の最後の被害者が自分だと信じている。

いま、私がエンマ・アンと母親のレスリー・ミラーに会っているのは、イースト・ランシングにあるふたりの弁護士アンドリュー・アブードの事務所だ。被告人の有罪答弁と法廷審問から数か月、15歳のエンマ・アンは、私が本書のために話を聞いたなかで一番年若い。テーブルを囲んで座ると、エンマは臆することもなく話を聞かせてくれる。性虐待のことを話すのが、ほかの女の子たちの助けになればと思うからだ。実際そういうことがあった。舌鋒鋭い被害者陳述をすませたあと、ある日学校でクラスメートにトイレにひっぱりこまれたエンマは、ずっと従弟から性暴力を受けているけど誰にも話してないの、と打ち明けられた。エンマ・アンは、お母さんに話したほうがいい、と言い、友人はそのとおりにした。

長い茶色の髪をゆるいおさげに結ったエンマ・アンは、ラリーのことをずっと父親みたいに思って育ったのだという。静かな、おとぎ話の踊り子がささやくようなやさしげな語り口。実際エンマはダンサーなのだ。物心ついたときからずっと踊っている。ジャズやバレエ、コンテンポラリー。ミシガン州立大キャンパスの近くにあるダンスクラスに通いながら育ったエンマは、いまでは全米大会に出るレベルになって、トレド、インディアナポリス、ラスベガスとアメリカのあちこちで大会に出場している。「成績もとってもいいのよ」と誇らしげに母のレスリーが言う。エンマ・アンはにっこりして目をくるくるさせると、いま新しいダンスソロを創作中でそれをデミ・ロヴァートの「ウォリアー」に合わせて踊るのだと教えてくれる。そこにティール色のリボンを使おうと思っているそうだ。青緑系のティールは性暴行啓発の色だ。

エンマ・アンがよちよち歩きのころからずっと、レスリーは首と背中の痛みがひどくて、州立大のスポーツ医学クリニックでいろんな医者にかかっていた。ラリーはその一人だったのだ。すっぽりチャイルドシートに収めたエンマ・アンを連れて車で通った。レスリーに対しては、ラリーはいつもまともだった。そう言えば、何かというと背中の痛みには、あの身体の中に侵襲する治療法が頼りになる、とラリーは言いたがったけれど、レスリーも背中が痛かったのに、レスリーにはその施術をしなかった。大人だったからだ。あとになってエンマ・アンに背中の痛みが出ると、ラリーはそれをやった。子どもだからだ。

何年もクリニックで母親を待っていたエンマ・アンは、いつの間にかラリーと顔なじみになっていた。「もう家族の一員みたいだった」という。シングルマザーの子だったから、というエンマは、ラリーを「生活の中に登場する男性の一人」として意識していた。

「生まれたときからずっとラリーが生活の中にいた」のだとレスリーは言う。

ラリーはエンマ・アンをかわいらしいニックネームで呼んだ。「グーフィーおばかちゃん」とか「グーフィーボール」とか。ラリーがくすぐるとクスクス笑ったからだ。「ラリーを知っていることで、自分はすごいんだと思ってたの。私のこと気にかけてくれているんだからって」とやさしげに言う。「でもそれは勘違いだったわ」。

時間をかけて、ラリーは抜け目ない小技を駆使しながら、エンマ・アンを自分になつかせた。ソーシャルメディアを使って、君のことを考えているよ、と伝えながら。「Facebookでいっぱいメッセージを送ってきたわ。私が載せる写真はみんな『いいね！』をつけて。ダンスの写真を載せてほしいとよく言われた」という。「私のダンスの衣装が見たいとかも」。オリンピックのTシャツやピンに自分のサインを入れた贈り物もくれた。

すでに30年間も女の子たちを操り続けたラリーに、おそらくは最初の犠牲者サラ・テリスティを実験台に、どこまでならばれないか試行錯誤していた80年代の駆け出し医師の面影はもうない。サラのころはまだここまでの手練手管を身につけていなかった。かわいがって手なずけるグルーミング、僕たちは友だちだよ、と思わせて家族にも罠をしかける、そしてあの贈り物攻勢だ。そしてもちろん、ソーシャルメディアの世界という強力な武器も当時はなかった。エンマ・アンに手をかけるころには、完璧巧緻な性犯罪者になりおおせたラリーだった。

「自分たちは特別なんだって思っていたの」と、エンマ・アンの母親レスリーは言う。「みんなに自分は特別だって思わせるのよ、ラリーは」。

エンマ・アンが8歳のとき、ラリーは幼い女の子の信頼を根底から裏切る行為に出る。州立大のクリニックで、背中と首の痛みを良くしてあげようといいながら、性虐待を働いたのだ。診察に行くたびにね、とエンマ・アンは当時をふり返る。やることが決まってるの。「まず首を触って調節して、仰向けに寝かされてまた首をいじられて、そして今度はうつぶせにさせられて背中をちょっと触ったり。それでまた向きを変えて仰向けになるでしょう。するといつも胸に触るの。まだ膨らんでもいないのに。そしてシャツの下に手を入れてくるの。スポーツブラや普通のブラジャーをつけるようになると、そこにも手を入れてきた」という。「そしてまた身体の向きを変えて、それからなのよ、あれが始まるのは。とにかく痛くて本当に、それしか憶えてないわ」。ここまでエンマ・アンが話すと、深い哀しみと怒りの表情がレスリーの顔をよぎる。

エンマ・アンはラリーにされていることがいやだったけれど、信頼している友だちが自分にわざわざ悪いことをするはずがない、と考えた。「ラリーは私の先生なんだから、って。私のことを小さいころからずっと知ってる先生だし、ママともとっても親しいんだから」。いつだったかお気に入りの、エアロポステールで買ったモノトーンのレギンスを履いていたことがある。大好きでそればっかり履いていたのに、ラリーからゆったりしたショーツをわたされて、診察に来るときはこれを着なさいと言われた。このショーツなら手を差しこみやすかったのだ。「こうして大丈夫か?」といつも訊かれたという。別のときには「こうしたほうがいいかい」と。エンマ・アンは黙っているか、言葉にならない「ああ、うん」をくり返すだけだった。痛かったのに、やめてほしかったから。無駄だったけど。やめてくれる気配もなかった。「とにかく早く終わってほしかった」のだという。「ラリーは私が痛がっていたのをわかってたと思う。ああ言ったからって、言い方でわからないはずないでしょう」。

それから聞いた話はもっと痛ましい。2度ばかり、診察のときに「新しい戦略」を試したことがあった。下着を余分に重ねて行ったのだ。幼い頭をめぐらしてもっとパンティーを履いていったら手も入れにくくなって痛くなくなるかもしれないと考えた。むろんそれも無駄だったけれど。

「ほんとにばかなこと考えたもんだわ」とほとんどささやくような声でエンマ・アンは言う。

その言葉が母親を突き刺す。「ばかだなんて、そんなことあなたが! 言わないで、そんなこと! 子どもだったんだもの」と。「いまだって子どもなのよ。お願いだから。ばかだなんて言わないで。こんな賢い子はいないわ。成績を見てごらんなさい」。

母親にも娘にも、ラリーは完璧に自分を信頼させていた。長年の知り合いだということに加えて、母娘はラリーがスポーツ医学の世界でスターダムにのぼりつめていく姿を見ていた。エンマ・アンの診察に同席して同じ部屋にいることもあったレスリーだったけれど、いつものようにラリーは自分の体の位置を変えて、巧みに母親の視線をさえぎり、娘の腰はタオルをかけて隠していた。

何年ものあいだにあれほど多くの通報者が性虐待を訴えたのに、所轄当局から無視されたことに、レスリーは持っていきどころのない憤りを感じる。娘に手をかけるはるか前にあのおぞましい性犯罪者を止められる可能性があったというのに。「知ってた人たちがいたのね。いまでも怒りが収まらないわ。怒りも哀しみもね。この死にたいほどのやりきれなさをわかってくれる人がいるものかしら」。「何年も前からわかっていたのよね」とエンマ・アン。

「あの男が娘からどれだけのものを奪ったか、本当に殺してやりたい」とレスリーは言う。「監獄に会いに行って顔を見て訊きたいわ。どうしてこんなことをしたのかって」。

エンマ・アンにはどうしても法廷でラリーに言いたいことがあった。それはのちの章でわかる。

ここで私たちは取材に一息入れる。お腹を空かせたエンマ・アンに、アンドリュー・アブードが近くのカフェから大好きなフルーツスムージーとクリームチーズをはさんだベーグルを買う。アンドリューにとってこの件はとても他人ごとではない。代々60年近くランシングで弁護士をしている家に育ち、ミシガン州立大を出たのだ。私たちはみんなで気晴らしにアンドリューの車で出かけることにした。輝くばかりに赤いシボレーカマロのコンバーチブルだ。ランシングのゼネラルモーターズで作った車だからね、とアンドリューは言う。

後ろの座席に私と並んだエンマ・アンは、ベーグルを噛みながらいつか本を書きたいと言う。フロントシートのレスリーがふり返って携帯に撮ったビデオを見せてくれる。娘が法廷でおこなった熱い思いがあふれんばかりの力強い被害者陳述だ。「ママったらやめてよ、こんなところで!」。エンマ・アンが悲鳴を上げそうになる。風を受けてみんなの髪がなびいている。エンマ・アンは15歳、若くて、州立大の友愛会館や女子学生寮が瞬く間に後ろに去っていくこの瞬間に見せる表情は、本当に屈託がない。しんと心が冷えるような母親の言葉を私は思う。「あの男が娘からどれだけのものを奪ったか」。こんな裏切りに遭ったあとで、誰かを信頼することができるものだろうか、と私はいぶかる。それもこんな若い時期に。わからない。でも一つはっきりしていることがある。エンマ・アンは勇敢な若いリーダーだ。

ふんわりした女の子でいられたかもしれないと考えると、胸が痛むけれど。エンマ・アンとオータム・ブラニーの二人が性虐待のさなかにあったころ、アマンダ・トーマスハウという若い女性がしきりとラリーを通報していた。2014年、アマンダはこの男のことで警鐘を鳴らして、州立大当局とも警察とも話をしていたのだ。

その後に起きたことは現実とはとても思えない。

第13章 崩落

その日、ミシガン州立大スポーツ医学クリニックに足を踏み入れた24歳のアマンダ・トーマスハウは、壁にびっしり貼りつけられた写真に圧倒された。世界トップの有名体操選手たち。オリンピックアスリートたちだ。鮮やかなレオタード姿で太陽のように笑う、輝く金メダルを首から下げて。こんなすごいアスリートたちの手当てをしてきたドクターなのだ。そしていま、私もそのドクターに診てもらうんだ、とアマンダはプライドをくすぐられた。ミシガン州立大を卒業したばかりのアマンダは、高校時代のチアリーディングで負った怪我がまだ尾を引いていた。そしてその日、クリニックを出る前にもう一度その前を通るアマンダの目に、壁いっぱいの写真はまったく違う光を帯びて映る。いましがたラリーにみだらなことをされた。アマンダはそれをはっきり自覚していた。恐ろしいことだけれど確信があった。ここの写真の女の子たちみんなが同じことをされている。そのときにすぐわかったの、とアマンダは私に言う。「この女の子たちはラリーのトロフィーなんだって」。

私はアマンダと、ある日の午後遅くにランシングのコーヒーショップで会っている。法廷審問から数か月が経っていた。ジュースのグラスを前に私の向かい側にかけるアマンダは、くつろいで親しみやすい雰囲気ながら、アシンメトリーのヘアカットと揺れるイヤリング、色抜きのレッドシーンズがシャープないでたちだ。アマンダから聞くのは怒りを通り越して呆然とするような話だ。股関節の痛みでラリーの診察を受けたのは2014年3月だった。小児科医である母親はラリーと知り合いで、ラリーに診てもらうといいわよ、と言った。

体操選手だけでなく、ラリーはランシング一帯の患者を診ていた。診察が始まったときは女性の研修医が同じ部屋にいたという。ところがそのあと、ラリーはもういいからと下がらせた。ラリーはまずアマンダの足を診た。片足ずつ自分の腿《もも》の上に載せて「股にとどきそうなところにね」とアマンダは言う。足から来る問題なんじゃないかな、とラリーは言った。立ち上がってラリーの前でかがめと言われた。

肩が刺すように痛んだのでそれを告げると、マッサージ台に横になれと言われた。ラリーはアマンダのシャツの下に手を入れて肩を揉んだ。そのあと片方の乳房を揉みだした。ぎょっとしてアマンダは「そこは関係ないでしょう。胸のことで来たわけじゃないんですから」と言った。ラリーはすぐには手を止めなかった。アマンダは同じことをもう一度言った。あまりのことに呆然として、まず自分が「勘違いをしてる」のかもしれないと考えた、とアマンダは言う。オステオパシー療法のことをよく知らない自分だから。アマンダは確証もないのに疑うのはやめようとした。自分だってものすごく有名な先生に診てもらえるんだと喜んでいたのだし。

股関節のレントゲンを撮りに行ってすんだら戻ってくるように、と言われて戻ると、マッサージ台にうつぶせに寝ろと言われた。ラリーはローションを一つかみ手にとって、ブラのストラップまでアマンダのシャツを押し上げ、パンツも臀部《でんぶ》の山あたりまで引き下げた。まずパンツの上から臀部を揉んでそのあと、なんのことわりもせずに素手を下着の中に入れて臀部をつかんだ。そしてもっと手を進めて膣のあたりを揉む。ラリーと二人きりの部屋で、ショックのあまり何をされているのか理解できないアマンダは突然、ラリーの患者たちは性的な興奮を仕掛けられたんじゃないかと疑問がわいた。治療というより「恋人にされることみたい」と思ったのだ。あやうく膣に指を入れられそうになって、「やめて」とアマンダは言った。このときも、ラリーはすぐには手を止めなかった。今度は実力行使でラリーの手を押しのけた。

ラリーは部屋の隅にひっこんで、こちらに背を向けて立っていた、とアマンダは言う。性的に興奮したからだ。

「そして手指消毒剤を使ったら、何もなかったような顔でまた腰を下ろしたのよ」とアマンダ。石鹸で手を洗うこともせずに。自分の前の患者を診たあとに、手を洗ったかどうかも怪しい。「街を出る予定があるから、その前に来てほしい」と言いながら、ラリーはその場で次の診察予約を入れようとしたという。アマンダはもう来たくなかったけれど、ラリーはしつこかった。コンピュータがフリーズしてラリーがいらいらしたので、あとで電話するからそのときに予定を決めましょう、と言ったのに、「あの手この手で自分を引き留めて、次の予約をしようとした」のだという。とにかく逃げ出したくて一つ予約をとった。二度と来るつもりはなかったけれど。ボーイフレンドにもっと上手にマッサージしてと言ったほうがいいよ、とラリーは言った。次の診察のとき生理が来ても大丈夫だよ、とも。うまくそこを避けてやれるから、と。

アマンダは早々に逃げだした。

あとになって、かかっているセラピスト、家族、友だちとこの気持ちの悪い経験のことを話した。クリニックに電話して、次の予約をキャンセルする、医師に性的暴行を受けたと感じているから、と告げた。受付の女性はそんなばかな、と言いたげな口調で「もう診察は必要ない」ということでキャンセルしておきますと言った。小ばかにしたような反応に、いらいらしたとアマンダは言う。しかるべき当局にこのことを通報する必要がある、とわかっていた。でも不安が先に立つ。「どう考えても誰も私を信じてくれないわ、と思ったの。みんなにあんなにいい人だと思われてて、みんなと友だちで、みんなが大好きなラリーなんだから」という。「でもあの壁の写真がくり返し目に浮かんだの。年端もいかないレオタードの女の子たち。ラリーのトロフィーがね」。アマンダは恐ろしい夢を見るようになる。「トンネルの中を誰かに追いかけられて走っている夢とか。赤ん坊を抱えてね」。

2014年4月、アマンダはこの性虐待を、ミシガン州立大クリニックの医師ジェフリー・コヴァンに報告した。コヴァンは大学の担当に話しておく、と言った。その日のうちにコヴァンから電話があって、話しておいたと言われた。連絡のない何週間かが過ぎて、本当に自分の報告が上に上がっているのかアマンダの不安は募る。「不安でたまらなかった」という。やっと5月も終わりになるころに、州立大でキャンパスの包摂醸成を担当するインクルージョン・異文化イニシアチブ室から連絡を受けた。アマンダはインクルージョン室のクリスティン・ムーア、キャンパスの犯罪事項を扱う州立大警察[*12]のヴァレリー・オブライエン刑事と面談した。ラリー・ナサールから性暴行を受けたと二人に

＊12　訳注：大学の自治組織の一部として大学警察が置かれている。

告げて、診察のときのことを詳しく説明した。ラリーから乳房と膣のあたりを性行為的なやり方で揉まれ、指を挿入されかかったときにラリーの手を押し戻したこと、そしてラリーが性的に興奮したことを。

オブライエン刑事は告発された医師を事情聴取した。10年前に警察にしたのとまったく同じで、自分の治療は医療行為であり、アマンダに触ったのはそのためだ、とラリーは主張した。「いつもこうしている。講義でも説明している治療だ。MSUだけではなく国立、国際機関でも講義している」と言ったと、警察の報告書に記されている。「当然プライベート・ゾーンにも触っていただろう。これが自分のやり方だ」。ナサールは続ける。「手でやる治療が多い。彼女のことではいまでも自分を責めている。いやな思いをしているのをどうして気づかなかったのか、気づけるサインを見落とさなかったか、感じとる、見抜くべきだった場がなかったか。でも何も思い当たることはない」。

そしてこのあと、ラリーはこの奇妙な意見を述べる。「たぶん自分はべらべらしゃべりすぎるんだろう。とてもよく知っている女性の娘さんだから、お母さんにいいところを見せたいという気持ちがあったかもしれない。妹も知っている。妹は体操選手でお母さんは医者だ」。

そこからさらにおかしな話になっていく。「自分はこの治療をすることで知られている人間だ。学長は大学の医者の中から誰でも選べたのに、妻の尻の治療に自分を選んだんだから」という。アマンダとは診察中「ずっと意思疎通をはかっていた」し、自分では彼女の痛みが楽になっていると思っていたと言い、そしてそのあと、アマンダは「精神系の既往があって」、母親は娘の生活に「かまいすぎている」と断じている。「身体の怪我というより、精神的な傷の問題の面が強い」という。とりとめのない話は続く。問題の診察のあと、アマンダの妹のインスタグラムにあった姉妹の写真に「いいね！」をつけたとか。アマンダは「ストーカー」されているように感じて怒ったのだろう。「自分の場所に入りこんで来すぎると思ったのかもしれない」。そして自分はそういうつもりはないし、アマンダのファーストネームも憶えていない、と続けている。

オブライエン刑事には、自分のテクニックを撮ったビデオがあるから見せてもいいとも言っている。診ている患者たちのことで、「自分は尻を触って、あばら骨を治せる」と話している。オブライエン刑事に、いくつか患者に施術しているデモンストレーションビデオを見せ、患者の両親も同じ部屋にいて、この施術を録画したのだ、とラリーは言っている。治療中はいつも患者に「こうすると痛いか」、「これではどう」と訊くのだとも。そして「彼女には、痛くないように姿勢を変えさせたら、痛みは消える」と言い、際限なく話し続けた。

次から次へと難解な医学用語を持ち出して、問題のビデオを「確かにちょっとどきっとする」とは認め、自分のことを「体にささやく訓練士」と呼ぶ。診察中は「ほとんどの時間目を閉じている」とも言い、「その力を使うんだ。感じとれるはずだ」と謎の言葉を口にしている。自分は患者から信頼されていると言い、その証拠に、とでも言いたいのか、この治療は低年齢の女の子、「10歳から11歳の子たち」にやっていると主張する。患者から不適切なことをしたと思われたのは「本当にうんざりする。自分はこれを少しも異常だと感じない。そういうことを言うのはまちがっている」と。

そして、不思議なことに、今度は妻とのセックスを持ち出した。「妻は、自分たちは、新婚旅行まででセックスしなかったくらいだ。それが私という人間の真髄だ」。

刑事から、アマンダ・トーマスハウの診察で起きたことを正確に説明するよう求められたときは、それは差し控えたいと断っている。「記憶を歪曲してしまいそうだから。自分に不利になるように使われるのもいやだ。自分は憶えていないから。何かに気をとられて、説明したと思ってしまった可能性もある」という。「妄想して記憶を塗り替えるようなことをしたくない」。そのくせ事情聴取の最初のほうでは、アマンダには逐一説明したと主張しているのだ、「ずっと意思疎通をはかっていた」と。

この聴取のあと、ラリーはつぎつぎと刑事に自分のテクニックの情報をメールで送りつけ、オリンピックの医療スタッフにもレクチャーしている、と記している。また、自分のやり方を説明するパワーポイントのプレゼンテーション資料を山ほどドロップボックスのリンクで送りつけてきた。警官にモデルになってもらって、この手当てのデモンストレーションをやってもいいとまで言っている。

どうやら誰もその話に乗らなかったと見える。

そうこうするうちに、ミシガン州立大学のインクルージョン室は、ナサール医師のアマンダに対するふるまいは「医療上適切」であったと結論する報告書を発出した。大学にはタイトルⅨによりこの件を調査する責任があった。タイトルⅨは性別に基づく差別を教育機関に禁じる連邦法だ。報告書を見ると、州立大はラリーのテクニックに関して、外部の医学専門家に意見聴取をせず、かわりに同医師の州立大の古くからの同僚と友人計4人と話をした。同僚の医師3人にアスレチック・トレーナー1人だった。

2014年に発出されたこの州立大のタイトルⅨ報告書は、重大な不備があるとのちに判明する。2018年、ナサールの判決を受けて、ミシガン州司法長官が独自の捜査を開始したとき、捜査官らは大学の対応を酷評した。タイトルⅨ報告書作成にあたって外部医師に聴き取りをしなかっただけでなく、内部の医師らにアマンダの告発内容を正確に伝えてもいなかったのだ。例えば、ラリーがアマンダの膣のあたりを指で性行為的なやり方で揉んで、アマンダがその手を押しのけなかったら、あやうく膣に指を差しこむところだったことは内部医師らは聞いていなかった。「追ってナサールの行為の詳細を知り、各医師は以来当初の見解を撤回している」と捜査官らは記している。

自分がしたことは正当な治療だというナサールの主張も、この捜査で米国オステオパシーアカデミー元会長の見解を引用して、徹底的に否定された。この専門家は捜査官に、ラリーが常時やっていることとは反対に、「膣内部の治療は、外傷に誘発された不妊の既往、生理不順、失禁、子宮痛の症状を呈している場合に限った上で、外部からの治療に効果がない場合のみにおこなわれるのが大半のケースだ」と説明した。こうした配慮を要する手法を用いる場合、医師は「情報を与えたうえで明確な同意をとることが、何をおいても欠かせない」のだという。患者が法定年齢に達していない場合は「患者の親または法定後見人の同意が要求される。さらに膣内治療を異性に対しておこなう場合は、付添人を置くのが標準的な手順である」と述べている。

タイトルⅨ調査の結果を知った2014年の夏の時点では、アマンダはこうした重大な不備のことはいっさい知らなかった。フォローアップの電話をかけてきたインクルージョン室のクリスティン・ムーアから、ラリーは大学のセクシュアルハラスメント指針に違反していなかった、と言われた。「女性の医療専門家4人と話したけど、これは正当な治療なのよ、って言われたの」とアマンダは言う。「『申し訳ないけど、これ以上私ができることはないわ』って。とにかく、『ごめんなさい』の一点張りだったわ」。その医療の専門家というのが、あの医者の長年の同僚や友人だったことも、詳しい事情を聞かされていなかったことも、このときアマンダは知らなかった。

タイトルⅨ報告書を見たとき、何ページかめくりながら、アマンダは血が沸騰するかと思った。鍵になる詳細が省かれていることがすぐわかった。「私が、触っているラリーを手で押しのけなかったら、膣に指を入れられるところだったことが書いてなかった」という。「ラリーのペニスが勃起していたことも書いてなかったわ」。アマンダはこれ以上読む気がしなかった。

現在、州立大法律副顧問のクリスティン・ムーアは、本書の取材を申し込んだ私に返事を寄こさなかった。

大学は、ラリーを放免してクリニックで診察を続けさせる一方、新しいプロトコールを策定した。患者を診るときは診察室内にアシスタントを入れる、身体への直接接触は最小限、またはおこなわない、治療内容を患者に詳細に説明すること、が必要だという内容だ。そしてラリーは患者を診察し続けた。「ランシング・ステート・ジャーナル」によれば、[*13] ミシガン州警察の捜査がまだ続いているというのに、その後1年以上もだ。そしてナサールは新しいプロトコールにも従わなかった。

こんなに簡単に片づけられてしまって、アマンダはわけがわからず、腹立たしくて、格好のつかない自分がやりきれなかった。その一方、「ラリーがしたことはまともじゃない、と感じていた」というアマンダも、専門家が正当な治療だと言ったなら「自分が神経質すぎただけかもしれない」と思ってしまったという。くり返すが、この専門家たちがラリーときわめて親しい間柄だったこと、そして全部の話を聞いていたわけではないことをアマンダは知らなかった。そうして、「それにね、こんなに好きで信頼している学校をどうして私は疑うのかしら、とも思って」と言うのだ。

青々とした芝生に、そこここの並木道。あのキャンパスはいつも穏やかな場所、オアシスだった。州立大は、ランシングのコミュニティに息づく心臓でもある。「コミュニティとビジネス、そして大学の関係はね、この三つで一つの大きな血統なんだ」とのちにナサール事件の立役者の一人になる、学部もロースクールも州立大だった地元の弁護士ジェイミー・ホワイトは言う。アマンダ・トーマスハウが挑んだ相手はあまりにも大きかった。

２０１５年夏、ミシガン州警察は、アマンダのケースについての警察報告書をインガム郡検事局に上げた。この警察報告書の中で、ヴァレリー・オブライエン刑事は、ある副検事から州立大外の医学専門家に話を聞くことを勧められた、と記している。２０１８年、ミシガン州司法長官が立ち上げた捜査によると、同刑事が一度でも外部専門家に相談した形跡はない。２０１５年、この警察報告書をオブライエン刑事から受け取った検事らは、最終的にこの件を起訴しなかった。

現在州警察フィールド・サービス副本部長になっているヴァレリー・オブライエンは、本書のための私の取材申し込みに返事をしなかった。

２０１８年、さらに腹立たしいことに、州立大による２０１４年のアマンダのケースのタイトルIX報告書には、アマンダが受け取ったものと非公開の大学当局者用の2種類があったとわかった。ラン

＊13 Matt Mencarini, "MSU Let Larry Nassar See Patients for 16 Months During Criminal Sex Assault Investigation," *Lansing State Journal*, December 20, 2017.

シングの事務所に立ち寄った私に、アマンダの弁護士ジム・グレイブスは二つの報告書のコピーをくれる。

アマンダ用の版では、報告書はこのように結んでいる。「この行為が性的な性質のものだったとは認められなかった。したがって当該セクシュアルハラスメント指針には違反していなかった。一方、当該申し立ては、MSUスポーツ医学クリニックにおける一定の慣行を精査する機会を与えられたという点で有用であったと考える」

もう一つの裏版の結びはこれとは相当に違い、アマンダには伝えなかった重要な判断がいくつか記されている。アマンダがクリニックにおける「重大な問題」を暴いた、と指摘して、大学が当該医師の行為の責任を問われる可能性があると述べている。「医学的に妥当であるか否かを問わず、このような侵襲的で注意を要する手順について十分な説明を怠ったことは、不適切な性的不品行と受け取られる可能性があることから、当該診療の責任が追及される可能性を開き、患者を不必要なトラウマにさらすことになる。さらには、処置を実施する前に患者の同意取得を怠ったことも、同様にクリニックの診療が責任を問われる根拠になろう。乳房や骨盤底に対して、皮膚と皮膚がすり合わされる形、または衣服の上から、いずれでも処置が可能なのであれば、その選択は患者に任せられるべきであったと思われる。注意を要する処置をおこなうあいだ、研修医、看護師等別の人間が室内にいることで医師は保護され患者は心の平穏を与えられる」。

こうした事柄はいっさいアマンダが受け取った版には含まれていなかった。

2014年に口を封じられたアマンダは、それから2年あまり、揺れる感情に苦しんだ。自分を疑い、あの医師との気持ちの悪い診察と母校の品格を疑った。相反する思いが渦巻いて頭がおかしくなりそうだった。「寝ても覚めても、自分はあれでよかったんだろうかって自分に問いかけていた」という。ときどき、「ばかなことをしたなって、恥ずかしくなって、自分を信じられなくなった」とも。支えになってくれない恋人との、争いが絶えない関係は終わりにした。人づきあいを避けて引きこもった。「男の人たちがいるところに行きたくなかったの、特に偉い人がね」という。「医者にもかかれなかったわ」。悪夢は続いた。心の落ち着きをとり戻して前に進もうとしたけれど、ああでもないこうでもないと消耗するばかりだった。

その間もラリーは、新しいプロトコールを守るでもなく、州立大クリニックで仕事を続けていた。手順を患者に説明するでもなく、手袋をつけるでもなく、患者を診察し続けたのだ。その中にどちらも10代の、体操選手オータム・ブラニーとダンサーのエンマ・アン・ミラーもいたのに、アシスタントを部屋に同席もさせなかった。誰一人、ラリーに確実に新しいルールを守らせるよう配慮する者はいなかった。それはラリーの上司、当時同大オステオパシー医学部長ウィリアム・ストランペル博士も同じだった。

のちの2018年、ナサールの判決が下されたあと、プロトコール実施を怠ったとして、警察はストランペル博士を故意の職務義務違反で起訴した。警察は同博士を職権乱用行為および性的犯罪行為でも起訴した。州立大で医学部の学生に性的ないやがらせをする、性的暴行を働く、性行為目的で近づくなど、若い女性に対する被害で起訴されたのだ。博士は罪状を否認している。私は本書のためにストランペル博士の弁護士に取材を申し込んだが、返事は来なかった。

このあいだにも、2018年のナサール判決のあと州立大学長を辞任したロウ・アンナ・K・サイモンは、タイトルⅨ調査と告発された医師についてどの程度知っているか警察に訊かれて、嘘をついたとして起訴された。サイモンも無罪を主張した。私は本書のためにサイモンに取材を申し込んだが、弁護士から返事は来なかった。

アマンダ・トーマスハウの弁護士ジム・グレイブスによると、ミシガン州立大学は、あの欠陥だらけのタイトルⅨ調査をあらためて実施することも、是正することもしていない。「ビッグ・テン・スクールのやることとも思えない大失態だね」と私に言う。「調査をするのはなぜかって、真相を知るためだろう」。

ジェイミー・ホワイト弁護士は、タイトルⅨ報告書が2種類あることがニュースになったときに、地元ランシングで「潮目が変わったんだ」と言う。それまでは、あの性虐待は州立大がうっかり見落としたんだ、隠蔽したわけじゃない、と信じる住民が多かった。「あのとき、不安が的中した、と思った人間がたくさんいたんだ。うっかり見落としたんじゃなくて、被害者と職員に違う報告書をわたしたのは、大学が計算の上でやったことだ、ってね」。「大学をみんなで擁護しようとしていた」住民が、責任の所在を明らかにしてリーダーシップを刷新するよう要求するようになったのだ。

一方アマンダ・トーマスハウは、ほどなく明らかになるように、女性の擁護者として、ひるまずにはっきりものを言うようになっていく。

この性虐待医を止められるチャンスは、2015年の夏にもあった。カーロイ・ランチで、全米チーム選手のマギー・ニコルズとチームメートのアリー・レイズマンの会話を、マギーのコーチが聞きつけたときのことだ。二人はラリーの気持ちの悪い「治療」のことを話していた。コーチは、これは大変なことではないか、と思った。「私たちが話しているのを聞いたコーチはあれこれ訊いてきて、『それはおかしいわ。絶対におかしい』と言いました」とマギーは被害者陳述で証言している。マギーは身体に指を入れるやり方のことをコーチに話して、ラリーが自分の容姿をほめている Facebook の書きこみも見せた。「私のコーチはこれを大変な問題だと思って、適切に対応してくれました。すぐにアメリカ体操連盟に通報したんです」とマギーは証言している。「アメリカ体操連盟も米国オリンピック委員会も、私やチームメートが安全にトレーニングできる環境を提供してくれませんでした。私たちは、毎月のようにカーロイ・ランチで実施される全米チームのトレーニングキャンプで、毎回ラリー・ナサール医師の被害に遭いました」。

２０１５年6月、マギーのコーチがナサール医師をアメリカ体操連盟に通報して、連盟は調査を開始、医師を停職処分とした。ところが連盟は、ナサールが停職の理由を隠蔽できるよう計らい、一身上の都合でしばらく体操競技に顔を出さないことになったのだと、嘘を伝えて体操選手たちを誤解させた。このことは、２０１８年にナサールの判決が出たあとで、米国オリンピック委員会役員会が委託した独立調査に記載されている。同調査によれば、アメリカ体操連盟は1か月以上この告発をＦＢＩに報告しなかった。さらには、この医師がカーロイ・ランチ以外で患者の治療にあたっている州立大、ツイスターズ、ホールト高校その他に警告することもしていない。ラリーはこれらの診療場所で1年以上も性虐待を続けたのだ。「インディアナポリス・スター」紙が２０１６年秋ラリーに対する告発を報道するまで。

米国オリンピック委員会の失態も甚だしかった。事務総長スコット・ブラックマンとアラン・アシュレイ強化本部長は、2015年7月にはアメリカ体操連盟会長スティーブ・ペニーから問題の告発のことを聞いていたにもかかわらず、「スター」紙が2016年秋に報道するまで、なんの対応もしなかったことがこの調査で判明している。二人ともいまは同オリンピック委員会をすでに退任している。スティーブ・ペニーもアメリカ体操連盟を退任した。本書執筆中の現在、カーロイ・ランチから文書の撤去を命じたと疑われるペニーは、ナサール事件の証拠改竄《かいざん》で刑事告訴されている。ペニーも罪状を否認している。この疑惑について私はコメントを求めたが、ペニーの弁護士から返事はなかった。

まったくもって、アメリカ体操連盟と米国オリンピック委員会の失態は「構造要素の脆弱性、管理運営の不備、監督不行き届きでは説明のつかないレベルだ」と、独立調査が、いずれの団体もナサールの疑惑について、秘匿しようとするばかりに情報の流れを統制することに腐心していたと強調しつつ、所見を述べている。体操選手を保護できなかった2団体の失態は、「おそらくカーロイ・ランチの練習環境と管理監督の欠如に最も端的に表れていると言ってよいだろう」と同調査は指摘する。カーロイ・ランチが長年、全米チームおよびオリンピックチームのトレーニングの中心拠点であったことに言及し、「安全のための適切な対策が確実に講じられるために、組織または個人がなんらかの対応をとることはいっさいなかった」と調査官らは述べている。

これ以来ランチは閉鎖され、そこで起きたナサールの虐待を警察が捜査している。心身を病むような練習環境を作りあげて自分たちの保護を怠ったとして、選手らがカーロイ夫妻を告発した。カーロイ夫妻は告発を否定して、ナサールの虐待のことは知らなかったと言っている。[*14] 検察官は「犯罪行為があったと裏づける確実な証拠がない」として、カーロイ夫妻を嫌疑なしとした。

私は、アメリカ体操連盟のナサール事件の対応について、同連盟にコメントを求めたが、返答はなかった。米国オリンピック委員会にもコメントを求めて接触したが、CEOサラ・ハーシュランドの返答が代理人から送られてきた。現在の委員会は「むかしとはまったく違う。安全な環境を作り上げてアスリートに自信を持たせ、アスリートが最高の成績を出すために必要な資金やサービスを提供できるよう変えるべきことはどんどん変えている」とのことだった。委員会は「アスリートを護る対策」を強化して、「リーダーシップを刷新」してより強化した説明責任対策を稼働しており、虐待撲滅をめざすThe US Center for SafeSportへの資金支援を拡大したのだという。

米オリンピック委員会を通じて、元幹部スコット・ブラックマンとアラン・アシュレイの見解を聞きたいが委員会から連絡願えるか、と問い合わせた私は、委員会ではそういうことにお役に立てない、と言われた。

この間ラリー・ナサールはいっさい評判を損なわれない計らいを受けて、アメリカ体操連盟を去っている。2015年9月、ナサールは協会から「退任」することをFacebookで発表した。[*15] 自分の経歴を長々と語り、長年若いアスリートの手当てをしてきたと吹聴して、絶えず「選手たちのために最

＊14　Tracy Connor, Sarah Fitzpatrick, and Kenzi Abou-Sabe, "Silent No More," NBCNews.com, April 23, 2018, https://www.nbcnews.com /news/us-news/silent-no-more-inside-usa-gymnastics-sex-abuse-scandal-n868221.

善を尽くそうとしてきた」と言っている。受けたあれこれの賞を挙げたてて、女の子たちの健康とフィットネスに尽くすことを通じて「体操界の文化」を変えていく一助になったと、自画自賛している。「最終的には体操という種目にかなりの貢献ができたのではないかと思っている」そうだ。

アメリカ体操連盟から「退任した」一方、ミシガン州立大クリニック、ツイスターズ、ホールト高校など、これ以外に働いたりボランティアをしていたりしたところでは、相変わらず女の子を虐待していたのだ。一方FBIはやる気がなく、「ウォール・ストリート・ジャーナル」によれば[*16]、9か月も経って、ようやく正式に捜査を開始している。その間ずっと、凌辱される女の子が増え続けたのだ。

2016年8月、「インディアナポリス・スター」紙がアメリカ体操連盟の暴露記事を載せ、連盟所属コーチらによる虐待の通報を適正に処理しなかったと報道した。これを読んだ元体操選手レイチェル・デンホランダーが同紙に接触して、ラリーを虐待犯の一人として名指ししたのだ。オリンピックメダリストのジェイミー・ダンツシャー、元全米チーム選手ジェシカ・ハワードも続いた。

ラリーの包囲網はいよいよ狭まった。

＊15 Mark Alesia, Marisa Kwiatkowski, and Tim Evans, "Timeline: Former USA Gymnastics Doctor Larry Nassar," *IndyStar*, September 20, 2016.

＊16 Rebecca Davis O'Brien, "U.S. Investigates FBI Response to Gymnasts' Sex-Abuse Claims," *The Wall Street Journal*, September 4, 2018.

第14章 理事会

ジェシカ・ハワードは、あの潮目を変えた「インディアナポリス・スター」紙への電話をかけながら、平静を保てなかった。3度の全米優勝を経てアメリカ体操連盟（USAG）の役員まで務めたジェシカは、「スター」紙への電話で連盟の怒りを買ったら、「自分はつぶされるだろう」と恐れたのだという。一方過去の断片がつながり始めていた。子どものころに虐待を経験した体操が、大人になってからの自分の人生をどれほど狂わせているかが、ジェシカには見えた。行動を起こさなければならないとわかっていた。

ジェシカがアメリカ体操連盟の役員になるまでの紆余曲折を見れば、体操界の頂点にいる関係者の、勝つことをすべてとする勝利至上主義がいかにまちがっているかがよくわかる。

ジェシカとは、法廷審問から半年ほど経った夏の終わりの午後、マンハッタンのアパートメントの1階にある彼女の自宅で会った。ジェシカはダイエットコークを片手にソファに掛け、飼い始めたばかりの耳のとがった子犬トールが室内を駆け回っていた。天井にははなやいだライトが連なり、ガラスのコーヒーテーブルの上では3本のキャンドルの灯が静かに揺れている。ジェシカはトワイライトゾーン（訳注：体操クラブ）に入ったころの話を始めた。ジェシカの体操人生は、1987年、フロリダ州ジャクソンビルで始まった。プードルの模様のピンクのレオタードを着た3歳だった。7歳のとき、足首を2度骨折したことをきっかけに、体操からバレエに転向したという。でも結局体操を忘れられなかった。あるコーチから、新体操をやってみたらと勧められた。新体操は、体操とバレエを組み合わせてボールやリボン、フープといった芸術的なアイテムをとり入れた、極度の柔軟性と強靭さが要求される種目だ。試しにやってみて、「とたんに夢中になった」という。「魔法みたいにうっとりした」そうだ。勉強はホームスクーリングにして、トレーニングに専念した。瞬く間に上達したジェシカは12歳のとき、新体操で最も評判の高いコーチの一人のもとに移る。

「新しいジムに初めて行った日、ここは次元の違う世界だって思った」という。その日コーチはジェシカにあまり興味がなさそうだったけれど、片腕から片腕へボールを転がす技のやり方を見せてくれた。「その繊細さに魅入られてしまったの」とジェシカは言う。コーチはその動作を20回くり返すように言った。ジェシカは、コーチにできるところを見せたかった。「体育館に足を踏み入れたそのときから、このコーチの両手の中に自分の夢があるってわかったの」だそうだ。ジェシカはその後2時間、トスの動作を何百回もくり返した。なんとかちゃんとできるようになりたかった。一息入れて水を飲もうとも考えなかった。完璧にできるまでやり通そうとする子だと気づいたコーチは、ジェシカに目を向けるようになった。「コーチは私の性格のそういうところを見抜いたのね」とジェシカ。「コントロールしやすい子だとわかったんだわ」。暑い体育館でトスの動作をあれほどくり返した翌日は、吐き気がした。それでも「何もかもに恋してしまったの、あそこの選手たちはみんなロダンの彫刻みたいだと思った。この種目なら可能性がある。できるかぎりのところまで上達したかった」と、愛犬を拾い上げて膝に載せ、ジェシカは言う。「メダルを獲れるとかじゃなくて、自分の可能性を最大限に発揮するということね。それからは真剣勝負だった。全身全霊でとりくむようになったわ」。

2000年オリンピック出場を目標に据えたジェシカは、勉強をオンラインに切り替え、炎天下にエアコンも入らない窓のない体育館で、週6日、1日5時間のトレーニングを開始する。「汗で全身ぐっしょり濡れて力が入らない、頭がぼうっとして歩けない気がする日もあったわ」とジェシカは言う。車で練習に向かいながら、サッカースタジアムの屋根にある大きな標識板で気温を確認しては、「今日は1度暑い、今日は1度涼しい、と心に刻む」毎日だったという。それでもジェシカの決意は変わらなかった。コーチはときにはジェシカを怒鳴りつけ、ときには黙殺で通した。黙殺は怒鳴りつけるより悪かった。トレーニングは一にも二にも反復練習だった。「これができたらその日の練習は『合格』っていうリストがあって、できるまでやらせるの」。それが心にも体にも過酷なストレスになることがあった。「どんどん身体のバランスがとれなくなっていくのが自分でわかるの。悪くなる一方だとわかっているけど、コーチはその分ますます怒って冷たく無視する。心も体も完璧な罠にはまっていたと思うわ。身体が勝手に倒れこんだり暴れ回ったりするようになって。コーチに追い出されるまで一日中一つのことをやっている日もあった」。ある日など、ジェシカは同じ大ジャンプを2時間休みなしでやらされたという。「くり返しは確かにトレーニングとしては重要で」とはジェシカも認め、「何度も何度も練習すれば、絶対にミスをしなくなる」と言う。「でもね、あれは常軌を逸していたわ」。

新体操が、ジェシカという人間に乗り移ったようだった。「食生活が変わってしまって、朝食も夕食もほとんどとらなくて、昼食はほんの少し、ドレッシング抜きのサラダとか。食べ物に興味がなくなって空腹も感じなくなったわ。私は自分を機械にしてしまったの」とジェシカは言い、「医学的に拒食症だったのよ」と呟いた。上達したいという思いが格段に強くなってまもなく、練習に向かう途中で恐怖に襲われるようになった。「心の準備をしてからじゃないと、何時間も続くクラブの練習に向かえなかった」とジェシカは言う。「すすり泣きながら体育館に行くこともあったわ」。13歳の誕生日、コーチからきらきら光るピンクのカードをわたされたと思ったら、誕生日だからって特別扱いはしないからね、と大声で怒鳴られたときは混乱した。両親からはやめてもいいよと言われたけれど、それは考えられないことだった。ジェシカはひたすら夢を追っていた。「アートフォルム」になろうとしていた。自分で自分を駆り立てていて止めようがなかったのだ。「自分で自分を変えてしまったの」だとジェシカは言う。「彫刻になったのよ」。

全米ジュニアチームに入り、ジュニア・パン・アメリカン・ゲームズで金メダルを獲った。そして、前を行くトップレベルの体操選手の多くがそうであったように、上へ行けばいくほどコーチに否定されるようになった。ばかにされ、がみがみと非難されたという。「それじゃあ絶対ものにならないよ！みっともない！」と怒鳴られた。女の子たちが「デブの象ども」みたいだとか「無様な芋袋」だと言われることもあった。ジェシカにとって、大会は勝とうとするところではなくて、情けも容赦もないコーチを喜ばせることだけを考えるところになった。『よくやった』なんて言われたことも、笑顔を見せてくれたことも一度だってなかったわ」とジェシカは言う。期待できるのはせいぜい、ほうっ、というようにかすかに首をふってくれること。それが、十分よくやったというサインだった。このかすかな首の動きを見たいがために、ジェシカは奮闘した。「気がちがったみたいにがんばった。周りからはルーマニアやブルガリアにいるヨーロッパ系の理想的な新体操選手に見えるって言われて、ものすごくうれしかった」とジェシカは言う。新体操のルーツはヨーロッパだったから。「ものすごいプレッシャーを感じていたわ。全部の大会が死ぬか生きるか、夢がかなうか壊れるかを左右するわけじゃないんだから、って自分に言い聞かせていた」という。当時の写真を見ると、ジェシカの身体は信じられないほどたわみ、芸術的なポーズをとっていた。まさに彫刻だった。

その一方でジェシカは壊れ始めていた。練習は容赦ない反復の連続で、大会本番はむしろ「バケーションみたい」に感じられるようになったという。股関節の痛みがひどくて歩くのもつらかった。強迫性障害が現れて、出血して痛むほど親指を噛むようになった。毎夜ベッドの中で一連の演技を頭の中で何度も何度も反復した。何か一つでもうっかり飛ばしてしまうと、最初に戻って一からやり直した。「ひととおりミスなしでやりとおすまで眠っちゃだめだ、と思っていた」という。1999年、15歳のとき、ジェシカは3度のうち初の全米優勝を果たす。2000年オリンピックの可能性も見えてきた。「でもぜんぜんうれしくなかった」と当時をふり返る。ジェシカは闇に落ちていこうとしていた。強迫性障害の症状はますますひどくなっていった。「親指の両脇がかなりそげてしまっていたの」。父親が娘の血まみれの指に気づいて、噛むのをやめなさい、と言った。こんなに不幸だったのに、「投げ出すなんて怖くてできなかった」という。「あのコーチとなんとかやっていくこと、この痛みをなんとかなだめていくこと、そのことで頭がいっぱいだったわ」。強迫性障害は次の段階に入っていた。「トイレに行くのも、頭がおかしくなりそうだった」。何度も何度も手を洗って、何度も何度も個室のドアに触れないと気がすまなくなっていった。世界選手権に向けた練習中、完璧とは言えない演技をコーチから「えぐるような言葉でけなされた」ときは、自殺を考えたという。「自分がちっぽけな蟻みたいに思えてすごくみじめだった」のだ。「アスリートをたたきつぶす力を持っているというのは、それはすごい力なのよ。本当にすごい破壊力なの」。

記憶をたどる顔に一瞬痛みが走る。ジェシカは口をつぐみ、丸めた靴下を投げてやんちゃな子犬にとりに行かせた。私たちは、続きは後日にすることにした。結局ジェシカとは、マンハッタンのアパートメントで何週間かかけ、数回会って話を聞いた。ジェシカにとって過去をたどるのは、いつ感情を揺さぶられるかわからない地雷原なのだ。時間がかかるのは当然だった。

私が再訪したアパートで、長椅子に掛けた私たちにさんざん跳びかかった子犬のトールはお仕置にバスルームに追いやり、ジェシカは話の続きを始める。長年過酷な練習に耐えた果てに2000年オリンピックチームの選考に落ちた。当時の判定システムで小数点何点かの差だった。補欠に終わったのだけれど、驚いたことにジェシカは絶望しなかった。生き延びるだけで精いっぱいの日々だったから。心も身体も疲れ果てて、「起きたことを頭で処理できなかった。落ちたっていうことが理解できなかったの。致命的な打撃を受けたのにピンと来なかった」。そしてそのまま機械のように同じことを続けた。報われる期待を持てないまま、コーチに認めてもらおうと必死にとりくんだのだ。2004年オリンピックはねらえるだろう、とジェシカは考え、さらに優勝を重ねていった。

そしてとうとう、行く手がナサールにつながる。股関節の痛みが悪化して、ナサールが来るときに受診するようにと、アメリカ体操連盟から1週間テキサスのカーロイ・ランチに送られたのだ。ナサールがどれほど大物か知っていたジェシカは誇らしかった。「連盟の人たちに自分が一目置かれてるんだと思ったの」とジェシカは言う。「気にかけてもらっている中に入っているんだって」。あの情け容赦ないコーチから逃れられはしたけれど、ランチは恐ろしいところだった。ナサール医師の診察を受けるためだけにランチに行ったジェシカには練習はなく、誰とも交流がなくて孤独だった。親はランチに入れなかったから、いっそうつらかった。「周りに何もないところだったから、まるで島の中にあって逃げられない監獄だった」。ジェシカは日中ひとりでストレッチをやって、夜はルームメートと一緒にキャビンの二段ベッドで眠った。

初めてラリーに会ったときジェシカは「ぜんぜん怖そうじゃなかった。警戒させるところも攻撃的なところも感じなかった。じっくり観察したつもりだけど」という。「USAGが全面的にサポートしている人だから信頼したの」。最初の診察で、下着をとってゆったりしたショーツに履き替えるように言われた。ジェシカは言われたとおりにして診察台に上がった。いきなり指を身体に入れてきた。事前に何の説明もなかった。ランチにも、診察室にもほかに誰もいなかったのだ。餌食《えじき》にするのは簡単だった。「あれじゃあ暴行されるために行ったようなものだったわ」とジェシカは言う。「部屋に入ったときから見抜かれたのね」。股関節の痛みでキャリアを失いかけていたジェシカは、藁《わら》にもすがる思いでラリーを訪ねたのだ。「最後の賭けだった。痛みが良くならなかったら、もうおしまいかもしれなかったから。まだ諦めたくなかったのよ。芸術作品になる夢をかなえたかったの」。

ラリーとの1週間を思い起こし、ジェシカは「あのときの光景をはっきり憶えているわ。ラリーが私を見下ろすように立ってて、その身体がすぐそばにせまっていて。診察台の上で絶望してた、身体を強張らせて。仰向けに寝かされてね。ラリーの眼鏡とか脂っぽい髪も。部屋には本棚があって壁にテレビが下がってたわ。ドアは旧式のキャンプ型だった」と言う。性犯罪者だとか性虐待だとかいうことは、ジェシカの頭をよぎりもしなかった。「あきれるほどなんにも知らない子どもだったから」と。ジェシカは言う。練習に追い立てられる体操選手のほとんどがそうであるように、「異性に対してまったく無警戒だった。ファーストキスもまだだったし、男の子と手をつないだこともなくて、まして好きになったことなんか一度も」。

それでも、何かがおかしいと感じてはいた。高名なオリンピック・ドクターだからと否定しきれなかった。診察が終わったジェシカは、ランチの公衆電話から母親に電話をかけた。孤独なランチから「家に電話することが命綱だった」という。たまたま母親は忙しかったらしく、後ろで妹たちが騒ぐ声が聞こえた。まだ10代のジェシカは起きたことをどう伝えていいのかわからなかった。実際にどんな言葉を母親にむかって口にしたのか憶えていないけれど、いやらしいことをされたような気がする、と小声でささやいたと思う。「ママからは何があったのと聞かれたけど、自分でも何が起きたかよくわかってなかったから、うまく言えなくて口ごもってたら、『どうかしらね、ラリーは最高のドクターなのよ。治してくれるんじゃないかしら』って。私が誤解してるんだろうと思ったんでしょうね。結局、アメリカ体操連盟が後ろ盾になってるドクターが、性犯罪者になんてなれるわけがないってことになるんでしょう?」とジェシカは言う。

その週、ジェシカは毎日ラリーの診察を受けた。最終日、「どうしても行きたくない」と思うまでは。「あの行為には身体がどうしても受けつけないものがあったわ。ずっと言われたことをきちんとする子だった私には、珍しいことだったけど」。ルームメートたちに「ナサール先生のところに行きたくないの」と言ったら、そのうちの一人が同情するように、「そうよね、変な触りかたするよね」と答えた。

ラリーがキャビンまで迎えにきた。両腕でしっかりと膝を抱えこんで床に座っていると、ドアがノックされた。ドアの向こうからラリーが現れると、ジェシカは二段ベッドを背にかたくなにうずくまった。「身体を固くして、絶対に行かないと決めた」という。「今日は気分が悪いってラリーに言ったら、『ほんとにいいのか、最後の日だよ』って言って、あっという間に部屋の中に入ってきたの。行こう、行かないの押し問答をくり返して、ラリーはなんとか私を連れ出そうとしたけど、私は行かない、って言い張った」。

ジェシカは、ラリー・ナサールとの整理のつかない経験はそのままにして、ランチを後にした。「蓋《ふた》をして思い出さないようにしたの」だという。股関節の痛みは相変わらず続いていたけれど、ますますトレーニングに励んだ。コロラドのオリンピックトレーニングセンターで大会前の練習中に足を痛めたとき、コーチが怒り狂ったという。「腕組みして私をにらみつけたのよ。ものすごく怖い顔で、人格が変わったみたいだった。顔も見たくないからあっちへ行け、って言われたわ」。その怪我で大会に出られなくなったジェシカは、宿舎の部屋に追いやられ、指示があるまで出てくるな、とコーチに言われた。それから36時間、トイレ以外に部屋から出なかった。試合のために一緒に来ていたジェシカの母親は娘に会うことも許されず、食べ物を部屋に差し入れて帰った。「正直に言うと、宿舎の部屋にいたとき、ちょっとほっとしたのよ」とジェシカ。「一人っきりで過ごすことってほとんどなかったから」。でもその部屋で「前後不覚になるほどのOCD（強迫性障害）の行為をやってしまった」という。手を洗い、頭の中で演技の流れをひととおりくり返す。また手を洗い、演技の流れをくり返す……。何度も何度も。それが16歳の誕生日だった。

こんな結果に至ったことに、両親がどんな責任があるかを考えると、ジェシカの気持ちは複雑だ。確かにやめてもいいんだよとは言っていたけれど、ふり返ってみると、なぜさっさとやめさせなかったのか。「いま考えるとね、あのとき止めてくれていたら、どんなによかったかと思うの」とジェシカは言う。17歳になってもまだ体操を続けていて、相変わらずつぎつぎとメダルを獲る一方で、どんどん精神状態が悪化していった。２００１年のグッドウィル・ゲームズのあと、足の怪我が悪化して体重をかけると激痛が走るようになった。コーチがジェシカを捨てたのはそのときだ。「もうこれ以上私のコーチをやりたくないって言われたの。ものすごく怒っていた。憎々しげな顔で。あれが大きなトラウマになったわ。生身を切り裂かれた気がして。私はまだあのコーチが私の成功の鍵を握ってて、あのコーチがいたからこそ、ここまで来れたんだって信じていたの。そこがまちがいだったのね。どこをとっても、人間としてまともに機能していなかったんだわ」。

足のレントゲンを撮って、骨が折れていることがわかった。これで次の大会、２００１年世界選手権に出られなくなった。次は出ないとわかると、むしろほっとした。「あれは人生で一番幸せだった日々の一つだった」そうだ。ジェシカには何もかもが自分の手に負えなくなっている自覚があった。強迫性障害はますます深刻になっていった。シャワーを浴びるとき、何度も何度も手をこすり合わせてからでないと、髪を洗えなくなった。朝は、一日を始める前に読まなければ気がすまないニュース記事の数がどんどん増えていった。それでも体操をやめる決心はつかなかった。全米チャンピオンの座について3年になる。ジェシカはまだ2004年オリンピックに望みをかけていた。

一方身体のほうはもっと正直だった。膝の手術を受けざるをえず、術後は前ほど完璧な演技ができなくなった。コーチを変えてみたけれど、結局元のコーチに戻った。そのとき元コーチから、グッドウィル・ゲームズのあと、あなたの足が折れていたとは思わなかったのよと言われた。ジェシカを厄介払いしたことの弁解だった。二人ともおたがいを好きではなかったかもしれないけれど、自分のキャリアのために相手を必要としていたのだとジェシカはいま言う。また二人三脚が始まった。2003年のこと、ジェシカは全米チームに残る条件として、全米競技に出場しなければならなかったのだが、まだ怪我が治っていなかった。それを押してベストを尽くして健闘はしたものの、過去の目覚ましい演技にはおよばなかった。この時点ですべては終わった。「コーチ陣にも審判にも見放されたって感じた。もうお前に用はないって言われたみたいだったわ。もうこれまでだってよくわかった。ここまでやってきてこんなに簡単にお払い箱になるなんて、あんまりにもむごかった」とジェシカは言う。一方で確かに「解放感があった」という。

体操をやめて自由な時間のある普通の生活を始めるのは、奇妙な感じがして、切り替えについて行けなかった。幸い練習と試合のストレスがなくなると、強迫性障害も軽くなり始めた。その一方、身体に変化が出てきて新しい心配の種になる。「本当に一晩でそうなった気がしたんだけど、胸が膨らんだの」だという。生理も始まった。激しい練習と極端に軽い体重から初潮が遅れていたのだ。変わり始めた、もう完璧な彫刻ではない自分の身体を、どう扱っていいかわからなかった。体操をやっていて、ほとんどまともに食べずに過酷なトレーニングをする日々を、何年も続けてきたジェシカだった。いま普通の世の中で見てみると、ビルのウィンドウに映る自分の姿が「お尻が出っ張っている」という。「デブだなと思った」そうだ。男のナンパに出会っても、どう反応すればいいのかわからなかった。学校も5年生からずっとホームスクーリングだったジェシカは、人とのつきあい方も身についていない。高校はオンラインで卒業して、アメリカ体操連盟とはかかわり続け、ヨーロッパに遠征して世界選手権に向けた選手のトレーニングを手伝った。「自分の人生が、体操と完全に無縁になるのはいやだった」のだ。けれどそうしてかかわりを続けることが、感情を揺さぶる誘因になった。ヨーロッパでは、自分に替わってオリンピック出場候補になった選手たちにバレエを教えてほしいと言われた。それはジェシカにとってむごすぎる話だった。

ある夜、チームが世界選手権に発って一人になったブルガリアの宿舎の部屋で、ジェシカは初めて自傷する。刃の鋭い小さな爪切りばさみを使って、顔に傷をつけた。額に深く円を描いて切りつけ、心の不安を身体に刻んだ。あとから考えると、あのとき顔をねらったのは、エリートアスリートでなくなった自分が、完璧な身体も完璧な肌も失っていくという気持ちの表れだったかもしれない、とジェシカは思う。「練習してほとんど食べないと肌は完璧なのよ、天使みたいにね」。

新しい生き方を見つけようとするジェシカは、ニューヨークに移ってブロードウェイの芝居の仕事を見つけ、大学に入って勉強も始めて、希望が湧いてきた。それでも過去の傷は執拗について回り、体操の世界を一歩出ると、いつも道に迷ったような感覚に襲われた。「まず、ものを食べるっていうことがなかなかできなかったのよ」。むかし、体重に一喜一憂して、砂糖を摂るまいとするようになったころを思い出してジェシカは言う。自傷も止まらなかった。そのころは衣服で隠せるよう、胸などを切りつけていた。深く切りすぎてぎょっとすると一旦は止められた。一つの自傷行為をなんとか抑えこんでも、すぐ別の自傷が始まるらしかった。摂食障害がひどくなり、やがてそれに替わってアルコールの問題が深刻になった。やめさえすれば体操から自由になって生きられると、ずっと思ってきたジェシカだったけれど、どうやら生涯体操にとらわれ続けるとわかってきた。

2009年、ジェシカはアメリカ体操連盟の理事会に加わる機会に恵まれた。「アスリート代表」として、という話だった。ジェシカはこのチャンスを活かして、体操界の虐待的な風潮を変えられるかもしれないと考えた。国内のトレーニングキャンプや試合に加わって選手と理事会の橋渡しになろう。理事会に出席して、アスリートが悩んでいるあれこれを伝える自分を想像した。自分ができそうなことを考えてみた。大会に向かう移動中、お腹が空いてものすごくつらいので、みんなコーチに見つからないようなところに、食べ物を隠し持っていた。そんなところも解決できるかもしれない。そして自分が経験したようなつらい思いから選手たちを救えるかもしれない、とジェシカは考えた。

期待は裏切られた。

「何もかもがお金とメダルだけで動いていた」のがアメリカ体操連盟だった、とジェシカは言う。理事会は効率よく議事を進めるように考え抜かれた構成になっていて、物議をかもすような問題をとり上げることはなく、表面的な事案を票決をとってすませる。メンバーは、メダルを獲る少女たちの高揚場面をモンタージュしたビデオを見て、金をたくさん出してくれるスポンサーの話をした。そして洒落たレストランに出かけては、連盟の金でディナーを囲むのだった。性虐待が理事会の議題に上ったことは確かに一度あったけどね、とジェシカは遠い目をする。弁護士が出てきて「外に出ないように金で手を打っておきました」と簡単に報告しただけで、なんの異議もなく次の議題に移った。「役員が心配していたのは訴訟になることで、人間のことはどうでもよかったの」とジェシカは言う。ジェシカにとって理事会は感情を揺さぶる危険なトリガーになった。「会合で周りに調子よく合わせては、家に帰って激しく落ちこんでた」という。「自分がうつ状態になっているとわかってた」とも。

著名な元UCLA女子体操チームコーチで、「Life Is Short, Don't Wait to Dance」の著者でもあるヴァロリー・コンドス・フィールドが、アメリカ体操連盟とその保護下にある若手アスリートの乖離をまざまざと示すある出来事のことを話してくれる。ヴァロリーはUCLAチーム時代、多くの元オリンピック、元全米チーム体操選手のコーチを手がけたが、その選手たちからカーロイ・ランチで経験した指導の話を聞いた。2012年ロンドン・オリンピックの折、ヴァロリーは当時のアメリカ体操連盟会長スティーブ・ペニーに、どうして言葉の暴力や精神虐待が蔓延するカーロイ・ランチの指導を許しているのか、と訊いたという。ペニーは「そのほうが勝てるからだよ」と答えた。「ばかかこいつは、っていう顔で私を見てたのよ」とヴァロリーは言う。子どものころからダンスを習っていたヴァロリーは、当時の指導を、勝つことではなくて、能力を最大限に発揮した演技ができること、そして演技の経験から学ぶことを重視した、と言う。ヴァロリーもUCLA時代このスタイルを続けた。新しくヴァロリーのチームに入った選手たちがこれに驚いたのだ。子どものころから虐待的な指導を受けてきた選手たちは、脅しをかけるどころか励まして、自分たちのことをよく知ろうとするコーチに「ショックを受けた」のだという。

私はアメリカ体操連盟と、スティーブ・ペニーの弁護士に、こうした批判についてコメントを求めたが、どちらも返答してこなかった。カーロイ夫妻の弁護士からは、私の依頼を伝えることすら断られた。

こうするあいだにも、ジェシカ・ハワードは生きる道を探っていた。気が合いそうに感じた男と会うようになったものの、そう感じたのは始めだけで、相手がジェシカを独占して支配しようとする関係に落ちるのは、あっという間だった。妹に会ってばかりいると怒り狂われたとき、ジェシカは男と別れた。2013年にはアメリカ体操連盟の役員も辞めた。セラピストを頼ってなんとか前に進もうとしたけれど、うつ状態にとらわれて動けなかった。

2016年、アメリカ体操連盟がコーチによる虐待の通報を適正に処理しなかった経緯を「インディアナポリス・スター」紙が同紙の記事で暴露したあと、ある夜電話してきたオリンピックメダリストのドミニク・モセアヌから、被害に遭っていないかと訊かれた。「電話の向こうで、ドミニクが私の反応を息を詰めてうかがっているのがわかった」とジェシカは言う。「私は少しのあいだ黙っていたけど、カーロイ・ランチにいたとき、ママと交わした会話を思い出したの」。ジェシカはあのとき、性被害に遭ったのではないかと疑ったけれど、「忘れることにして記憶を封印してしまった」のだ。もう逃げているときは終わった。ドミニクには、ええ、被害に遭ったわ、と答えた。年端もいかない女の子だった自分が、ラリーとかかわった時期のことを思い起こしてみた。「強烈な記憶で、生々しいほどよく憶えていたわ。あのときの身体の感覚までよみがえってきた」という。ジェシカは、子どものころずっと耐えてきた過酷なトレーニングと、そこで声を奪われて、いとも簡単にラリーの餌食になってしまったことを考えた。自傷とうつとの闘いの引き金を引いたのは体操だとわかっていたけれど、自分の人とのかかわり方まで体操に損なわれていたことがはっきりわかった。だからあんな支配欲の強い男に捕まったのだ。

ほどなく、ジェシカは「スター」紙に電話をかけ、ラリーを名指して、性虐待を受けたと通報した。ナサールの終わりの始まりがまた一段と加速した。

そうしながらもジェシカは、なかなか足元が定まらなかった。ラリーとアメリカ体操連盟がどれほど多くのものを自分から奪ったかがはっきりわかると、ますます激しいうつ状態に陥った。「アパートの部屋からほとんど出なかった。何をしてもあの痛みから思いが離れることがなくて、自分の将来もぜんぜん思い描けなかったし、死刑囚監房でもあれほどには、って思うほど、寝てばかりいたわ」。酒を飲むといっとき解放されるものの、「結局うつ状態がますますひどくなった」という。自殺を考えることもあった。自分が本当に死にたがっているとは思えなかったけれど。「死にたいわけじゃなかったの。でも人生に何も目的がなくて」という。ただ少しばかりの平穏がほしかった。飲酒がひどくなって、これでは死んでしまうなと思ったとき、アルコールが殺してくれるならそれが一番いいかもしれないとジェシカは考えた。

ますます深刻になる姉のうつ状態を見かねた妹が、ジェシカをマンハッタンにある病院の精神病棟に入れた。「それは殺伐としたところだったわ」とジェシカは言う。「二人相部屋で、衣服も靴も財布も、自傷に使えそうな物は何もかもとり上げられて」。監視されている居心地の悪さと、何かまずいことを口にしたら一生病院から出られなくなるという恐怖があったという。「まるでホラー映画だと思ったわ」。気味の悪いピンクの部屋の壁、薄っぺらなマットレス、バラ色の窓枠。夜の病室点検、それにあのルームメート。まったくものを言わない80代の女性だった。ジェシカは34歳の誕生日をこの病棟で眠って過ごした。「コーヒーがそれはそれはまずくてね」と冗談に紛らわせようとするのが痛ましい。

11日間の集中治療を経て、このままでは自由を失うかもしれないという恐怖に震えたジェシカは、「ぴしりと正気に戻ったの。私には家族がある。家族を失いたくない、と思った」。ジェシカは家族のもとに帰り、定期的にカウンセラーを訪ねながら治療を続けた。そしてやがてスポーツをする子どもたちの重要な擁護者として現れる。その姿は後続章で明らかになる。

第15章 ポーカーゲーム

ジェイミー・ホワイト弁護士は、ナサール事件が途方もない大仕事になるとわかっていた。

2016年、「スター」紙が報道した告発を読んだ彼は、直ちにランシングに持っている法律事務所で弁護団の編成にとりかかった。性犯罪者が一人や二人の被害者で手を引くことはないと知っていた。加害者の弁護を引き受けた経験もあり、性犯罪者の考えそうなことはそれなりに知っていた。そしてミシガン州立大学のことも知っていた。大学もロースクールもここだったのだ。腹は据わっていた。ほどなく国のあちこちから集結した弁護士と一緒に、5億ドルの和解金を賭けて母校と対決することになる。この種の金銭的解決として米国史上例を見ない額だ。そこに至るまでに続く、殺るか殺られるかの法廷戦略の駆け引きも望むところだった。ジェイミーはその先導役になるのだ。本人が言うとおり、「人類史上最も掛け金の高いポーカーゲーム」だった。

風がほほをなでる暖かい日の午後、妻が経営するランシングのカフェで外の椅子にかけたジェイミーは、気さくな話し上手で、穏やかな笑みを浮かべている。けれどそのくつろいだ様子の下にいるのは、ねらったことはかならずやり遂げる敏腕弁護士だ。いまも州議会議員を交えて作成した法案の署名式に出るために街の向こう側に出かける支度をしているところだった。児童性虐待の被害者が法的措置をとることができる期間を延長する、ナサール事件の被害者の命運を決する法案で、これがなかったら被害者女性の大半はミシガン州立大学を訴える民事訴訟に加われなかっただろう。そうなっていたら5億ドルの和解金も起こりようがなかった。

クラブサンドウィッチをつまみながらジェイミーは、ナサール事件にたどり着いた、ただ者ではない経歴を話してくれた。

犯罪や不正義について学んだのは幼いころだった。体に叩きこまれたと言っていい。アフリカ系アメリカ人の父とアイルランド系アメリカ人の母という異人種間カップルの息子であるジェイミーは、父親が怒り狂う男たちに危うく殺されそうになるのを、6歳で目撃している。育ったミシガン州ジャクソンは、かつては20を数えるブランドの自動車とコルセットの製造で知られたとはいえ、すでにさびれた小さな工業都市だ。「僕が育ったのは街でも貧しいほうの地域でね」とジェイミーは言う。「いろんな人が混ざった地域で、貧しい労働者がたくさんいた。友だちの家庭もそりゃあいろいろだったよ」。父親が襲われたのは1978年夏、土曜日の午後だった。週末のたびに裏庭で、音楽を楽しんだりカードゲームをしたりしながら、バーベキューを囲んでいた一家だったけれど、その週末はちょっと趣向を変えてみようと思っていた。「両親は、いつもの安心していられる労働者の地域から思いきって外へ出て、ミシガン州南部にある湖まで遠出することにしたんだ」。母親がピクニックバスケットを用意してくれて、ジェイミーは心が躍った。「太陽が輝いて、岸辺は一面の砂、湖は涼しかった。その日岸辺にいた黒人家族はうちだけだったけど、べつに珍しいことでもなかった。近所を一歩出たらいつも黒人の家族はうちだけ、まして黒人と白人の家族となったらそりゃそうだっただろう」。

岸辺では男たちが十数人たむろしていた。相当飲んでいた。ソフトボールチームらしかった。男たちはジェイミー一家を見るとあからさまにいやな顔をした。「野球バットの入った袋をつぎつぎに回すのが見えた。犬をけしかけられて僕と弟は湖に落ちたけど、二人とも泳げなかった。父は犬をつないでくれと頼んだけど、これが裏目に出たんだ。あっという間に家族の目の前で嵐みたいに殴られた。紙一重で殺すところまでね。バットや酒瓶でたたき割られた頭蓋骨がぱっくり開いたのを見たよ。狂気じみた暴力だった。男たちは生ごみバケツや瓶を僕たちに向かって投げつけた。ガラス瓶が猛烈なスピードでそばを飛んでいったのを憶えている。追いかけられて車に逃げこんだ僕と弟を、窓ガラスをバットでたたき割って捕まえようとした。殺してやる、と脅された」。男たちはその間ずっと、人種差別の暴言をわめき散らしていた。「実際に人種差別に遭った経験はあれが初めてだった。ショックだった。両親には、自分が周りと何も違わないって信じるように育てられていたから。祖父のハロルド・ホワイトは公民権運動の活動家で、とても尊敬されていた。ジャクソンの街の中心部に銅像も建っている。本当にあのとき初めて、人の憎しみのすさまじさをこの目で見たんだ」。

寄ってたかって殴られながら、ジェイミーの父親は何人かの暴漢をかろうじてふり切ったものの、三人に怪我を負わせた。父親と一緒にその三人も病院に運ばれた。「あろうことか、その三人と同じ部屋に親父を投げこんだんだ」とジェイミーは言う。「男たちは診察台から起き上がってまた父を襲おうとした。そのとき警察が入ってきて、父に権利を告知したんだ」。どうやら訴えられるのはジェイミーの父親らしかった。「祖父には人脈があったから。きちんとやってくれって警察に訴えたんだ。そこで活動家の祖父が動いた。事態が好転して三人の男たちが起訴された」。三人以外の暴漢たちは逮捕もされなかったけれど。起訴された三人にしても、適正に裁かれたわけではない。二人は微罪を認めただけですまされて、三人目は裁判で無罪放免になった。ジェイミーの父親は、十数人の暴漢に襲われて生死をかけて戦ったというのに、そのとき相手に怪我をさせたという事実を弁護側は利用した。

ジェイミーとその家族を、そしてジェイミーの人生と法律家としてのあり方を決めた世界観を雄弁に語ってあまりあるのは、その次の展開だ。

「確かにあれは僕の人生で決定的な日だったけどね。でもこの目で見たすさまじい暴力よりもっと決定的だったのは、家族や家族の知り合いの態度だったんだ。みんなが人として正しくあろうと踏みとどまったんだよ。誰も憎しみに同じ憎しみで返そうとしなかった。本当に誰一人もね。信念を捨てて世の中を責めるほうが楽だったろうと思う。この経験でもう一つ目を開かれたのはね、僕たちが地域で培ってきた深いつながりだったんだ。父が家で療養しているあいだ、それはそれはいろんな人が訪ねて来た。白人も、黒人も来た。誰も父にあんなことをした紳士たちを良くは言わなかったけど、でも誰一人も、もう人間を信じるのはやめようみたいなことを言わなかった。みんなそれは怒っていたけど、憎しみだけはなかった」。本当に、とジェイミーは言う。「あの日、あの夏、生涯揺るがない、僕の人間の見方が決まった。何が正しくて何がまちがっているかをけっして見失わないこと、それがすべてだった。岸辺にいた男たちが父にしたことにとらわれるより、助けに来てくれた人の勇気に目を向けて感謝したんだ」。

ジェイミーは、あのとき祖父が口にした的確な助言を憶えている。「職場の人種差別を封じこめたかったら、自分がその会社のオーナーになればいいんだ」。教育を受けて成功者になれ、祖父はそう言いたかったのだ。ジェイミーは助言を肝に銘じた。「あれが、雇われずに働くっていう夢につながった」。祖父からは多くのことを学んだそうだ。少年のころよく一緒に近所を歩いた。パンフレットを配るのを手伝って、マイノリティの住民を公民権運動に勧誘した。「マーティン・ルーサー・キング牧師の教えに触れたのも小さいときだった。祖父の居間でやっていた会議に一緒にちょこんと座っていたのも、一番古い子どものころの思い出だなあ。祖父や地元の公民権運動家が、マイノリティの政治的立場をもっと良くするために何をしたらいいかって行動計画を練っていたんだ」。ジェイミーは学校で懸命に勉強した。両親が真摯《しんし》に働く姿を見てもいた。母親は地元の病院で働き、車のブレーキを作っていた父は、のちに、壁に囲まれた広大な刑務所の刑務官から、やがて所長になった。

ジェイミーの両親の馴れ初めは、父親がベトナム戦争から帰国していたときのパーティーだそうだ。いまは両家は仲良くしている、とジェイミーは言うけれど、むかしはそうでもなかったらしい。母親の家族は二人がつきあい始めた70年代前半、父親を警戒していたという。お気に入りの家族エピソードを思い出して、ジェイミーは笑う。父が母を誘うようになったときのこと、ある夜、飲み過ぎた母の兄が、馬に乗って街に行って、どんな奴か調べてやろうと思い立ったのだそうだ。父が開いていた台所の窓から外を見ようとすると、じっとこちらを見ている馬の顔が目の前にあった。「そういう時代だったのでね」とジェイミー。異人種間の結婚が1967年まで違法だった州もあったのだ。二人は結婚して三人の息子を授かった。

住んでいた地域が「足元から崩れ始め」て、暴力がはびこって不穏になったことから、一家はもっと安全な、「もう少し型にはまった」地域に引っ越したという。そこで新しい仲間ができて、サッカーのスター選手にもなった。高校時代には陸軍予備役に入隊したし、大学進学資金の足しにと街のあちこちでウェイターもやった。優秀な成績で卒業したジェイミーは学費のローンを組み、ミシガン州立大学に進む。大学時代は「寸暇を惜しんで楽しんだ」という。学位をめざして勉強しながら、インガム郡検事局で働き始めた。法律に興味がわいて、事件や周りの弁護士の事件のさばき方をじっくり観察した。検事局で働きながらミシガン州立大学のロースクールに進んで、卒業後司法試験に合格すると、ランシングに購入した小さな家の屋根裏部屋で開業した。

その屋根裏部屋から、手あたり次第案件を引き受けて、少しずつ仕事を大きくしていったジェイミーは、のちにある法律事務所の一室を間借りする。警官がパトカーで歩行者の列に突っこんだ事件で、ランシング市を相手に100万ドルの和解に持ちこんだのが最初の勝ち星だった。世間から注目されている殺人事件でもつぎつぎに勝った。「殺人事件の裁判で負けたことはないんだ」とジェイミーは言う。「僕の最終弁論を見るために、人がやって来るようになった」。そしてついにランシング郊外にあるオケモスに事務所を構えてそこに移ったジェイミーは、職員を雇ってますます大掛かりで複雑な案件を引き受けていった。

そこにやってきたのがナサールの事件だった。

「メロドラマみたいなことを言う気はないんだけど、ここまでの人生でくぐり抜けてきたこと全部がここにつながっていたんだと、僕は本気で思っている」とジェイミーは言う。「6歳のときが始まりだったんだ」。

ジェイミーがこの事件で最初に受けた電話は、体操選手リンゼイ・レムケの母親、クリスティからだった。ジェイミーと妻のクリスティンはレムケ家とは長年の知り合いだった。とても他人ごとではなかった。体操選手を志して大きくなっていくリンゼイの姿を見守ってきたジェイミーだった。結婚して四人の子どもの父親となったいま、リンゼイの話を聞いて、心を痛める一方で感じたのは激しい怒りだった。「この事件は、あの家族を永遠に変えてしまうだろうと思った」という。ジェイミーはラリー・ナサールという男がいることも、飛ぶ鳥を落とす勢いのオリンピック・ドクターだということも知っていた。ジェイミーの家族は、地元の小児科医のフィジシャン・アシスタント（ＰＡ）をしているラリーの妻と面識があった。何年も、子どもたちが何かにつけてそこにかかっていた。

告発された医師を綿密に調べたジェイミーは、「この男はスポーツ史上最多数性犯罪者になる、と確信した」という。「護られた立場といい、名声、権力といい、性犯罪者がほしがるあらゆる手段を備えていたからね。ミシガン州立大とか、アメリカ体操連盟にオリンピック委員会みたいな大組織が後ろ盾についているとなったら、女の子たちを知能犯レベルで手なずけるグルーミングもそりゃあできただろうと。残念ながら、被害女性何百人の話になると思ってまちがいないな、とね。地元のラジオ番組で『地元の人間も腹をくくらないとだめだ』と言ったこともある」。

ジェイミーの言うとおりだったけれど、ランシングの住民はまだその覚悟がなかった。年端もいかない女の子を食い物にする犯罪者が、まさに自分たちの中にいるという事実をどうしていいかわからなかったのだ。「ショックが大きすぎて、そんなことはあるわけがないってむやみに否定したんだ」とジェイミーは言う。地元にとってこれがどれほどの衝撃だったかを物語るエピソードがある。あとからあとから女性が訪ねてくるようになって、被害者とその対応にあたる弁護士らみんなで顔合わせをしておこうと、ランシングの中心街に会議室を予約しようとしたときの話だ。「スター」紙に最初に名乗りを上げた二人、体操選手レイチェル・デンホランダーとオリンピックメダリストのジェイミー・ダンツシャーの代理人になったカリフォルニア州のジョン・マンリーも、そんな弁護士の一人だった。マスコミを招待して記者会見を開いて事件の状況を説明しようという計画だったのに、いつも使うところに会議室を予約しようと電話をかけ始めたジェイミーは、かたっぱしから慇懃《いんぎん》無礼《ぶれい》に断られた。

「みんな巻きこまれたくなかったんだ。大学を訴えるような人間と関わるのはいやだったんだね」とジェイミーは言う。「大学やコーチが根掘り葉掘り捜査されるなんて、あってはならないことだったんだろう」。この事件が明るみに出てまだまもない時期で、性虐待の全容も、こんなことを許したミシガン州立大学の不手際の数々も理解される前の話だよ、とジェイミー。時間とともに新たな事実が明るみに出てくると、地元の空気も変わっていくのだが、最初は抵抗があった。ようやくミーティングの場所も見つかって、計画は進んだ。

はるかに手ごわいハードルが行く手に待っていた。民事訴訟で勝つのが難しいのはわかっていた。ほとんどの女性たちが消滅時効にかかっているのに加えて、ミシガン州立大学には州政府機関としての免責があった。「ミシガン州と州機関は民事訴訟から免責されるというのが一般原則だから。例外はあるけど性虐待はそこに該当しないんだ」という。とはいえ、ジェイミーは全力であたる覚悟だった。いよいよ本腰を入れた。性的虐待関連の法制定にとりくんでいた共和党の州上院議員マーガレット・オブライエンに連絡をとって、そのとりくみに、被害者が法的措置をとれる期間の延長、性的虐待を対象とする州政府機関の免責解除という二つの法案を追加することを一緒に検討した。いよいよ真剣勝負だ。ジェイミーはひそかに法案の作成を進めた。

オブライエン州上院議員にとっても、この法案は思い入れが深かった。ラリーを「スター」紙に通報した最初の体操選手レイチェル・デンホランダーを子どものころから知っていたのだ。政治家のキャリアをスタートさせたばかりのころ、選挙活動中に選挙区訪問を手伝ってくれたこともあったのよ、と話してくれる。レイチェルが性暴力を受けていたと知ったとき、「お腹の底にがつんと一発食らった気がした」というオブライエンは、レイチェル本人と会って、被害者を護るために議員に何ができるかと話し合った。「いつもきれいな笑顔を浮かべている子だったわ。そうやってなんとか痛みを周りに見せないでいたのね」と、子どものころのレイチェルをふり返る。「そう考えたら、性虐待されている人はそういう仮面をつけていることが多いわ」。

ひそかに二つの法案作成と格闘していたジェイミーは当時をこうふり返る。「1日20時間週7日のペースで働いて、家族の顔もほとんど見られない、ジムにも行けない、食事制限や健康管理、人づき合いはみんな後回し。州立大はこちらの訴えを却下させようと動いている。周りの弁護士からは、時間の無駄だ、金をどぶに捨てている、ってさんざん言われた。これだけ見境のない被害を生んだんだ、解決しないでいいわけがない。これだけの被害をなんの救済もしないですませるなんて、許されるもんじゃないだろう」。

ジェイミーによれば、法案はかならずしも通過しなくても州議会議員の票決に持ちこめさえしたらよかった。議決待ちの法案があるというプレッシャーで州立大も取引にのる気になるだろう。

ジェイミーのこの戦略はみごとな展開を見せることになる。

第16章　公正な裁き

ラリーを性犯罪者だとして訴え出る女性はあとを絶たなかった。多くはまず匿名で、ジェイミー・ホワイトらランシング在住の弁護士、カリフォルニア州からテキサス州にわたる米国各地の弁護士や警察と会っている。弁護団はあらゆる側面から戦いの準備を進めた。

私は、アンドリュー・アブード、ジム・グレイブス、そしてミック・グレウォルら地元ランシングの弁護士何人かにランシングで会っている。そしてみんなが抱えている、この事件を他人ごとと思えない事情を聞く。みんな被害者の女の子たちと同じこの街で育っていたのだ。トウモロコシ畑を突き抜ける高速道路沿いにある赤煉瓦の法律事務所で、「腹わたがちぎれる思いだよ、この女の子たちの話を聞くのは」とジムは言う。「感情的になりすぎるなっていうほうが無理なんだ」。オフィスの壁にはフレームに入れた新聞記事が掛かっている。この街を襲ったもう一つの悲劇、1988年テロリストがスコットランドのロッカビー上空でパンナム103便を爆撃した事件だ。ミシガン州住民がこの爆撃で亡くなった。フライトの最終目的地がデトロイトだったのだ。ジムはある犠牲者家族の代理人をつとめ、苦しい闘いの末に和解に持ちこむ力になった。

アメリカの向こう側テキサス州では、ミシェル・ティゲル弁護士もこの訴訟に加わる準備を進めていた。自身元トップアスリート、一度は女子水上スキー・スラロームで米国1位にランクしたミシェルにとって、この事件はやはり思い入れが深かった。自分と、ナサール事件でのパートナーのモー・アズィーズに助けを求めて相談に来た女性たちに心から同情するわ、という。そしてジェイミー・ホワイトと同じく、ミシェルも性加害者の事件をあらゆる側面から熟知していた。世間に注目された性暴行事件の刑事被告人弁護を、過去何度も手がけている。「だからこの事件を反対方向から見たの」だという。のちに聖職者による虐待被害者の弁護をするようにもなった。この経験があるミシェルは、ナサール訴訟の女性たちにとって強力な伴走者だった。

一方ラリー・ナサールも、弁護団を組織していた。ナサールが協力を求めた地元の弁護士シャノン・スミスが、訴訟の準備を進めていたころのおもしろい話を聞かせてくれる。この事件がどこまで大ごとになるのか予測もつかなかったころ、これでは最初からつまずくな、とわかる問題が散見されたという。一番顕著なのが、ラリー自身の、別の星にいるような話の通じなさだった。「挿入の法的定義も理解していなかった」そうだ。『僕は挿入はしてない』って警察に話していたの。そのくせ自分が挿入しているビデオを警察に見せてたのよ。一緒にビデオを見ながら、『ここで挿入してるでしょ』と言ってやったことがあるのよ。そしたら『これは挿入じゃない』ですって」。ラリーの考える「挿入」ってどんなことだったのかしら、と私が訊くと、シャノンは「それはラリーの頭の中身に訊いてみないと」と答えた。

ラリー・ナサールが何を考えているのか、誰にもわかりようがないけれど、一貫して自分は無罪だと言いたかったのは確かだ。罪状を認めたあとでさえ。ラリー側の答弁取引のあと、被告側の女性全員が証言した法廷審問の最中に、ラリーはアキリーナ裁判官に手紙を書いて、自分は「優秀な医者です。治療が効いたんですから」と言っている。裁判官はこの手紙の一部分を法廷で読み上げた。「とんでもない悪夢です。話をでっちあげて大げさに煽っているのです」ともラリーは書いている。司法長官は「医療行為ではなくて、自分の快楽のためにやったんだと言わないかぎり、私の答弁を認めないのでしょう。みんなで私にそう言わせようとしました。そう言わないと裁判になって、私は有罪になるぞと。私は争わないという答弁をしていたのに」とナサールは不満を述べ、司法長官にも裁判官にも「ものすごく操られている」気がする、と付け加えている。

この「ものごく操られている」の部分をアキリーナ裁判官が思い入れたっぷりに読み上げると、法廷内から笑い声が上がった。

「答弁を撤回しますか」。アキリーナ裁判官はラリーに訊いた。

「いえけっこうです」とラリー。

「有罪だからですね」と裁判官。無言。ラリーは黙って立っていた。

「罪状を認めますか」。もう一度裁判官は訊いた。

「すでに申し上げたとおりです」とラリーは答えた。

ラリーの弁護団は、裁判官に手紙を書いていたとは知らなかったのだと、ラリー担当の弁護士シャノン・スミスは言う。「寝耳に水だったのよ」。

捜査初期の警察の取り調べに始まって、訴訟中のラリーはずっと言うこともすることも支離滅裂だった。一つには、若い女性患者を治療中に性的に興奮したかと訊かれるのを予想もしていなかったらしい。ミシガン州警察の警部補アンドレア・マンフォードからこれを訊かれたラリーは、へどもどして、まずオウムのように質問をくり返すと、「いやまさかそんなことは」と呟いた、と警察の報告書に記されている。警部補に、母親と一緒に自分の「明らかに勃起したペニス」を目撃している被害者がいるのだと指摘されて、「自分でも説明できない、仕事中にそんなことが……。仕事中に、つまりおわかりだろうが、そんなことは……」と答えている。

ラリーは、自分の若い患者は治療中「たいてい親が同席しているのだから」とも主張している。問題の診察中手袋をつけず被害者の肛門に親指を挿入しているではないか、と警部補から言われて、「私が挿入してるとしたら、それは挿入ではなくて押しているだけだ」、そして「持ち上げているだけで、直腸には入らない」と言い、そういうことが必要なら、手袋をつけて人差し指を使う、と付け加えている。

取り調べ中のある時点で、テクニックの説明を警部補が求めると、「仙結節靭帯《せんけっせつじんたい》が恥骨結合部、つまり寛孔突起《かこうとっき》から延びていて、これは骨盤底みたいなものだけど、まあ説明してもおわかりいただけないでしょうな」と言いながら、意味不明の言葉で自分の治療を説明し続けた。

「陰唇に向かって入っていって、次は膣の側面に」と言い、手振りで説明すると、次に「入っていって、離れる。靭帯についている筋肉があって、そこを手当てしていると筋肉が弛緩するのがわかる。ここが教えがいのあるところなので、学生には自分の胸郭を触らせておいて、僕は学生のところに行って弛緩させてやるとみんな驚くんだ。いったい何をやったんですか、って。効果がはっきりわかるからね」。刑事は、その「弛緩」させようとしている最中はどんな感じがするのか、と訊いた。ラリーは、組織の緊張度が変わるのがわかる、と答えている。そしてそのプロセスを、パンティーストッキングの伝線に例えている。腕を使って回転する様子を見せ、タオルを絞るのと同じで、方向は時計回りでも反時計回りでもいいのだという。「いろんな力ベクトル」を使って効果をあげることを語り、そのプロセスを三次元だといって、こんなふうにね、と袖をグイっと引っ張って見せた。「その程度の単純な理屈だ」と締めくくった。

そのやり方をどのくらいやってるのかと訊かれると、「30ポンド前からのビデオがあります」と言いまちがえて、自分の腹のあたりを叩いて笑った。

マンフォード警部補は追及の手を緩めず、問題の患者の肛門に親指を差しこみながら同時に膣に人差し指を突っこんだではないか、と指摘した。ラリーはどもって答えられず、「底の部分にだけ、その、そんな、私が親指を突っこむなんてそんな、そんな、そんな、指を……そういう言い方は正確じゃないでしょう」。治療中にはっきり勃起しているのを何回か見た、とその患者が報告しているとマンフォードが指摘すると、「恥ずかしくないように、専門家としてベストを尽くそうとしているし、……どうしてそんなことが起きるものか、ぜんぜん理解できない」。マンフォードはなおも問いつめる。治療中に勃起したことがあるかと訊かれ、「治療することに集中しているから。患者を診ているときに性の快楽を求めたりなんかしていない。そんなことは医者としてありえないし、そんなことのためにやってるんじゃないし。自分がやろうとしてるのは、組織を弛緩させて手当てすることで、でもそれで自分がいい気持ちになろうなんて思っていない」と答える。

なおも刑事がつめ寄ると、ラリーはやはりへどもどして、「エキサイトしたいがために治療をやるわけじゃない。性欲を満たそうとして、わざわざやってるわけじゃない。そんなことをしてるのではないから。つまりその、興奮したとしたら、それはいろいろあることのせいで、まあ」と言った。「いろいろあること」とはなんなのかと刑事に問われると、「男なら勃起することがあるだろう」とラリー。男性が勃起するのは興奮したときだろう、と指摘されると、「勃起したとしたら、あの治療をやっててどうしてそういうことになるのか、自分でもわからない。そんなことになったら面目ない、あるまじきことだし、職業人失格だ。たしかに、男だからね、でも……無理もない。相手は若い女性だし。……でも自分としては、医者としてベストを尽くしている」。

2016年11月、ミシガン州司法長官ビル・シュエットは、三つの性的犯罪行為で医師を起訴したうえ、これは手始めにすぎないと指摘した。同年12月には連邦警察が3万7000枚もの児童ポルノ画像所持で医師を起訴する。警察が自宅のゴミ箱からコンピュータのハードドライブを発見したあとのことだった。

ラリーの妻は離婚訴訟を起こす。

2017年2月、ミシガン州司法長官は不名誉かぎりない医師をさらに22の性的犯罪行為で告発する。

その間、ジェイミー・ホワイトとアメリカ各地の仲間の弁護士が、ミシガン州立大との和解に向けて動いていた。ジェイミー自身は、被害者が法的措置をとれる期間を延長する法律と、州立大に与えられている免責を解除する法律をめざすほうにとりかかっていた。「何か月も続くチェスゲームだったね」とジェイミー。「帰宅しては妻に『まずい。チェックメイトだ』って言ったもんだ」。

二つの法案は議員投票にかかるところまで行って、州立大も脅威に感じているはずだった。ジェイミーはロビイストの力も借りて絶えず議員たちに感触を打診して、投票の行方を見極めようとした。法的措置期間延長のほうは通過、州立大の免責解除のほうは無理らしいとはっきりした時点で、ジェイミーは、当時カリフォルニア州内でミシガン州立大と決死の協議を続けていたジョン・マンリーたちに電話をかけた。間近にせまった投票の行方を見るために、ジェイミーは前日にその協議を抜けてミシガン州に戻っていたのだ。あのとき州立大は、免責を維持できるかどうか確信が持てていなかったんだ、とジェイミーはいま話してくれる。だから弁護団に言った。「取引するならいまだ」。

弁護士たちは動き、金額を5億ドルまで吊り上げた。

「和解が成立したのは、ひとえにミシガン州の弁護士と被害者みんなの法案のとりくみの成果よ。特にジェイミー・ホワイトのね。チームと被害者たちと一緒に働きに働いて、期間制限の変更にとりくんだり、州立大から免責をとり上げようとして奮闘したの」と、テキサス州の弁護士で被害者女性の代理人を務めるミシェル・ティゲルは言う。「みんなの努力でものすごい圧力をかけられたから、州立大に和解と賠償を飲ませることができたのよ。ジェイミーはチームと一緒にミシガンに根を張って、戸別訪問したり州議会議員に会って話したり。このミシガンで実際これだけのことが起きてるんだ、法律を変える必要があるんだ、って議員たちにせまったのよ」。

ミシェルは、どうやら州立大の免責が確保されるのは確実らしい、そうなったら和解の話が場合によっては水の泡になる、とジェイミーから聞いたときの、息づまるような展開を昨日のことのように憶えている。当時ミシェルは、弁護団と一緒にカリフォルニア州にいて、州立大と話を詰めているところだった。「通過できるって期待してた法案のその後のなりゆきをジェイミーから聞いたとき、みんなじわっと汗が出てきた」という。「ミシガンの議員たちのあいだでどうなっているか、内部の温度感がジェイミーにはわかったおかげね。やるならいま、これを逃したら、多少なりともクライアントに一息ついて傷を癒やしてもらえるような取引をまとめるチャンスはもう来ない、ってみんな理解した」。

「被害者の負った傷はお金では修復できないけど」と前置きしながら、ミシェルは「いまの司法制度で精いっぱいのレベルにかぎりなく近い解決を、ということね」と言う。「あの最後の数時間のこと、私、生涯忘れないわ。汗も涙も安堵のため息も、何もかもが手にとるようにわかった。仮合意書が署名されてつぎつぎ手渡しで確認に回されていく部屋の中でね。何時間、何分の差で5万ドルか0ドルかがひっくり返ることだってあるから」。

私は州立大にこの件でコメントを求めたが、返事はなかった。

この間、検察側は公訴提起に向けて着々と動き、罪状を認めないラリーの公判を準備していた。予備審問で勇気ある女性が何人か法廷に立ち、元かかりつけ医の責任を問う証言をおこなったことで、公判に向けていよいよ勢いがついた。

その中の一人がマディソン・ボノフィグリオだ。法廷で、あなたを性虐待したのはここにいるうちの誰ですか、と特定を求められたときの重圧は大変なものだったという。「ラリーはなんだか薄ら笑いを浮かべていたのよ。ほんとにいやな気がした」。マディソンは子どものころツイスターズに通っていて、プレティーンのころにラリーの性虐待が始まった。相手をお医者さんだと思って信頼していたけれど、訳がわからなくて不安な「治療」のことは、ある友だちに相談している。「ああそれなら私もされてるわよ」、だから大丈夫、というように友だちは言った。ラリーはFacebookでマディソンに親しげにつながってくる。「私が何か載せたらかならず『いいね！』してきた」し、休暇や誕生日にはすかさずメールが来たという。それはマディソンがウェスタン・ミシガン大に進んで、地元を離れてからも続いた。大学では、ラリーの患者になったことのない体操選手に話すと、やっていることが気持ちが悪いしおかしいと、みんなから言われた。そして「スター」紙で性虐待の告発を読んだのだ。ツイスターズで一緒だった子どものころからの友だち二人と話をして、みんなで警察に行くことに決め、自分に起きたことを話した。「スター」紙の報道を受けて最初に通報した女性たちの中にいたのが、この三人だ。

このときもまだマディソンは、あの医師にされたことが性虐待だったと、言い切る自信はなかった。「初めて警察と話したときにね、『こうすることが正しいのかどうかわからないけど、これが自分に起きたことなんです』と言ったの。告訴したいのかどうか、自分でもよくわからなかった。だから起きたことだけを話したの。自分のせいで男が牢屋に入れられるかもしれないって、いやな感じだったし」。マディソンは警察と数回話したという。電話のときも対面のときもあった。そのために大学の授業を抜けた。児童ポルノ所持の罪状が報道されたとき、ラリーは性虐待犯だと確信した。警察との話を進め、刑事裁判でラリーを告発する証人になることを承知した。

「神経がちぎれそうだった」とマディソンは言う。法廷で被告人側の弁護人に詰問されたときのことだ。「ラリーの治療が効果があったって、あの手この手で私に言わせようとした」という。「最悪だったのは、『膣』とか『肛門』とかを大勢の前で口にするように仕向けられたこと」。なんとか持ちこたえたけれど、信頼していた医師から性虐待されるという裏切りを受けていたとわかったのは地獄の苦しみで、それに加えてそんな相手と法廷で対決して証言する心細さは、マディソンに大きな心の傷を残した。「いまでも蛇みたいに記憶が絡みついてくるの、何度もね。男性がいっぱい周りにいると、怖くて逃げ出したくなるの」だという。バーのように人が大勢いる中で男に触られるのはとりわけ怖い。つきあって4年になるボーイフレンドがいて、ずっと支えてくれたという。世間に顔を出してものを言ったら、体操の世界の風潮を変える力になれるんじゃないかと思っている、とも。

2017年7月、ラリー・ナサールは連邦裁判所で児童ポルノ所持の罪状を認めた。のちに連邦刑務所に60年の拘禁刑を言い渡される。

同年11月、ミシガン州の2郡で計10件の性犯罪の罪状も認めた。答弁取引の一環として、ナサールは、この30年間に自分に性虐待を受けたと通報した女性全員が、2018年前半に予定されている判決前審問で被害者陳述をおこなうことに同意した。

実際に法廷で展開された光景はみなの予測をはるかに越えていた。

第17章 記憶

ナサールによる性虐待の信じがたい被害者数と、それが続いた年月があらゆる媒体で報道されたとき、被害者たちの反応は実にさまざまだった。子どもの自分にされていたことが性虐待だと気づいていなかった被害者、そんなはずはないと否定する被害者、腹を立てる、あるいは相手にする必要なしと無視する被害者もいる一方、それが真相だとわかっている被害者もいた。自分に腹を立てる女性が多かった。一人一人が、起きたことを受け入れ、かつて信頼していて友だちのようだった男と報道される極悪人との苦しい折り合いをつけていく過程は、この章でつぎつぎ明らかになるように、それぞれの洞察に満ち、人知の豊かさを教えてくれる。

1980年代にグレート・レークス・ジムナスティクスでおそらく最初にラリー・ナサールの被害に遭った体操選手サラ・テリスティは、性虐待のスキャンダルのことをまず父親から聞いた。ラリーが児童ポルノ所持で起訴されたニュースを見た父親は、すぐ娘に電話した。聞いてまずサラは、そんなことで捕まるようなへまをラリーがするはずがない、と思った。当時住んでいたノースカロライナ州で子育てに明け暮れていたサラは、とりあえず目の前の生活に目を向けた。あの忌まわしい体操時代のことを考えたくなかった。何もかも封印して久しかったのに。

過去を捨ててふり返りたくない気持ちが強いほど、加熱するナサールのスキャンダル報道が気になってしかたがなかった。２０１８年初め、法廷に立って被害者陳述をおこなう女性たちの姿を見たとき、過去の記憶が怒涛のように押し寄せてきた。被害経験を語る女性たちの姿を見て、隠れなくては、と感じた。「条件反射の防衛本能ね」とサラは言う。「本当のことを知りたくないのよ」。でもつい報道を見てしまうのも止められなかった。クローゼットの床に座りこみ、携帯電話を握りしめて「ヒステリックにすすり泣いていた」という。つぎつぎとラリーと対峙する女性たちの姿をビデオで見ながら。あのグレート・レークス・ジムナスティクスで過ごした子どものころの哀しみや苦しみがつぎつぎよみがえった。「めまいがして、吐きそうだったわ」とそのときのことを話してくれる。ジョンとラリー、二人にどんな扱いを受けたか、自分になんの価値もないように思わされた記憶がフラッシュバックした。「心臓発作が起きているみたいだった」という。どうやら全部本当のことらしい。自分もラリーの性虐待に遭っていた。大学時代、説明のつかない子どものころの経験をセラピストに話して整理しようとしたけれど、相手にされず、自分の頭がおかしいのか、自分の作りごとなんだろうかと思わされてしまった。それきりそのことは考えなかった。でもいまわかった。あの直感が正しかったのだ。

頭がふらふらし始めた。脳がもう30年も、子どものころの心の傷の記憶を閉じこめていたのだ。「頭が、何年も押さえこんで否定してきた記憶を扱いきれなくなったのよ」とサラは言う。そして、初めてパニック発作に襲われる。発作はこのあと何度も続いた。確か、裏庭に出ると、空が自分に向かって突進してくるように感じた。「見上げると、木が自分を捉えようと枝を伸ばしてくると思った」

という。いろんな記憶がよみがえってきた。その一方、脳は起きたことが根こそぎ暴かれるのをいやがった。「ものすごく大きな何かが立ちはだかって視野をさえぎってる感じがした」とサラは言う。「この黒いオベリスクの向こうに何があるか見えなかった」。ラリーが自分に性虐待を働いたグレート・レークス・ジムナスティクスのあの部屋に漂っていたかび臭い匂いは憶えていた。身体の痛みと、自分に何の価値もないという思いも憶えていた。一刻も早く終わってくれることだけを願っていた自分も憶えている。でもそれ以上にまだ何かがあった。まだ表面に出てこない何かが。

それは、一つ一つ断片的によみがえってきた。肛門を貫かれた感覚が脳裏に閃《ひらめ》いたとき、「キッチンの床に倒れこんだ。金切り声を上げて激しく泣き叫んだわ、喉が裂けるんじゃないかと思った」という。「あとで夫が帰宅して『大丈夫か』って。私、ひどいありさまだったから」。一緒に座って、子どものころ体操で「洗脳されて」性虐待に遭ったことを説明した。ことの深刻さに夫は驚いていた。「夫は本当にいい人だった。理解しようとしてくれた」とサラは言う。そのあいだも、サラの脳は自闘していた。「本当のことを受け入れようとして、こうやってシーソーをくり返すのよ。受け入れたくないから。見たくないの。違う、こんなことはなかった、って思うの。でも結局、そうだやっぱりあったんだ、って。本当はそうだってわかっているから。私の脳は自分に反論していたのよ。汚い言葉で罵りながら」。

サラと夫はそのあと二人の幼い息子と話をした。二人ともママが何かで苦しんでいることをはっきり感じていた。「あれだけのことになると、もう隠すのには無理だから」とサラは言う。「夫は息子たちに『ママはこれからとても苦しいことになるから』と言ったの。子どものとき、お医者さんがママに絶対にしてはいけないことをしたのよ、と私から説明したわ。してはいけないやり方でママに触ったのよ、って」。みんなでなにもかも話し合った。息子たちはとてもやさしくて、ママ、僕たちがいるから大丈夫、と言ってくれた。そのあと両親と話した。「パパは娘が自分たちを責めているかどうか知りたがって、私は、ぜんぜんそんなことないわと答えたわ。体操をやめないってがんばったのは私だったから」。

次の数週間、サラは脳内に何かの記憶がつかえている感覚がずっと続いていた。それがなんなのか、どこかで知りたくないと思っていた。ノースカロライナのサラの自宅近く、あの穏やかで霧のかかる美術館の庭で私と初めて会ったとき、その記憶は次第に表面に近づいていたけれど、まだ姿を現してはいなかった。ラリーの自宅のバスルームにあったポプリのことは記憶にあった。あれからずっと、その匂いを嗅ぐたびに暗い感情にとらわれてきたことも。それがなぜなのか正確にはわからなかった。

初めて会ってからの数か月間、私たちは折に触れて連絡をとり合っていた。ある日サラが話したいことがあるとメールしてきた。私が電話すると、最後の記憶がとうとう出てきた、そしてそれは考えてもみなかったほど恐ろしいことだったという。そしてサラはいまここで、自分の究極のプライバシーを初めて明かす。それは勇気のいることだ。その記憶が姿を現したのは、一人でキッチンに立っているときだった。おそらくそのすぐ前に受けた診察がきっかけになったのだろう。気になることがあって子宮の超音波検査を受けたのだ。突然よみがえった記憶の力に押されて、サラは吐き気を覚えながらまた床に膝をついた。女の子を対象にした研究をやっているという話で、ラリーのアパートに二人きりでいたことを思い出したのだ。あれは気持ちがどん底まで落ちていたときだった。自分の身体には侵されてはならない境界がある、という感覚がなくなって、コーチの精神的虐待と医師の性虐待に翻弄されていたころだった。「ラリーは後ろ手にアパートのドアに鍵をかけて寝室へ行けと言ったわ」とサラは回想する。「私がベッドに横たわるとラリーは膣のあたりに触って指でもてあそび始めた。それから私の上に乗ってきて、唇で私に触れながら、その口をだんだん下げていった」。そこまで思い出して一旦頭が停止した。あれだけだったんだろうか？　それで全部であってほしかった。そこまでで、それ以上のことはなかったはずだ、とサラは自分に言いきかせた。立ち上がってキッチンを離れると、リビングルームを行きつ戻りつ歩き回った。いや違う。「その先があったはずだった。でも思い出したくなかったの。頭がそれを封じこめようと闘ってた」という。「まだ自己防衛本能が強かったから」。

最後には、よみがえろうとする記憶の強さが勝った。「うつぶせになれって言われたのを思い出したの」。そこでまた頭が一旦停止して、するとうつぶせになれと言われたときの情景がまざまざと大画面でよみがえった。「そして見たのよ」とサラ。「ラリーは私を肛門からレイプしたの」。サラは泣かなかった。強くなれ、といつも言われてきたから。身体の痛みも心の痛みも遮断する癖が身についていた。完全に自分というものを失くしていた。「簡単に別の次元に行ってしまえるようになるの」だという。終わったあと、起きろ、体育館に戻らないと、とラリーに言われた。ロボットみたいにベッドから出て、バスルームに入ると身体を洗った。血が出ていたのでトイレットペーパーをパンティーに詰めた。

ポプリの匂いを嗅いだのはそのときだった。どうしてこの匂いがずっと自分につきまとったのかこれでわかった。

この記憶でもう一つどうしてもわからなかったことがすっきりした。長いあいだ、高校の最終学年でグレート・レークス・ジムナスティクスを出たのは、怪我の痛みがひどくなって続けられなくなったからだと思いこんでいた。でもグレート・レークスをやめて高校のチームに入ったのだから、それではどうも理屈が合わない。体操ができないほどの痛みではなかったということではないか。

記憶がよみがえってみると、何もかもがかっちりと噛みあった。あのレイプのあとグレート・レークスを出たのだ。そして二度とラリーに会わなかった。やめる決意でオールズモビルを運転して体育館に出向いた日、ジョンには挨拶したのにラリーのことは注意深く避けた。その理由がいまわかった。

記憶が戻ってきたときは「ほんとに恐ろしかった」とサラは言う。「頭の隅で、こんなことが現実だなんてありえない、って抵抗する声がして、でも自分はそれが現実だってわかってる。ここでもまた頭の中が二手に別れて争うのね」。でもやっと、とサラは言う。「過去の光景をさえぎっていたあの『黒いオベリスク』が消えたわ。何があったのか、もう疑問の余地はないし。もう何かが表面の下に隠れているような感覚もなくなった」という。「心の平穏と言ってもいいくらい。もう自分の中であれこれ葛藤しなくていいんだって。断片をかき集めてつなげようって躍起になることもない。パズルは完成したんだから」。

まだ傷からの回復という世界が待ってはいたけれど。

いま、サラは、あの医師から受けた性虐待よりもコーチから受けた精神的虐待との格闘のほうがつらいと言う。いまでもまだ、怪我をしたのは自分が悪かったという考えを捨てられない。怪我は自分の責任だと徹底して叩きこまれてきたのだ。平均台から落下して胸骨を折った日のことをまだ憶えている。勢いよく落ちていきながら、ほんの一瞬、姿勢を調節したら着地がもっとうまくいくかなと考えたのに、フォームピットに着地できるから大丈夫だろうと思ってしまった。着地に失敗して胸骨が割れたとき、コーチは怒った。そしてあの医師のところに送られたのだ。それが性虐待の始まりだった。自分が子どもだったことはわかっている。消耗しきって、栄養状態も悪く、エアコンのない体育館での練習で暑さにやられていた。それでも「あそこで身体を緩めたのは失敗だった、絶対気を抜いてはだめなの」というのだ。

サラはいま思考の書換えにとりくんでいる。これが現在進行中の長期課題だ。でも確実に強くなってきたという。「ここを乗り切れたら、もうこの先何があっても大丈夫だから」。

サラはレイプを警察に届けた。私は先方の弁護士を通じてラリー・ナサールにコメントを求めたが、弁護士の一人から、サラの元主治医は取材に応じないそうです、と言われた。

サラは、法廷で被害者陳述をおこなった女性たちの中で、臨床・法医学博士のダニエル・ムーアに深い感銘を受けた。サラと同じく1980年代後半から90年代前半までグレート・レークス・ジムナスティクスに通ったダニエルは、勉強とキャリアでは成功しながら、これまでずっと、自分に価値がないと感じて苦しんできた、それは「自分が暗い部屋にへばりついて」いて、その暗さに視界をさえぎられているような感覚だった、と法廷で述べた。子どものときに性虐待を受けていたのだとはっきり理解するまで、どうしてこんなふうに感じるのかわからなかったという。ダニエルは医師だったから、サラは連絡をとって、ノースカロライナの自宅近辺にセラピストがいないだろうかと相談した。

体操という見えにくい世界と、虐待のことを理解してくれるセラピストを見つけたかった。シスター・アーミーの始まりだった。

やがてサラは地元でセラピストを見つけ、ダニエルとのあいだに友情も芽生えた。

＊　＊　＊

ダニエル・ムーアはシカゴから私と電話で話しながら、これもまたただ者ではない話を聞かせてくれる。なんとラリーの告発を耳にした当時、イリノイ州の刑務所で性加害者のセラピストをしていたという。それまでは、自分自身が性加害者の被害に遭っていたことに気づいていなかった。子どもだったダニエルは、ラリーはお医者さんとして治療してくれているのだと信じていた。

イリノイ心理学大学院で博士号を取得したばかりのダニエルは、ラリーが性虐待で逮捕されたと母親が電話してきた当時、ポスドクとして研究中だった。「聞いてすぐ、別に驚くことでもないな、と思ったのよ。でも考えてみると、どうして驚かないんだろう？って」。運転中だったダニエルは車を止めて考えてみた。ラリーの性虐待のニュースにショックを受けない自分は、なんなんだろう？ 子どものころの記憶をたどってみた。ラリーの診察を受けた体育館のあの部屋だ。初めて身体に指を入れられたとき、同じ部屋に父親もいて、いたたまれなかった。「パパがショーツのところを見ませんように、って考えたのを憶えている」という。ラリーの挿入行為は続き、とてもいやだったダニエルはある計画を思いついた。「もっとぴったりしたショーツを履くようになったの。それなら手を入れられないんじゃないかと」。ぴったりしたショーツを履いて、なるべく縮こまっていたという。「ラリーが手を出せないように、脚を曲げて膣とお腹をなるべくくっつけていた」。一方ラリーはいかにも友だちのようにふるまった。オリンピックからせっせとお土産を持ち帰り、Facebookでつながる得意技を駆使した。ラリーの妻が出産したときは、お祝いとして、ダニエルは母親と出かけて赤ちゃん用の絵本を買った。

「頭が混乱してしまって」。真相が見えてきたときのことをダニエルはこういう。自分は性虐待に遭っていたのだ。ラリーの治療は医療行為ではなくて性行為だった。心理学の専門家だから、「かわいがると見せかけたグルーミングも、あの贈り物攻勢も、操り方も全部よくわかった。どうして見抜けなかったんだろう、と思ったけど、あのときは子どもだったから。博士号を持ってたわけじゃないし。ラリーを神様みたいに思ってた。お医者さんだし、友だちだし。操って手なずけていたのね。とても対等じゃなかった。子どもにはわかりようがなかったわ」とダニエルは言う。ダニエルは、ラリーがあの体操クラブで近づくことができた女の子たちみんなのことを思った。貪欲な連続性犯罪者の相談にのる経験を積んだ自分には、ラリーがその立場をさぞかし存分に利用したにちがいないとわかる。そうして母親に言った。「ものすごい大ごとになるわよ」。

人生に起きたことの多くが、子どものころに性虐待を受けていたことで説明がついた。自分を口汚くののしるような相手と19歳で結婚したのもその一つだった。離婚したあと、一心不乱に勉強して二つの修士号、続いて博士号を得た。「自分は価値のない人間だっていう思いから抜け出したかった」という。むかし、体操で負った怪我が原因で何度も手術を受け、目が飛び出るような支払額をめぐって保険会社ともわたりあった。こんな状況だったから、過去のことを考える時間がなかったし、そうしたいという気持ちもなかった。

おもしろいことに、刑務所で性加害者のカウンセリングをしていたとき、ダニエルは逆に安全だという気がしていたという。性加害者は自己陶酔型で小細工を弄する、獲物ねらいの獰猛《どうもう》な連中だったけれど、そういう相手だということが何もかもわかっていたから。「素性は全部わかっていて、隠しようがないの。人がある場所に足を踏み入れるとして、誰が善人か悪人かわからないことが多いけど、あの刑務所ならわかってたから」だという。「そして私は権力者、権威者だったから」。自分自身が性加害者の被害に遭っていたとわかったとき、利益相反になるからとその仕事を辞して、トラウマ治療センターを頼った。いまもうつ病と不安のためにセラピーを続けているという。ダニエルは治療にかかる費用のほうが、もっと不安の種になると指摘する。ミシガン州立大学から和解金の支払いがあるまで、サバイバーたちが持ちこたえるのは大変だ。ダニエルはいまも、感情を揺さぶるトリガーを慎重に避けている。ナサールのスキャンダルの報道やら、虐待を通報して信じてもらえず、切り捨てられた女性たちの話だ。クリスティン・ブレイジー・フォード博士が最高裁判事候補ブレット・カバノーを10代のころの性暴行で告発したとき、「ものすごく気分が落ちこんだ」という。「ほかにもそうなった性暴行被害者がいたと思う」と。

法廷でラリーと対峙するチャンスがあるのはありがたいと思った。あの顔を見て陳述するのは考えただけでも神経がまいりそうだったけれど。「一番恐ろしいものと正面から向き合うのよ」とダニエルは言う。そして「あらかじめラリーの写真に向かって怖くなるまでしゃべる練習をした」。当日落ち着いた様子で法廷に立った、眉にピアスが光る、まっすぐなブロンドの髪を肩までおろしたダニエルは、青い目をラリーに据えて言った。「あなたには、自分がどれだけの人を傷つけたか、いまも傷つけているか、身に染みてわかって、たっぷり後悔して謝りたくてたまらない、と思っていてほしいけど、こんな人並みの感性を求めても無駄でしょうね。きっと自分がかわいそうだと思っているだけでしょう。せいぜいその自己憐憫《れんびん》が、私が感じた自分が無価値だっていう気持ちと同じくらいに暗くて恐ろしいことを祈るわ」。

ラリーの前に立つと、「法廷が後ろに遠ざかっていくような奇妙な感じがした」という。それでもダニエルは言うべきことを言った。研ぎ澄ました言葉が突き刺さる。「ミスターナサール、あなたはもう医師とは呼ばれない。医師免許を剥奪されて、私の期待する最高刑が言い渡されたら、囚人番号で呼ばれるようになるのね。お似合いだわ。私だってあなたに人間じゃない物みたいに、一つの番号みたいに扱われたんだから。名前も地位も忘れられて、ただの番号になったら、それからはあなたはその番号としてだけ生きていくといいわ。私もあなたにそうされてきたんだから。何年もね。でも私はあなたと違って人間だから、あなたが持たない面があって、それを誇りに思っているの。人を思いやる、相手の身になって考える、そして患者からの信頼を積み上げている。だから私はもう人から番号で呼ばれることはない。私はドクター・ダニエル・ムーアだから」。

第18章　解放

シェルビー・ルートにとって、ナサールのスキャンダルは解放につながった。自分の心から自由になれたのだ。練習に明け暮れて世の中を知らない18歳の体操選手だった時期に、ジョン・ゲッダートに手なずけられて性的関係に誘いこまれた自分自身の心から。結局捨てられて、自殺したくなるほどひどいうつに苦しむことになった元コーチとのつらい経験のことで、どうしても自分を責めるのをやめられないでいた。「ふり返っては、どうしてあんなばかなことをしたんだろうって、そればっかり。あのひどい挫折が尾をひいて、自分もおかしくなったし、人間関係もだめになったわ。あれからずっと。あれから30年も、人を信頼できないでいたの」。

シェルビーがグレート・レークス・ジムナスティクスに通っていたのは、ナサールが来る前だから、ナサールとは一度も顔を合わせていない。でもいま、ナサールが何をしたかを知って、小さいときからずっとそこにいた体操の世界の風潮をふり返ってみると、自分はジョンに巧妙に手なずけられていたんだと感じるようになったという。悪いのは自分ではなかったのだ。あのとき、自分が利用されていたこと、コーチの立場でありながら、10代の、弱い立場の教え子にセックスを手ほどきするなんて、あるまじきことだったのだとわかったという。「本当に境界をわきまえない男だったわ」といまシェルビーは話してくれる。「でも忘れてたのね、私たち、いつまでも子どものままじゃないって」。幼なじみのシーン・ウィルソン博士に電話して「私が悪かったんじゃないと思うわ」と言った。「そう言ってくれるのを30年待ってたのよ」とシーンは答えた。

つきあっていた男性との関係を一歩進めて婚約した。やっと自分のことも相手のことも信頼できるようになった。

2017年8月、ナサールのスキャンダルがニュースになって1年が経つかというころ、シェルビーはジョン・ゲッダートからFacebookで神経にさわるようなメッセージをつぎつぎ受けとる。こんなだったのよ、とやりとりを見せてくれる。始まりはこんなふうだ。

やあ、シェルビー。都合のつくときにちょっと電話してくれないかな。

シェルビーは返事をしなかった。すると2時間くらいあとに、またメッセージが来た。

けっこうだいじなことなんだ。

このときも返事をしなかった。するとFacebookから電話をかけてきた。そしてまたメッセージが来る。

おっと申し訳ない。まちがって押しちゃったよ。Facebookのアドレスで電話できるなんて知らなかったから。

このときもシェルビーは無視した。2時間ほど経ってジョンはまたFacebookから電話してきた。うるさくなってシェルビーは返信した。

ジョン、連絡をとらなくなって25年は経つのに、いきなりメッセージをもらったら驚くわ。私はいま人生のとってもいい時期なのよ。とっても幸せ。いままで出会ったこともないくらいすばらしい男性と婚約したばっかりなの。本当に私にはもったいないような相手で、心から私を愛してくれる。私も同じ。こういうことだから、もうあなたと連絡をとるのはやめたいの。あなたにもどうかそうしてほしい。あのころのことは、ドアを閉じておしまいにしたい。そしてこれから先のことだけを考えていきたいの。

ジョンはこう返信する。

それはおめでとう。僕もすごくうれしい。もちろんどうでもいいようなことで君に連絡したりしないよ。僕たちの過去のことでなんだか調査が進んでるみたいなんだ。僕に悪意を持った奴らが後ろにいることはまちがいない。僕が持ってる情報を知りたかったら、喜んで話すよ。失礼なことを考えてるわけじゃない、誓って。

ジョンの調査が進んでいることを、シェルビーはもう知っていた。その数か月前に監視団体 The US Center for SafeSport の職員から接触されていたのだ。The US Center for SafeSport は、ナサールのスキャンダルが出たあと、ジョンを停職処分としたうえ、指導方法に異議が殺到する中で、ジョンの調査を開始した。その過程で、SafeSport はジョンの自分に対する不適切なふるまいを突き止めたのだとシェルビーは言う。ある調査担当者と電子メールのやりとりをして、電話でも話した。メールのやりとりを私に見せてくれた。「機微がよくわかる人」だったそうで、経験したことを最初から最後までじっくりふり返ったうえで、もっと広い視野で見られるよう手助けしてくれたという。これでまた一歩前に進んで、元コーチの甘い言葉にのせられていいようにされたのは、自分が悪かったわけじゃないと納得できるようになったという。

SafeSport に問い合わせた私は、特定の調査についてコメントはできないと職員から言われた。

2018年1月、シェルビーは、法廷でラリー・ナサールを前にしてつぎつぎと証言台に立つ女性たちを見た。「『みなさんはもう被害者ではない、生き延びた人、サバイバーなのです』っていう裁判官の言葉を聞いて、生まれて初めてっていうくらい力がわいてきたわ。私は被害者なんかでいたくない。弱い自分でもいたくないって思った」という。「30年かかってやっと、そのことがわかったの」。

その年の8月、シェルビーは結婚して、フィジーのビーチで式を挙げた。砂浜に立つ二人の写真を私に送ってくれる。輝くような笑顔を向けあって。白い長いドレスのシェルビーとペール・グレーのスーツの夫。ティール色の水を湛えた海がはるか遠くまで広がっている。ふたりはいまオーストラリアに住んでいる。出会ってから何年も、真剣な交際を続けてきた。シェルビーが男性を信頼できなくて苦しんでいたころから。彼のほうは一歩進んで将来を共にする段階に入りたいと望んだのに、シェルビーは自分にそれができるとは思えなかった。まだ、過去の亡霊との戦いが続いていた。2年ほど前、青天の霹靂《へきれき》のように彼からメールが入って、またつながった。あらためて恋に落ちたシェルビーにもう迷いはなかった。自分を認めることもできて、心も落ち着いていた。

元コーチとのいきさつを話すと、彼は耳を傾けて共感してくれた。母親とも話をした。「私がジョンに手なずけられてあんな目に遭ったこと、ママもかかわってるのよ」と。ジョンはシェルビーの母親にもとり入って、まんまと信頼させたのだった。いわゆるグルーミングの兆候のことも母親は何も知らなかった。「私だって知らなかったわ。でもいまなら二人ともわかるわ」とシェルビーは言う。「ママが手紙を書いてきて謝ってくれたの。『どうして踏みこまなかったのかしら、母親として。娘が自分の助けをほしがっているときに、私は何もわかっていなかったのね』って」。

シェルビーと母親はいまはわだかまりも消え、自分の経験を世の中の人に話すことで、グルーミングがどんなふうに進むのか、ほかの女の子や親たちにわかってもらえるかもしれないと思っている。こんな目に遭って、生涯つらい痛みに捕らわれずにすむように。この本で初めて自分に起きたことを世間に明かすのは、勇気のいることだった。壊された女の子たちの痕跡を延々と引きずって、オリンピックの高みを極めたコーチと医師の物語の、当事者だけが知る深い真相とともに。

シェルビーが決別を胸に過去のドアを閉じたとき、まさにそのドアをたくさんの女性が開けようとしていた。開けた向こうに何が潜んでいるのかも知らずに。

第19章 真相と向き合って

ナサールの事件発覚の早い時期に私と会った元ツイスターズの体操選手リンゼイ・レムケは、それが初めて明るみに出たとき、旧友ラリーが虐待で告発されたとはとても信じられなかった。ラリー自身がいつも言っていたとおり、あれはちゃんとした医療行為だったはずだ。

ニュースを聞いた２０１６年秋、リンゼイはミシガン州立大の3年生になったばかりだった。大学の体操チームの友だちと一緒に突然呼び出されて、緊急ミーティングに出席した。ヘッドコーチのキャシー・クラゲスをはじめ、体育局の面々と選手たちが集まっていたそうだ。確かクラゲスは「みなさんに、本当にくだらないことですが、お知らせがあります。私に言わせれば、本当にくだらないことです」。もうすぐラリーに対する告発が報道されるのだとクラゲスは言った。詳しい説明は何もなかった。

「どういう告発なのかも教えてくれなかったのよ」とリンゼイは言う。「要するに、これについて相手が誰だろうといっさいものを言うな、家族にもだ、っていうことね。これに関して誰か、マスコミでもなんでも電話がかかってきても、ここでどう言われたかとか何も言うな、って言われたの。私たちもまあ、誰にも何も言っちゃいけないのね、わかったわ、と思って帰った」。

「そう言ってすぐ電話をとり出して私にかけてくるのよ」と母親のクリスティ。聞いたクリスティはグーグル検索を始めた。「インディアナポリス・スター」紙が性虐待の告発を載せると、すぐにネットにもニュースが出た。

ラリーが誰かに危害を加えるなんてリンゼイには信じられなかった。それは州立大のチームメートも同じだった、という。少なくとも最初は。一方母親のクリスティは、もしかしたら、と気がかりだった。クリスティはリンゼイに、ラリーにこういうことをされていなかったか、と訊き、リンゼイはされていない、と答えた。「ラリーがしたことはちゃんとした治療で、性虐待なんかじゃなかったと思っていたから」とリンゼイは言う。あちこちのメディアでこのニュースがとり上げられても、リンゼイは無視した。読むと腹が立った。「ほんとにどうしようもない人たちだ、って思ったの。あれだけ尽くしてくれた人の人生をどうしてめちゃくちゃにしようとするの？って」。無視して練習に集中しようとするリンゼイに、クリスティは、本当に何もされていないの、と何度も訊いた。いやな予感がどんどん強くなるクリスティだった。二人はとても仲のいい母娘で、それまでおたがいなんでも話してきたのに、リンゼイは、絶対に虐待なんかされていない、と言い張った。「ママに訊かれるたびに腹が立ってしかたがなかった」とリンゼイは言う。「もうしつこく訊かないで、って言ってたわ」。リンゼイはあの医師のしたことは医療行為だと信じ続けた。信頼する年長者で、なんでも打ち明けられる人だったのだ。何か悪いことをする人のようにどうしても思えなかった。

２０１６年12月、頑強に否定して譲らない娘を見て、クリスティもふと、たぶんあの告発のほうがおかしいのかもしれない、と思ったことがあった。クリスティは長年の友人ラリーにショートメールを送って、「どうしていますか」と訊いてみた。いつものようにすぐ返信がなく、何が起きているんだろう、といぶかった。何か新しい展開があったかとニュースをチェックしてみると、なんと児童ポルノで逮捕されたことが出ていた。「ほんとに、気分が悪かったわ」とクリスティは言う。「胃が重くなって」。

クリスティはリンゼイの父親と一緒にそのニュースを娘に知らせた。そのとき初めて、身の毛のよだつような真相がはっきり見えてきた。「そのときわかったの、ラリーが私にしたことはまともじゃなかったんだって。わかった、どんなことをされていたか、もう一度よく考えてみないと、って思って、あれは性虐待だったんだなって」。その瞬間はね、とリンゼイは言う。「とにかく、裏切られたっていう思いでいっぱいだったのを憶えているわ。これはもう、ラリーはまともな精神状態じゃなかったんでしょうね。というか、精神状態がまともなら、誰もあんなことはしないでしょう」。でもそれは言い訳にはならないわね、だって良くないことだってわかってやってたんだから、とリンゼイはつぶやく。いままでラリーを必死にかばっていたのに、いきなり正体がいやらしい性犯罪者だって認めるしかなくなるなんて、「幻覚の中を歩いてるような感じ」だったわ、とリンゼイは言う。「そうとしか私には表現のしようがないの」と。

子どものころの記憶をずっとたどって「全部の点をつなげてみると」、どうしてこんなことになってしまったのかがわかってきた。「自宅の地下室に私を連れて行ったのは、妻や子どもたちにそばにいてほしくないからだったんだ、っていうふうにね。自分の家まで私を来させるようにしたのは、あれをするために一番ばれにくいところだからだったんだ。絶対にうちの保険に費用を請求しなかったのは、そうすればやってることの証拠が残らないからだった。いろいろ贈り物をくれたのは私に自分を信頼させるため。両親と親しくしたのは両親に自分を信頼させるため。こう考えるとみんな辻つまが合ったのよ」。

激怒したクリスティは、コーチのキャシー・クラゲスに電話して、これをどうしてくれるのだと詰め寄った。クラゲスはラリーをかばって、医師としての治療をしていただけだと言い張ったという。児童ポルノの件も陰謀の可能性がある、とほのめかすようなことまで言ったそうだ。ラリーをかばおうとするコーチを、リンゼイ母娘は許せなかった。リンゼイはこうするあいだも、大学ではクラゲスコーチと関わらないわけにはいかなくて、「本当に耐えがたかった」という。「それでも毎日体育館に行って、コーチの言うことを聞かなきゃならなかったのよ。信じられないわ。これが私のヘッドコーチだったのよ。私を保護する立場だったはずなのに」。ある日なんかね、とリンゼイは言う。チームのみんなにラリーに送るカードにサインしてくれない、ですって。

私は、キャシー・クラゲスに、本書に引用した批判についてコメント願えるかと弁護士を通じて問い合わせた。弁護士の一人から、起訴されている件については、クラゲスは無罪である、という連絡が来た。

リンゼイは、自分をナサール事件の被害者だ、と最初に公表した勇気ある女性の一人になり、2017年のスキャンダル勃発当時、まだ多くの被害者が身元を明かさなかった段階で、自分の経験を語っている。

それから1年近く経って、兄に付き添われて法廷に立ち、ラリーとジョン両方に向かって被害者陳述を叩きつけたリンゼイだったが、その前にまず、自分より前に証言台に立った女性たちを称えた。「まず最初に、この部屋にいる方も別の場所にいる方も、声を上げる決心をして体験を語ってくださった皆さん全員が私の誇りだということを申し上げたいと思います」とリンゼイは言った。「皆さんの姿に私は勇気を与えられました。お一人でも欠けていたら、いまここにこうして立って発言している私はいなかったでしょう」。

そしてまずラリーを粉々に打ち砕いた。「今日私は、10歳だった私に代わって、あなたに言うわ。だからいまここに立ってあなたを見ている私は、10歳だった私なの。そのつもりで聞いてほしい。いまの私は、10歳だった私のそばに立って、肩を抱いているのよ」と続ける。「今日、この12年で初めて、あなたがいない私の人生がどんなものになるか、ようやく見えてきたわ。今日、私はやっと解放されるの。ラリー、私にとってあなたは最悪の人間だわ。人の弱みにつけこむ、人をばかにする、人を支配しようとする、人を信頼する心、子ども時代、幸せ、純真さを奪う、そして人の命を奪うことまでする輩《やから》」。でもね、勝ったのは私よ、とリンゼイは言う。「今日、私がこうしてあなたに向かってものを言っているのは、私たち女性が、あなたがむかし考えていたより強くなったからよ。私たちのほうがあなたより強いの。私たちが一つになったら、あなたは勝てないわ」。

次にリンゼイはジョンに追及の矢を向けた。「怖くて怖くて、今日も、今週も、この法廷に出て来られないようだから、こうしてしゃべっている私をどこかで見て聴いていることを祈るわ。あなたとラリーは山ほど共通点がある。あなたは本当に恥ずかしい人。何千ドルも払っていた私たちアスリートを、恐怖心を煽りながら指導していた。私たちを支配して、わざと怖がらせるために。ジョン、結局負けたのはあなたのほうで、私たちじゃないわ」。リンゼイは言う。「私も、チームメートも、あんなに長いあいだ、怖くて、泣いて、ぶるぶる震える毎日だったのよ、何もわからない子どもだったのに。死んでしまおうとした子だっている、みんなあなたのせいで。あなたは私を洗脳した、ラリーもね。私は何も言えなかった。口答えするなと言われたから。声を上げる勇気がなかった。でもいまは違うわ。覚悟はいいかしら、ジョン・ゲッダート、あなたも鉄格子の中がふさわしい。ラリーとお隣でね」。

この2日ほど前、リンゼイは母親に陳述の代読を頼み、クリスティはそれをすませていた。でも証言台に立つ女性たちを見て、自分もあそこに立とう、と決心した。リンゼイはアンジェラ・ポビラティス検事に自分で陳述書を読みたいと伝え許可をもらった。それを承認したアキリーナ裁判官も、法廷でリンゼイに「ご自分で出廷もしたいとのご意向に感謝します」と言った。後日、鋭い言葉で陳述を終えたあとで、ジョン・ゲッダートが私を黙らせようとしたのよ、とリンゼイは教えてくれる。共通の友人に連絡してきて、自分のことをこれ以上あれこれ話すなとリンゼイに言え、と言ったそうだ。リンゼイは黙るどころか盛大にしゃべった。ジョンのことをツイッターで書いた。「ほんとに漫画みたいね。まだ私を脅せると思っていたなんて」と失笑する。

2018年、二人の法廷陳述の何か月かあとに、私はリンゼイともクリスティとも話したけれど、最初に会ったときとは天と地ほども差があった。最初に会ったとき、あれは2017年、事件が発覚して数か月のころだった。二人とも友人ラリーがジキルとハイドのように二つの貌《かお》をもっていたショックから立ち直れていなかった。もうその時期はすぎて、いまの二人は燃えている。変えていくことを強く訴えて。リンゼイはメディアを駆使して、あの性虐待を許した関係者を折に触れて強く批判している。ラリーの判決前審問で、記者たちと話している当時の州立大学長ロウ・アンナ・K・サイモンを偶然見かけたときも、すかさず面と向かって責任追及の徹底を要求した。そのあとリンゼイはYouTubeで感動的な「サバイバー・シリーズ」を製作して体験を語り、周りを力づけている。

一方州立大で課程を修了するのは大変だった。スキャンダルが広がって、目を覆うばかりの大学の失態がつぎつぎ明らかになる中、そのことをいっさい話題にしない体操チームのコーチたちに、リンゼイは失望したという。怪我をしたのをきっかけに、大学の医師とトレーナーのアドバイスで体操チームを引退したけれど、その二人がラリーの友人だったことを考えると、信用してよかったのかと疑問がわいた。懸念して当然だろう。

州立大は、30年にわたってこんな性虐待を許してきたことで、そして真相が明るみに出たとき、責任をなるべく軽くしようとしたことで、訴えた女の子たちやランシングの人々の期待を甚だしく裏切った。2018年のナサールの判決前審問のあとにミシガン州司法長官が立ち上げた大学の捜査では、「誤解を招く公式声明の発出、意味のない文書を大量に提出して捜査官をごまかそうとする、妥当な文書では必要以上に抵抗する、弁護士依頼者間秘匿特権の対象ではないのにそれを主張する」など、数々の失態が特定された。こうした対応から「ある一貫する姿勢が顕著にうかがえる」と捜査官が指摘するのは、「MSUが従来より、自身の名声を護りたいという願望を動機として、性暴力に対する無関心の風潮を醸成している」ことだった。

リンゼイは、なんとしてもパワーを失わないで、「もっと大きな人間に」なろう、学位もとって、被害者に「あなたの声が変えていく力」なのだと実感してもらえるように闘うのだと言う。

＊　＊　＊

リンゼイの友だち、プレスリー・アリソンとテイラー・スティーブンス、ツイスターズをあとにして高校のチームに入った親友同士の二人は、やはり「女性のための重要な声」として動き出していた。ラリーが告発されたと知ったとき、自分たちもラリーの被害に遭っていたのだと理解した。それは恐怖そのものだった。テイラーは、まだ子どもだった自分が、何かいやらしいことをされてるんじゃないかと感じて、プレスリーやほかの友だちに、どう思う、と訊いたことを思い出した。みんなから自分もラリーにそうされていると聞いたテイラーは、自分だけにするんじゃないなら、きっとちゃんとした治療なのだろうと思ってしまった。身体で感じたことが当たっていたのに信じなかった自分を思うと、胸が痛む。あのときは子どもだったんだからしかたがなかったのだと、自分に言い聞かせて納得しようとした。

テイラーもプレスリーも、ニュースが出たときに両親と交わしたつらい会話のことを私に話してくれる。「スター」紙の報道を読んだ直後、ある夜遅くに、テイラーは大学から母親に電話した。「私が『ママ、あれ見た？』って言ったら、『あなたもされたの？』って訊かれて私は、『された』って答えた。二人とも泣き出してしまったわ。最初、ママはどうして私がママに言わなかったのか理解できなかったの。あれはつらかった。ママは私から信頼されてなかったんだと思ったみたい。最後にはわかってくれて、でもしばらくかかったわ、私たちの関係がもとに戻るまで。どうしてママに言わなかったんだろうって後悔したけど、でも私、子どもだったから」。

プレスリーも母親と感情的になってやりあった。母親から、あの衝撃的なニュースを見たかと訊かれたプレスリーは、「ママがあそこにいたときの話よ」と答えた。あの行為をされているあいだ、母親は同じ部屋にいたのだ。でも、あの医師が巧妙に視界をさえぎっていた。いつものように。「ママも知ってのことだとずっと私は思ってたの」とプレスリーは言う。「ママは泣き叫んでたわ。ほんとにごめんなさい、って。いまでも自分を責めてると思うわ。『それ、いつのことなの？　どうして気がつかなかったのかしら？　ほかにもママが気づかなかったことがある？』って何度も」。父親と話をするまでには時間がかかった。「娘が父親としたい会話じゃないから」という。テイラーもうなずく。テイラーも父親と話すまでには時間がかかった。やっと話せたと思ったら、「パパは泣き出したのよ。あれは本当にこたえたわ。両親は私に謝ったけど、親に、申し訳ない、って言わせるなんて。パパやママのせいじゃないわって私は言った。言わなかった自分が謝るほうかもしれないと思ったし。こんなことがあると、関係が永遠に変わってしまうの」。

来る日も来る日もこの事件がニュースになって、大学の先生が教室で話題にし始めると、授業に出るのもつらくなった、とプレスリーは言う。そのころテイラーのほうは、警察に出向いて通報している。「ラリーがやったことを州立大にきちんと知っておいてもらいたかったの」だという。若い男性の捜査員と話さなければならなくて、事情聴取は不愉快だった。「ラリーがどれだけのことをしたのか、詳しいことは誰も知らない時期だったから、噛み合わないことばっかり訊かれて、いちいち答えて、そのたびに相手の表情にうんざりして。ほんとにいやな経験だったわ。もうなんにも言いたくない、って思ったわ」。看護学校に通っていたテイラーも、プレスリーと同じだった。どこに行ってもナサールのニュースのことを話題にする声が耳に入ってきた。それでも、とテイラーは言う。その経験でますます医療の道に進もうという気持ちが強くなった。テイラーは私に、「患者のために声を上げる医療従事者になりたいの」と話してくれる。

プレスリーもテイラーも、法廷陳述で突き刺すような言葉をラリーに放った。その原稿を支援者が代読している。プレスリーは、ほかの人たちと比べて被害回数が極端に少ないのに、自分がこんなものを書いていいのかと悩んだと記している。でもはっきりわかった。「1回だろうと100回だろうと、起きてはいけないことが起きたのは同じだ」。テイラーはこんな火のような言葉を放った。「あなたは無垢な私を汚して、尊厳も、青春も奪ったけれど、あなたみたいな性犯罪者に向かって女性として立ち上がる権利は奪わせないわ」。

第20章 家族

骨折した脚で練習と大会出場を続けた体操選手イズィー・ハッチンスは、スキャンダルが噴き出した当時、ラリーをかばった。家族は真相をわからせようとしたけれど、イズィーはラリーを信じて、あれは医師としての治療だったと譲らなかった。「ラリーは私が知っていた、少なくとも知っていたと思っていた最高の人たちの一人だったのよ」と、いまイズィーは私に言う。「友だちだったんだから」と。数週間経ってもラリーは無実だと言い張るイズィーに、ボーイフレンドのコーディ・イーゴはアプローチを変えて、イズィーの古い友だちリンゼイ・レムケに相談した。

リンゼイは当時そこここに声を上げるようになっていたサバイバーたちのリーダーになろうとしていた。

イズィーとは、ツイスターズで出会った子どものころからの友だち同士だ。コーディがショートメールでリンゼイに助けを求めると、どうしたの、と訊いてきた。治療のふりをしたラリーから性虐待されたことを信じてもらえなかった時期を自分もくぐり抜けて来たリンゼイは、理解も早く、すぐに返信してきたのだ。

あなたからは、とにかく君が悪いんじゃない、起きていたことがわからなかったのは当時なら無理もないことだったんだって、イズィーを安心させるのが一番いいと思うわ。見抜けなかったからって卑下することはないし、これからだってラリーにされたことなんかでくよくよせずにすばらしいことができる人なんだよ、君はって。イズィーは、本当にイズィーは、私が知ってる中でも最高にイケてるひとりよ。度量が大きくて人を助けることができる人。それは誰が、たとえラリーでも、何をしたって少しも変わらない。

コーディも返信する。

すばらしいアドバイスをありがとう。本当に感謝しかない。人を守って戦うためにこの世に送りこまれた強い人なんだね、君は。

コーディ、リンゼイ、そして家族に支えられて、イズィーはようやく本当にラリーに欺かれていたことを理解した。それがはっきりしたときは、「トラックにはねられた」みたいだった、とイズィーは言う。「記憶を洗いざらいたどって、いちいち訂正しなきゃならなかった。ラリーが自分にしたことと全部、受けとった贈り物、二人の友情、何もかもが嘘だったのね。全部、私を信頼させて、あの胸の悪くなる治療を好きなだけできるようにするための作戦だった」。だまされていたことをなんとか理解しようとするイズィーだったが、そのストレスと哀しみから、ツイスターズ時代と同じように、自傷に逃げこむようになる。すぐに気づいたコーディは止める手助けをした。そして悪夢が始まった。当時ラリーの地下室で暖炉のそばにあったマッサージ台の光景が、くり返しよみがえる。「本当に現実みたいだった。暖炉の熱が伝わってきそうに。身体に置かれたラリーの手の感触まで、また」とイズィーは言う。いつもパニックになって目が覚めた。すすり泣きながら息苦しさにあえいで。

妹のアイルランドも、自分が性暴行を受けていた事実としっかり向き合おうとしていた。みんなが感情を激しく揺さぶられて、家族は収拾がつかなくなっていた。イズィーの母親リサが自分を責めるのを聞くと、私は本当に胸が痛む。責めるべきは、家族をあんなに狡猾に操ったあの性犯罪者ではないか。娘たちのこと、二人が耐えた性虐待のことが頭を駆けめぐって夜も眠れない、とリサは言う。「娘たちを見捨ててしまったんだわ。護ってやれなくて。こんなことが起きたのも私の手落ちなのよ。腹立たしい。つらい。裏切られた気がするわ。ラリーだけじゃなくて、MSUにもツイスターズにも、ジョンや、USAGにも。娘たちの父親が見る影もなく泣いているのを見ると、胸が張り裂けそうなのよ。目をじっと閉じて、あごも肩も落として前かがみになって、つらそうにラリーがしたことを聴いている姿。こんな話を聞きたい父親がいるかしら」。リサはいま「娘たちはこの先被害に遭わずにすむのかしら?」と不安でならない。

イズィーの父エリックは、不快極まる真相を知ったときから、ストレスで発作を起こすようになった。ラリーのことも、ジョンのことも友だちだと思っていたのに。「当時の二人の業績を見てくれ。オリンピック・ヘッドコーチとその右腕だよ。その犠牲がこれだ。どれだけの人生が壊されたか。吐き気がする。本当に胸が悪い」。リサと同じく、エリックもあの医師を信頼してしまった自分を激しく責めていた。エリックは、ラリーが送りつけてきた、いかにも思慮深くイズィーの怪我を気づかうようなショートメールのことを思う。本当に自分の子どもたちのことを考えてくれているのだと信じていた。自分とリサのあいだに割りこんで嘘をついて、二人を反目させたことも考えた。それで結局別居になった。

幸い家族や友人に慰められた。とても「支えになってくれる」のだという。「どうしてこんなことになったのか、みんなわかっていないけど、自分だってどうしてこんなことになったのかわからないし、わからないなりにみんな心を寄せてくれた」と。エリックはなんとか不安に飲まれまいとしている。「家族みんなで乗り越えるんだ。子どもたちは健康だし、学校にも行っていて、教育も身につくだろう。それに力強い運動もある。変えていこうっていう運動がね」。自分のことを話すのも、変えていく動きの一つになれるだろうとエリックは期待している。よその家族がもうこんな目に遭わずにすむように。

一家みんなで私の取材に応じてくれることになったのも、その希望があったからなのだ。過去をたどる苦しさや、世間の目に無防備にさらされる不安もあっただろうに。獰猛《どうもう》な性犯罪者が、どんなふうに子どもや家族まで手なずけて操るのか、そしてあんな性虐待が家族全体にどれほど測り知れない影響を与えるのかを、世の人にわかってほしいのだ。コーディに付き添われてランシングで私と会い、あのイタリアンレストランで信じられないような話を聞かせてくれたあと、イズィーは両親にもぜひ私と話すように勧めてくれた。あとになってアイルランドも、この本の中で初めて被害者として世間に名乗り出ることを決めた。勇敢な若い姉妹が声を上げたのだ。

回復までの長い道のりが待ってはいるけれど。

イズィーはまだ、診察の予約をとるとか、マッサージ台が視野に入るとか、あれやこれやで感情を揺さぶられては苦しんでいる。もう一人では医者のところへ行けなくなった。親密なしぐさが苦しみの種になることもある。ラリーにされたことが脳裏によみがえるのだ。ラリーがきちんと治療しなかった過去の怪我がもとで、この先何年も身体の痛みに苦しむのだろうかと不安にもなっている。もしまともな治療を受けていたら、いまごろは事情が違っていたんだろうかとも思う。かさんでいくセラピーの料金も心配でならない。

イズィーはいま、コーディ、家族、そして友だちの助けを借りながら、なんとか前に進もうと格闘している。同じ道を行く妹に手を添えながら。イズィーが法廷でラリーと向き合ったときは、アイルランドとコーディが両脇を一対の歩哨のように固めていた。まだ自分も被害に遭ったと名乗り出る勇気はなかったアイルランドだったけれど、姉が立ち上がる姿を誇りに思い、勇気を与えられた。一方イズィーは、陳述を始めながら不安で落ち着かず、つい早口になる。アキリーナ裁判官は、「ちょっと待って。かけっこじゃないんだから、大丈夫、時間は十分ありますよ」とイズィーを制した。イズィーの顔がほころぶ。呼吸を整えて、自分の身に起きた、聞くのもつらい出来事を語る。ラリーからの贈り物が詰まった段ボール箱を目に見える証拠として携えて。

1996年アトランタ・オリンピックのマスコットの置き物、イズィーという漫画のキャラクターから始まって、子どものころに受けとった贈り物を一つ一つ箱からとり上げる姿は、見る者の胸を衝いた。次にイズィーは絆創膏《ばんそうこう》が入った小さな金属の箱を取り上げ、「私が負った怪我用の、いたいいたいイズィーのバンドエイドとかいうものです」。そして贈り物についてきたグリーティングカードも見せた。続いてラリーの言葉を読み上げる。「イズィー、今シーズンの活躍はすごかったね。1996年のオリンピック・マスコットはイズィーだったんだよ、知ってたかい？　楽しんで！　それにもちろん、2000年のシドニー・オリンピックのイズィーソックスも一組あるよ。かわいいイズィーへ。ラリー」。

ツイスターズが、暴言や暴力の蔓延する環境だったこと、重圧とストレスから自傷するようになった過程をイズィーは説明した。そして、ジョン・ゲッダートに対して、この日のために研いできた言葉の牙を向ける。「ジョン、あんなに長いあいだ私たちみんなを黙らせようと一生懸命だったあなたが、こんなにじっと黙っているのはなんだかおかしいわね。声を上げる決心がついた私たちが大きな声であなたを呼んでいるというのに、あなたはいったいどこにいるの。じっと隠れていればそのうちこっそりすり抜けられると思っているなら、そうはさせないわ。次はあなたの番だから」。

終わりにイズィーはあらためてラリーを正面から見据えた。黒々とした目が光る。子どものころからお医者さんになりたいと思っていた、ラリーのように。そして大学に入って医学の勉強を始めた、という。ラリーが獰猛な性犯罪者だとわかったとき、「心底気持ちが悪くなって、あんな人間になると考えただけで堪えがたかった、いままで勉強してきたことも全部投げ出したいと思ったくらいだった」と。そして、ある日閃《ひらめ》いたのだ。「はっきり気がついたの。あなたは一度も本当の医師だったことがない。私を治さないで傷つけただけなんだから。そして私はきっといつか、医療の世界に信頼をとり戻す力になろうって。医学部に進んで勉強を続けて、あなたが一度もなれなかった本物の医者になってみせると誓ったの」。

アキリーナ裁判官はイズィーの強さをたたえて「あなたは声を上げられる人。あなたの言葉は大きな力です。これからは、本当の回復を始めてください。あなたはだいじな人なのですから、自傷はやめてくださいね。そういう後ろ向きなことはいっさいやめて、あなたは前を向いて進んでいくロールモデル、サバイバーなのですから。どうかそのままその道を進んでください。その美しい声でね」。

証言台を降りたイズィーは、ゴミ箱があるのに気づくと、ラリーの贈り物をあらいざらいそこにぶちまけた。

第21章 ティーン・ウォリアーズ

13歳で幻滅して体操をやめたかつてのオリンピック候補選手、16歳のオータム・ブラニーには、ラリーに裏切られたことで、自分が一番好きな男性たちを信頼できなくなるという痛ましい問題が起きた。大好きな男性たち、父親も、兄も、祖父も。父親、兄、祖父さえ、ハグすることも、二人きりでいることも怖くてできなくなった。突然に。「ほんとにすまなくて」とオータムは言う。教会で祖父が肩に手を触れただけで凍りついてしまったときの話だ。「でももう誰も信頼できない気がしていたの」。ラリーからあんなことをされたのだから無理もない。まるで家族の一員のようだったのに。

ラリーが獰猛《どうもう》な性犯罪者だった、医者として治療してくれていたのではなかったのだと信じられるまでに、オータムはしばらくかかった。「本当にわけがわからなかった。あんなにみんなのために尽くす人だったから。悪い人ってジョンみたいなのだとずっと思ってたから。ジョンは悪い奴だった。ラリーみたいな人がそうだなんて考えたこともなかった」と言いながら、「だからあんなに長いあいだ、ばれずにすんでいたのね」とつぶやく。母親のクリスも、この最悪の事態をとても信じられなかったという。児童ポルノの件でラリーが逮捕されたとき、二人とも真相を理解した。「とうとうわかったの」とオータム。「起きたことを一つ一つよく考えて、ああそういうことだったんだなって」。

逮捕されるラリーをニュースで見ながら、クリスは内臓をすっぽり抜きとられたような気がしたのを憶えているという。「自分の鼻の先でこんなことが起きた、ってものすごい罪悪感だった」という。「一番だいじなことができていなかったんだと情けなかったわ」。虐待は虐待犯の責任でしょう、と私。クリスは、娘の安全を気づかっていつも目を光らせていたし、体育館の練習にも大会の遠征にも同行した。ブラニー一家と知り合うころには、ラリーは何十年も腕を磨いてきたいっぱしのペテン師だったのだ。

オータムはうつ状態になってしまう。「誰とも会わないようにしていたの。自分は被害に遭った、性虐待されたんだ、って四六時中考えてた。よく過呼吸になったわ。自分の腕にも脚にも感覚がなくなって、座りこんだままずっと泣き止まなかった。本当に地獄だったわ、信頼していた相手にずっと性暴行を受けていたってわかって生きていくのは。訳がわからなくて腹が立って。それで疲れ果ててた。ずっと自分が完全に気がちがったみたいな気がして」。バースデイパーティーで友だちの家に泊まったとき、夜中に悪夢が忍び寄った。「ラリーにもてあそばれてる夢をみたのよ。自分も、ああいやらしいことをされているなってわかっているの。泣いちゃだめ、って自分に言い聞かせながら」。ときどきパニック発作に見舞われて、発作を起こす自分を責めた。「何もかも自分のせいだって思うようにトレーニングされてたから。なんて情けない、って自分に腹を立てた。何かにつけて泣いたり怒ったりしてたわ」。

自分が性虐待されていたことを誰にも知られたくなかった。「袋でもかぶりたいような気がしてた。誰からも見られないように。誰かが自分のほうを見ると思っただけで、気持ちが悪くなったの。同じ年ごろの子に見られるのはそんなにいやじゃなかったけど、それなら自分を護れそうな気がした。でも大人とだったら、ラリーくらいのね、緊張してぜんぜん気が休まらなかった」という。「感情を出さないようにトレーニングされてたから、余計に苦しかった。ずっと、大丈夫、切り抜けられる、って自分に言い聞かせないと生きてこられなかったから」。オータムは、とりつかれたように事件をグーグル検索しながら、夜更かしするようになった。「泣いてばっかりだった。どうか考えすぎないでいられるようにしてください、って神様に祈りながら」。

クリスはネット荒らしに苦しんでいた。「結局Facebookと縁を切ることにしたわ。それはひどいことを言われて。『親がいてどうしてこんなことになったんだ？　親に問題でもあるのか？　自分なら子どもにこんなことをさせない』とか」。ため息をついてクリスは言う。「私は宇宙一子どもを護ろうとする親よ」。オータムもうなずいて言う。「ほんとにみんなに言いたかったわ。誰にでも起こることなのよって。そんなに偉そうに強気にならないでって。あなたに起きたっておかしくないのよ」。

そしてある日、オータムは峠を越える。「何か月かうつうつと過ごして、もう誰かにふり回されるのはまっぴらだって決めたの」。オータムは、Facebookに短い書きこみをして、自分を事件の被害者だと世間に明かした。「私はオータム・ブラニー。もう隠れるのはやめました。口にするのもとてもつらいけれど、はっきり言うことが回復の助けにもなる気がします。私もラリー・ナサールに性虐待を受けた多くの被害者の一人です」と書きこんで、信頼していた医師が、治療のふりをして実はいやらしいことをしていたとわかったときの脚が萎《な》えるような怖さを説明した。「私は強い。この苦しみをきっと切り抜ける。ラリーに何をされたからって、自分が悪いんじゃないといまはわかる。いまもまだつらい思いと闘っているけれど、私はファイターだからきっと乗り越えてみせるわ」。

ここまで書いてアップしたとき、「汗をかいて、震えてたのを憶えているわ。いろいろ言ってくる人がいるだろうなって怖くて。そしたらいっぱいサポートの投稿が来た。やっぱりこうしてよかったんだって思えたわ。同じように性暴力の被害に遭った女の人からのコメントもいっぱい。ジョーディン・ウィーバーからは『立ち上がろう一緒に』って刻んだブレスレットが送られてきたの」。

2018年の春には、テキサスで開かれた記者会見で果敢に発言した。そばには母親のクリスが立っていた。オリンピックメダリストのジェイミー・ダンツシャーやほかの被害者と一緒に、ラリーがトップ選手に手をかけた全米チームのトレーニングセンター、カーロイ・ランチの犯罪捜査をもっと強化してほしい、とテキサス当局に要求したのだ。「私が発言しているあいだ、ジェイミーが手を握っていてくれたの。なんの心の準備もできてなかったから。私はジェイミーの手をぎゅっと握りしめていた。床に倒れこみそうで」とオータムは言う。「脚もがくがく震えていたし」。その後、秘密を抱えている重荷が消えて肩が軽くなり、はっきりものを言う自信もついてくると、自分の経験がほかの女の子たちや、変えていこうとする闘いに役立つことだってあるとわかった。

オータムは、まず傷から回復して、ラリーに狂わされた人生をもとの軌道に戻すことに集中した。体操よりもずっと静的な未経験のスポーツ、ゴルフにものすごく興味がわいて、あっという間に上達した。ゴルフの予定やスポーツ以外の生活のあれこれでスケジュールを組んでいると、気持ちが落ち着いてくることもわかった。「いまは2週間くらい先の予定を立てるの」だという。「コントロールしているのは自分だって実感できるから」。

「スケジュールが大好きなのね」と母親のクリスが言って、二人は顔を見合わせて笑う。

「バツ印つけて、予定から外すのも好き」とオータム。

お友だちと遊びに行く予定がいっぱいね、と母親がからかう。「そうそう、入ってるね」。オータムは歯を見せてにこっと笑う。

前を向いて人生を進みながら、「もう洗脳されていないって幸せだわ」と言う。一瞬口をつぐむと、将来やってみたいことがあるのよ、と教えてくれる。「こういう問題が起きたときにどうしていったらいいのか、一歩ずつ説明したガイドがないのよ。それまでずっと、細かいことまで、ああしろこうしろって言われてきたけど、エリート選手になるためにね。性被害からどうやって立ち直るのか、一人一人違う。その過程にすごく興味があるわ」。家族の男性とは前よりリラックスできるようになってきた。このあいだ、おじいちゃんをちょっと片手でハグしたという。おじいちゃんはとても喜んだ。『ああ本当にうれしいよ』って言ってくれて」。いつか自分で本を書きたいのだとオータムは言う。ぜひ書いてほしい。本当によくわかっている16歳だ。

日曜日の早朝にランシングで会ったこのときから数か月経って、私はオータムがミシガン州のクリアリー大学入学にサインして、女子ゴルフチームで競技することになったと知る。スポーツ・マネジメント学の学位をとる計画だそうだ。あのスケジューリングのスキルを活かすのだ。ゴルフチームでオータムのコーチになるボブ・フィリップは、そのニュースのコメントで、「オータムのような傑出したプレイヤーが入学してくれて、期待に胸が躍る」と述べている。まったくそのとおりだ。

30年におよぶこの悪夢のような出来事の、おそらく最後の被害者、15歳でダンサーのエンマ・アン・ミラーには、性虐待の告発はすぐにはピンとこなかった。ピンとくるまでにそう長くはかからなかったけれど。一旦ほかの女性たちの話が耳に入り出すと、エンマは「私、この人たちを信じるわ。みんな本当のことを言ってる」と母親に言った。自分とよく似た話ばかりだったから、ラリーが自分にしたことは医者の「治療」なんかじゃなかったんだとわかった。

エンマ・アンはそれ以来、女の子を含めて女性のために大胆に発言してきた。州立大が被害者のセラピー費用援助資金を停止したとき、立ち上がったエンマは大学の評議委員会を前に熱弁をふるって資金再開の力になった。

＊　＊　＊

法廷でも、母親のレスリーに脇を支えられて立ち、痛ましいけれど燃えるような陳述をおこなった。妖精のような優美さと静けさをたたえながら、目にも言葉にも炎があった。「裁判官、私はずっと母親と二人きりでした。生活の中に頼れる男性のモデルがいませんでした。ナサールはそこに入ってきたんです。母が私を生んだときからずっとナサールは私のことを知っていて、私の成長を見ていました。私はナサールを家族の一員のように信頼しました。これまで私の生活の中にラリー・ナサールがいなかったことはありません。でもいまは、出会わなかったらどんなによかったかと思います」とエンマは言った。「ナサールはオリンピック選手の写真と一緒に私の写真も壁に飾りました。ラリーは私のことを気にしてるんだな、私は特別なんだな、と思ってしまいました」。

まっすぐにラリーを見据えると、エンマは言った。「いままで誰かを憎むようなことはしたくないとずっと思ってきたけど、あなたを憎む気持ちは自分ではどうにもならないわ。ラリー・ナサール、私は、あなたが、大嫌い」。この言葉を口にするエンマの顔が、苦しげにゆがむ。次には表情を整え、年齢を考えると信じられないような沈着な口調で続ける。「なんとかあなたを許そうとしてみましょう。それが神の望まれることだから。でもいまこの瞬間は、許す心を神にお預けして忘れることにするわ」。エンマ・アンは、裁判官に向かってラリーに最高刑を望みます、と伝え、連邦刑務所ならラリーは患者の女の子たちと違って「本当の医学的治療につながれるでしょうから」と続けた。そして自分に性暴行を働いた男に向き直ると、「でも大喜びするのはまだ早いわよ、ラリー。あなたはきっともう二度と女性に口をきくチャンスはないわ。ピストルを向けてくる相手を除いてはね。スタンガンでも棍棒でもいいけど」。

ミシガン州立大学に対しては、こんな激しい言葉を用意していた。「次はMSUね。MSU、聞いている？　返事をしなさいよ。聞いているの？　私はエンマ・アン・ミラー、歳は15、私はあなたたちなんか怖くないわ。いまもこれからも。15歳で法廷の中がどんなかなんてわからされたくなかった。でもこれで慣れたから、これからはぜんぜん平気よ。あなたがたもどうぞお楽に」。

エンマには世界中の人々にも言いたいことがあった。「私にあんな真似をしたナサールは、私を誰だと思っているんでしょうか。もう私の貴重な時間を奪わせることはしません。ナサールのところに出かけては貴重な時間を無駄にしました。もう二度としません。怖がることに費やす時間も、操られて費やす時間も、私にはもうないからです」。たっぷり20分間、エンマ・アンが発言しているあいだ、母親のクリスは刺すような鋭い目つきでラリーをにらんでいた。

発言を終えたエンマに、アキリーナ裁判官は惜しみない賞賛を贈る。「あなたの言葉はどんなピストル、スタンガン、棍棒より強い。どうぞそのままこれからも発言を続けてください。本当に、本当に類まれな方だと感服します。あなたのそばには、果敢なシスター・サバイバーたちが立っていますよ。あなたの言葉、アドバイスはどんな刑事も、弁護士も、検事もかなわないほどだいじなことがよくわかっている。そのうち、私が法律家のあなたに出会って驚かされる日が来るかもしれませんね。どんな将来をお考えかは知りませんが、きっと成功しますよ」。

この最高の賛辞を、アキリーナ裁判官は次の言葉で締めくくった。「痛みはここに置いていきましょう。そしてあなたがそのためにこそ生まれてきたすばらしい仕事をするために、羽ばたいてくださいね」。

第22章 法廷

ラリー・ナサールは、こんなことは予想もしていなかった。自分の虐待行為を通報した女性全員に法廷で発言させることに同意はしたものの、まさかこんなとてつもない対決の場に引きずり出されるとは思わなかったのだ。２０１８年初め、ミシガン州の2郡で通算9日間、２００人あまりの女性が証言台に立って、奪われた力をとり返した。ナサールを見据えてその素顔をあばく姿は、一緒に戦う仲間に、そして世界中の数えきれない性暴力被害者に、恐れないで声を上げよう、と勇気を与えた。

「あれは市民の法廷なのよ」。ローズマリー・アキリーナ裁判官は私に言う。「私が市民から貸してもらっているの。自分たちの法廷なんだから、そこで自分たちが選んだ裁判官と自分たちの人生を損なった人間に向かってものを言う権利があるの」。

ナサール事件に出会うに至ったアキリーナ裁判官の人となりは、一つのアメリカの物語だ。カウボーイブーツに赤いストリークの入った黒髪で知られる、自由な発想のこの裁判官は、ドイツ人の母とマルタ島出身の父の娘だ。１９５９年、まだ赤ん坊だったとき、母親に連れられてドイツからアメリカにやってきた。二人はデトロイトの父方の祖父母のもとで暮らしながら、父親がドイツで医学部を卒業するのを待った。「祖父はヘンリー・フォードに仕えた仕立て屋だったのよ。母はデトロイトの中心街にある銀行で働いてたわ」。幼稚園に入ったころ、父親が合衆国にやってきて、それからはインターンシップと研修医期間を勤めあげる父について転々とした。一家がミシガン州のサギノーに落ち着いたのは、ローズマリーが7年生に入ったころだった。1968年に帰化したときは「ものすごく誇らしかったわ」と言う。「世界一の国に住んでいるんだよ、って教えられてたから」。

その一方で、ヨーロッパ系の家庭で育ちながらアメリカで暮らすことで、「いつも自分は周りと違う、って感じていたの」だという。「何か言っても真剣に聞いてもらえなかったり信用されなかったりすることがあったから、まず人の話をよく聞く大人になれたのよ」。小さいときに一家であちこち移動していたから、「友だちもほとんどいなかったし、周りになじめたこともなかったわ」という。「弟や妹と本だけが友だちだった。考え方も習わしも、アクセントも食べ物もヨーロッパ風だったし、言うことがアメリカ人とは違ったのよ。高校に行くまで、受け入れてもらえたって感じたことはなかった。でも、自分からなじもうとするのが身について、それがこれまでの人生でとっても役に立っているの」。

イースト・ランシングに移ってミシガン州立大学に進み、英語を専攻、副専攻でジャーナリズムを勉強した。その後ウェスタン・ミシガン大学のロースクールに進む。英語を専攻したのは、「ずっと書く仕事をしたかったから」だという。「父は私が自活できるようになるのかって心配してね、自分が医者だから、娘にも医学部に行ってほしがったんだけど、私、興味なかったのよ」。小さいころからずっとそうしてきたように、強靭な意志を持つ父親に逆らって、ロースクールに進んだ。「小さいときからずっと、自分はこうしたいんだ、ってはっきり言葉に出して、自分のことは自分で決めないと、あの父とはやってこられなかったのよ。だから法律家になったの。法律は言葉の勝負だから。書くことも続けながらね」。犯罪小説を書きつつ、陸軍州兵を20年間務め、ミシガン州初の女性の軍法務総監になった。4年間地裁で裁判官を、その後2008年からは巡回裁判所の裁判官を務めている。

誰とも違う道をたどって裁判官になったことで、仕事の視野が広がったという。

女性たちが証言したナサールの判決前審問では、一人一人に熱い言葉で語りかけた。「かならず被害者にきちんと言葉をかけることにしているの。しっかり聞いて信じてもらえた、って感じてほしいから」だという。「自分が人として尊重されているんだって感じて、わかってもらいたいの。法衣の力は大きくてね。ほかの人間に言われたら信じられなくても、法衣の人間があなたを信じている、って言えばそうかなって思えるものなのよ」。

のちに、ナサールに対する厳しい言葉を根拠に、公平を欠いているとラリー・ナサール側の弁護士から批判されたアキリーナだったが、「最初から最後までどちらにも公正にやったわ。いろんな状況で両方から怒りを買ってるけど、それがその証拠よ」という。あの医師が罪状を認める前、裁判に向けて準備を進めていたとき、アキリーナが発言を禁じると言い渡して被害者側の怒りを買ったのは、被告人に対する公正を確保するためだった。

結局、医師が罪状を認めたあとに、女性たちは発言禁止を解かれ、今度は思う存分ものを言う機会を与えられる。「被害者全員が発言できるようにしたのよ」とアキリーナ裁判官は言う。しかも言いたいことを全部言える時間をとった。人生を台無しにした相手を見下ろしながら、30分から40分もかける被害者もいた。

インガム郡のアキリーナ裁判官の法廷は、検察官、被告人、被害者と、関係者すべての思いが最高潮に達していた。この判決前審問のあいだ中、子どもを暴行されて錯乱せんばかりなのに、犯人と同席を余儀なくされた親たち。信頼を裏切った男を目の前にして、忘れたかった暗い過去をたどらされた女性たち。一方被告人側では、代理人を引き受けたことを批判されたのよ、と訴訟の初期に採用されたナサールの弁護士シャノン・スミスが教えてくれる。「女なのに、子どももいるのに、あんな男の弁護を引き受けるなんて、って言われてね。殺人の脅迫まで来たのよ。事務所にもうちの家の周りにも監視カメラをつけたわ」。水面下でね、女性たちが法廷で発言できるような司法取引にむけて動いていたのよ、とシャノンは言う。続いて、イートン郡で2回目の判決前審問があったとき、荒れ狂った一人の父親がナサールに突進した。5分でいいから鍵のかかる部屋に犯人と二人きりにしてくれ、とジャニス・K・カニンガム裁判官に懇願したあとのことだった。最後には、世界中が注目するなか、サバイバーたちの姿が法廷を圧倒した。「つぎつぎ証言台に立つ被害者たちの姿がね、仲間の一人一人はもちろん、あの光景を見ている人たち、特にまだ安心してものを言える場所がない被害者たちに伝わったのよ」とアキリーナ裁判官が教えてくれる。「責められたり、恥ずかしい思いをするんじゃないかっていう怖さも、私の法廷で、つらかった思いの丈を吐き出すほかのサバイバーを見ているうちに消えていったのね」。

一人、また一人と立ち上がる姿を見て、自分にもできる、と勇気づけられた女性が続いたのだ。マリオン・シーバートもその一人だった。子どものころから、ミシガン州立大のクリニックでラリーの診察を受けていたダンサーで、支援者に読んでもらうつもりで、陳述書を書き上げていた。そのあと法廷に出かけて、最初の証言者、カイル・スティーブンスが発言するのを見た。ラリーの隣人だった若い女性で、ラリーの家のボイラールームで性器を見せられた6歳のときから虐待を受けていたという。カイルの姿に「ただ圧倒された」というマリオンは、自分もこの人に続こう、と思った。ふと携帯電話の画面を見ると、陳述の途中だというのに、もうCNNのホームページにカイルの姿があった。世界が見ていた。それからすぐ自分も、気がついたら証言台に向かって歩いていた。

カイルにいざなわれて証言台に向かうマリオンの話に私は魅せられる。何か月もね、ニュースに出てくる青白いやつれた性暴行犯と、子どものときに知っていた、やさしい人だと信じていたお医者さんがどうしても重ならなくて、「本当に何を信じたらいいのかわからなかったのよ」と、マリオンは私に言う。温かくておもしろい、「自分を好きにならせるのが上手な、でもむかしからあるカリスマ的じゃない人だって思ってたから」。いったいあれはどういう男で、あの男にされたことはなんだったんだろう、と頭がおかしくなりそうだった。「長いあいだ、私がどうしてもわからなくて苦しかったのは、この人は誰なんだろう、っていうことだったのよ。自分の知り合いのはずのこの人間は誰？

過去からやってきたの？　むかしは確かに知ってたけど。こういうのを認知的不協和っていうのね」。頭で考えてばかりいてもしかたがないので、生身のラリーを見てみようと、児童ポルノの法廷審問に出向いた。「ずいぶん久しぶりに見たわ」とマリオンは言う。「見たら見たでまた悩ましくて。知っている人間のつらそうな様子がね。身から出たさびだとは言っても。真相を突きつけられて、でも気持ちが受けつけないっていうのは、本当に苦しい。あれだけの人がいる所で、私、泣き出してしまって。でもとにかく現実の手触りがわかったわ」。

いま30代のマリオンは、被害者だったって名乗り出るのは簡単なことじゃないのよ、と言う。このことは、陳述でも、どんな目に遭ったか明かすことで女性が払う犠牲に触れながら話した。「名乗り出たために、世の中の目に触れる場所で、あなたとあなたにされたことが自分の名前と結びついてしまったのよ」とマリオンは法廷でラリーに言った。「誰かがグーグルで検索すると、たぶん私たちか死ぬまでずっと、いまここで話している口にもしたくないようなことが出てくるでしょう。被害者が仕事に応募するときや、初めてデートするときに。自分に起きたことを子どもに話しておきたいって思っても、いつそれをするのか、何も考えずに決められる日は被害者にはもう二度と来ないの」。

この親としてのマリオンの指摘は、子どものいる被害者の胸に重く響いた。いつ、どんなふうに子どもたちに話すのか、母親に起きたことをネットで知ってしまう前に。この問題はこの事件に絡むすべての親にとってつらい悩みだ。法廷で子どものころに受けた性虐待を訴える女性たちのビデオは、ネット上にあふれている。永遠に消えることはないだろう。

5人の子どもがいるアキリーナ裁判官には、自分の法廷にいるすべての親に、自分も一人の母親として伝えられることがあった。

ニコル・ウォーカーもそんな母親の一人だった。いま30代のニコルは、子どものころ体操をやっていて、ラリーとは4歳のときにグレート・レークス・ジムナスティクスで初めて会った。80年代後半のことだ。ランシングで私と会って話を聞かせてくれるニコルの目に、苦悩が見える。この1年はつらかった。友だちには心の傷をわかってもらえなくて孤独感が募ったし、幼い息子に自分がむかし受けた性虐待をどう聞かせればいいのかわからなかった。「本当に人懐っこい子なの」だという。「あなたも親としてどう思っているの？」。被害者陳述でこの問題をラリーに問いかけたニコルは、ラリーと目を合わせながら襲ってくる嫌悪感に必死で耐えていたのだという。法廷全体に向かって、子育てのつらさをニコルは訴えた。息子を医者に連れて行くのもその一つだった。自分はお医者さんを信頼して大きくなったけれど、こんなことになって、どうして子どもにもそうしなさいと言えるのか。

「息子は数か月前に初めて本格的な検診を受けたんですが、ヘルニアを診るからズボンを下ろすよ、と先生に言われてためらっていました」。涙をこらえてニコルは法廷で言った。「怖がっているのが息子の顔に出ていて、私は涙を押さえられなくて目を背けていました。先生は、なんにも心配しなくていいよ、この検査をしていいのはお医者さんだけだからね、と息子を安心させてくれました。そう言われて息子は安心したし、それは当然のことでしたけど、でも私は底なしの不安が身体を走ったんです。この件のことをどうこの子に説明すればいいんだろう、って。私は息子に、大丈夫よ、と言ってやる、そうして息子はお医者さんを信頼できる、それが当然なのでしょうが、私にはもうその信頼ができないんです」。

アキリーナ裁判官からは、この心温まるアドバイスがあった。「母親同士としてちょっと聞いてください。ナサールはあなたからもう十分いろんなものを奪いました。息子さんや、ご家族、お連れ合いや恋人、誰でもあなたの人生で出会う人と味わう幸せまで奪わせるのはやめましょう。あなたは確かに被害に遭った。その被害を次の世代に持ち越すのはやめましょう。奪われた強さをとり戻してくださいね。お子さんや家族と幸せに生きてください、どうか。きっとできますよ。その力がある方だと私にはわかりました。ご自分でもすぐにお気づきになるでしょうけどね。約束してくれますか」。

「できるだけやってみます」とニコルは答えた。

ニコルは法廷陳述から数か月後に私に会ってくれたけれど、まだ格闘の最中だった。回復への道は長い。

ミーガン・ファーンズワースも二人の子どものことで同じ問題に悩んでいる。ランシングで私にそのことを話してくれる目に涙が浮かび上がる。家族以外でこんなに詳しい話をするのは初めてなのだ。ミーガンはいま30代、ホールト高校の体操チームにいたとき、ラリーの性虐待が始まった。大人になって家族と幸せに暮らしていたのに、子どものころ信頼していた大人から実は性暴行に遭っていたことを知って、世界が粉々になって悪夢とフラッシュバックに襲われるようになったのだ。医学の本をとり出したラリーに、彼の「治療」にどう効果があるのか説明されたことを思い出した。一度、治療を受けている最中にラリーの顔を見たことがあった。エキサイトしている表情だった。子どもだったミーガンは、その記憶を頭から追い払って思い出さないようにした。確か姉と家族に、ラリーの治療のやり方を話したこともあった。みんなから、いやな気持ちがするって言ってみたら、と言われた。オリンピック・ドクターに向かってそんなことを言えるとはとても思えなかった。子どもの自分が。そういう記憶がつきまとって離れなくなった。子どもだった自分にも、家族にも疑問がわいた。どうしてあの医者を信頼してしまったのかわからなかった。あのとき親は何を考えていたのか、どうしてあんなことを言ったのか。いろんな疑問が渦巻いた。

そしていま、「私には7歳と3歳の子がいるの。あの子たちにいつ言おうかしら？　話すとしたらいつがいいんだろう？　娘にはいつ？　娘には、どうしても言っておかないと」という。被害者陳述で、ミーガンはこの問題を訴えた。「私はもう二度と完全な状態に戻ることはないでしょう。自分も娘の母親になって、どうなるのか心配でたまりません。ラリーにあんなことをされたからです」。でも、いつまでもあの男にひっかきまわされているつもりはない、という。「あの男には、自分のしたことの報いを受けて生きていってもらいたい。死ぬまでそうすればいいのです。あの男にされたことにつきまとわれて、いつも自分のどこかが病んでいることになるとしても、私はいずれ克服します。そしてこの経験があったことで人として成長し、この経験があったことでもっといい親になれるはずです。起きたことを生涯抱えて生きながら、そこを越えて前に進む道を探していくことにします」。

一個人、しかも子どもの親として、実名で法廷に出て発言するのは大きな決断だった。でもミーガンはそうしてよかったと言う。幸い支えてくれる夫がいるから。陳述書を書きながら、強くなっていく自分を感じた。まだ感情が揺れ、記憶や湧いてくる疑問にさいなまれてはいるけれど。「あんなこともあったとか、どうしてあんなことをしたのかって、うろうろするのはもうやめるわ」と言う。一つだけ後悔してるのよ、陳述書に旧姓のブルックスを使えばよかったわ、ラリーが私が誰だか思い出すように、とも。法廷で陳述書を読んだのは被害者サポーターだったから。自分も一度はラリーを本当にすばらしい友だちだと思っていた、とミーガンは言う。高校の卒業式にも招待して。どんなふうにして私を欺いたのか、思い出させてやりたかった。いま私に力をはぎとられているのよ、あなたは、って、思い知らせてやりたかった。

もう二度と完全な状態に戻ることはない、と言った自分の気持ちを、しっかりととらえてくれたアキリーナ裁判官の励ましの言葉が胸に沁みた。「完全な人でなかったら、あんなに力強い、みごとな陳述書は書けなかったでしょうね」。

トリネア・ゴンツァーは、自分のアパートでアイスバスをさせようとラリーが巧みに仕向けた体操選手で、当時まだ子どもだった。証言台に向かうトリネアのお腹には男の子が宿っていた。疑惑が発覚したとき、トリネアはきっぱりとラリーに味方した。あれは医者として正当な治療だと信じていたから。ラリーが児童ポルノ所持で逮捕されたことがきっかけになって、真相を知った。真相を知った当時は、ラリーがくり返し夢に現れた。倉庫の中で女の子をむしゃむしゃ食べている狼になって。トリネアに気づくと、飢えでぎらついた目でふり返るのだった。法廷で証言の順番を待ってるときにね、とトリネアはいま話してくれる。ラリーがこっちを見て口を動かしてるの。「本当にすまない、悪かった」って。たぶん法廷で会うようなことになってすまない、と言いたかったんだろうとトリネアは思う。自分のしたことが悪かったなんて思っていないんだろうと。生涯の友だち同士だったから。トリネアはにらみ返した。そして席を立ち、言葉でラリーを叩きつぶした。

「なんということをしてくれたの。あなたに言ってるのよ、ラリー。私はほとんど生まれてからずっとあなたを知っている。それは二人とも承知のこと。実際、37年生きてきたうちの31年、あなたを知っていることになるわ。そしてこの最後の年は、あなたには到底想像できないほど大きな傷を私に残したの。これまで生きてきたうちのこんなに長いあいだ、幼い信頼を利用されて性暴行の相手にされていたことを知らされたから。長年の友人だったあなたのせいで」。そしてトリネアは、ラリーとの、いまとなっては背筋が寒くなるだけの思い出の瞬間を披露した。「あなたの結婚式のこと憶えているわ。グレート・レークスの奥の部屋でよく二人で笑ったことも。私の向こう脛とかかとをそれはていねいに完璧にテーピングしてくれたことも」。そして哀しみのこもった決別の言葉が続く。「これであなたとはさようなら。ラリー、今日は私がドアを閉じて出ていくわ。私はむかしの私たちみたいな小さい女の子のために立ち上がるの。もうあなたの後ろには立たない。さようなら、ラリー。その暗い破綻した魂に神の加護がありますように」。

アキリーナ裁判官はこう宣言した。「あなたは本当にすばらしい、みごとなお母さん、みごとなスポークスパーソンになられることでしょうね。この友情、一方的すぎてそうは呼びたくないですが、この苦い経験を人のために働く力に変えたのですから。そしてラリーのもとを去るあなたが閉ざすドアは、監獄の扉です」。

法廷が沸いた。

証言台を離れたトリネアの目に、あたりはばからずにすすり泣くラリーが映った。大っぴらに感情を出すのはめずらしいことだった。

第23章 アーミー・オブ・サバイバーズ

ある6月の午後、ランシングで、小さいけれど錚々《そうそう》たる面々の会合が始まっている。砦のようにそびえる州議会議事堂が道路を隔てて見えるビルの一室だ。黒でまとめた装いが小粋なアキリーナ裁判官の姿がある。サバイバーたちも十数人。何年ものあいだ、ラリーのことで警鐘を鳴らしてきた三人、ラリッサ・ボイス、アマンダ・トーマスハウ、レイチェル・デンホランダーを含めて。サバイバーたちはみんな、女の子と女性を護れ、と強く訴える活動家になった。児童期性虐待被害者が法的措置をとることができる期間を延長する法律の成立を祝っての集まりだ。

この私的な催しで、政治家に交じってワインや辛口アップルサイダーを口にする州議会議員や法律家の姿もそこここに見える。目を奪うクッキー、ケーキ、ブラウニーの列に沿って物色に余念がないアキリーナ裁判官は、ミニグラス入りのムースがおすすめよ、と教えてくれる。

州議会議員と一緒にこの法案を作成したジェイミー・ホワイト弁護士の顔も見える。起草責任者のマーガレット・オブライエン州上院議員の姿もある。押し寄せる訴訟を予想して青くなったカトリック教会や諸方面が抵抗する中、あの法律を通すのは大仕事だった。最終的には被害者たちが望んだとおりにはならなかったけれど、一歩前進だから、とオブライエン上院議員は言う。「容易なことじゃないって覚悟してたしね。勝利は一歩一歩よ。ひとつ跳びじゃなくてね」。

ここにいる誰にとっても、この新しい法律は切実な問題だった。ラリー・ナサールは、ランシングのコミュニティを地獄の試練に落とした。そのナサールを、女性たちが不屈の闘志で倒したのだ。「調子に乗って墓穴を掘ったんだな。手にかけた女の子たちがとんでもなく強い女性になって、みんなで戻ってきた。絶対に許さない、ってね」とジェイミー・ホワイト弁護士。地元の人間にしたら本当にいやな、やりきれない経験だったね、と言う。最初はショックでとても信じられなかったけれど、どうやら本当らしいとわかったときの底なしの怖さを経て、しかるべき人間に責任をとらせよとくり返し求めるようになっていった。「州立大はいずれこれで成長してくれるといいんだけどね。してくれると思うよ。ずいぶんとまちがったことをやったけど。ほかの大学もよく見て学ぶことがあると思う。僕はまだ州立大を愛してるからね」。母校だもの。それはそうだろう。ジェイミーはいま、州立大に女性アスリートのための奨学金資金を出すつもりで動いている。

ラリー・ナサールは、生涯鉄格子の向こうで生きるのだ。最低100年は続く、児童ポルノ所持と性的犯罪行為の刑期を勤めて。

一方シスター・サバイバーたちはますます力をつけていくだろう。

いまはみんなで監視の目を光らせている。ミシガン州立大学、アメリカ体操連盟、米国オリンピック委員会、その他関連団体の動向に注視を怠らない。責任者の対応を求め、変えるべきことを変えていくよう要求して、メディア、ミシガン州立大の役員会、ワシントンの連邦議会公聴会で積極的に発言する。責任者が失態をおかせば容赦しない。失態はしょっちゅうだ。

子どものころ、巧みに誘導されてラリーの自宅で入浴させられたサラー・クレインとトリネア・ゴンツァーは、いま、性暴行に遭った被害者の支援に打ちこんでいる。サラーは被害者の弁護士、トリネアはリソースとケアを提供する非営利団体のスタッフだ。

2014年、ラリーのことを州立大と警察に通報して相手にされなかったアマンダ・トーマスハウは、いまミシガン州保健局のキャンパス性暴力コーディネーターだ。2016年にラリーがとうとう逮捕されたときは、自分が嘘をついていなかったと証明されてほっとしたという。それでもものすごく不満だった。通報したあのとき、自分の心が汚れているみたいに思わせられなかったら、2年早くラリーを止められたのに、と。二度とあんなふうにひるまない、と心に決めて、積極的に発言している。「アーミー・オブ・サバイバーズ」は、法廷でラリーと向き合ったアマンダが、初めて使った言葉だ。「私やここにいる若い女性たちに性暴力を働いて、私たちの人生をめちゃめちゃにしていたとき、あなたはわかっていなかったのね。いずれ自分の正体を暴くことになるアーミー・オブ・サバイバーズをせっせと育ててたのよ。あなたは私たちをめちゃめちゃにしたかもしれないけど、このがれきの中から私たちは立ち上がるわ。闘う女性としてね」。

そのとおりだ。新体操で3度全米チャンピオンになったジェシカ・ハワードは、いまスポーツをする子どもの安全を訴える活動をしている。連邦議会で証言、「60ミニッツ」で発言、「ニューヨーク・タイムズ」に論説を執筆するほか、イクオリティ・リーグなどの諸団体と一緒に動いている。イクオリティ・リーグはスポーツに関わる女の子と女性の権利を擁護する活動に向けてアスリートを養成する団体で、立ち上げたマーラ・グブアンは世界中の差別と性暴力に反対して闘っている女性の権利擁護活動家だ。法廷で証言台に立つ女性たちを見たことが立ち上げにつながった。ジェシカは本当に貴重な人材なのよ、とマーラは教えてくれる。イベントで発言するジェシカは「強いけど弱いところも残していて、聴く人の心を揺さぶって勇気づけるの」。

活動家として新しい人生をスタートしたことも手伝って、ジェシカは自分には目標がある、と思えるようになった。「これこそ次にやりたかったことよ。気持ちがなぐさめられて落ち着けるの」だという。仲間の活動家から新しい発想や刺激を受けられる、と言ってイクオリティ・リーグの役員会メンバー、ミンキー・ウォーデンとナンシー・ホグスヘッド・マーカーの名前をあげた。ミンキーはヒューマン・ライツ・ウォッチから参加していて、ナンシーは水泳で3度オリンピック金メダルをとり、現在は公民権弁護士で、女性擁護団体チャンピオン・ウィメンの創設者でもある。ナンシーは大学時代にキャンパスでレイプに遭った。被害者にとって、ジェシカのように、「弱いままでいて傷を癒すことを自分に許す」のが絶対に欠かせないのだという。そのことをナンシーはしたたかに思い知らされた。自分が暴行されたときは、心的外傷後ストレス障害で苦しんでいたのに、それをないことにしようとした。「なんにも心配することなんかない。絶対大丈夫、って自分に言い聞かせたのはまちがいだったのよ」と私に言う。「自分の気持ちに正直にならなくちゃ。つらいときはつらがっていいんだって思わないといけないの。落ちこんでもいいんだから、時期さえ来たら、もとの元気な自分にあっという間に戻れるって信じるのよ」。これは、強くなれ、って教えこまれてきた体操選手には、相当難しいわね、とナンシーは言う。「若いアスリートは兵隊みたいに強くてあたりまえって、みんな思うから」。

本当にそうだ。体操の、軍隊みたいな指導のやり方を根本から変えないといけない。これが活動家たちがとりくんでいる課題だ。UCLA女子体操チームの元コーチ、ヴァロリー・コンドス・フィールドは、変えるのは家庭でもできるのよ、という。「『今日勝った？』って訊くかわりに、今日何か勉強になったことはあった？　目標は何？　いまどんな気持ち？』って訊いてもいいわ」。まず本人のことを考える、ということなのだ。勝ち負けではなくて。同じことがコーチにも言えるのよ、とヴァロリーの話は続く。「気をつけないとすぐ神様きどりになってしまうの。子どもたちが自分のしもべみたいな勘違いね。やる気を引き出すのよ、俺の思い通りに動け、じゃなくて」。

カイラ・スピッチャーは未来を担うコーチだ。いまコーチを務めているミシガンのクラブ、スプリッツ・ジムナスティクスで、ゆっくり時間をとってまだ幼いアスリートたちと向き合い、当時ニュースが吹き荒れていたナサールのスキャンダルのことを説明した。何かおかしいと思ったら、何もおかしいと思わなくても言いたいことがあったら、口に出してかまわないのよ、と伝えた。ランシングの取材で、闊達な23歳のカイラは、女の子たちを相手に話しにくい問題をとり上げるとき、どんなふうにして相手の年齢に合わせて話すのかを聞かせてくれる。でも誰が相手でも結論は一つ。あなたには声を上げる力があるの、ということだ。

8歳の女の子に、「テレビに出てたでしょ！」って言われちゃったのよ、このあいだ、と笑う。そうだ、カイラはテレビに出た。法廷の被害者陳述のことだ。自分も体操コーチのカイラの母親が、よちよち歩きのころから知っていたラリーに向かって発言するカイラのそばに、昂然と立っていた。カイラに面と向かって訴えかけられて、ラリーは泣き崩れた。これも珍しい感情の発露だった。女性たちが証言するあいだ、ラリーはたいてい無表情のままか首をふっていたとカイラは言う。いかにも、こんな女のことなんか知らない、あるいは嘘ばっかり言いやがって、と言いたげに。本当に失礼な態度だったわ、と。

「世間に向かって名乗り出るのは、いままでで一番難しい決断だったわ」とカイラはラリーに言った。「傷ものみたいに思われたくなかったから。でも私は傷ものなんかじゃないし。強いんだもの。いままでになかったくらい。名乗り出ることにしたのは、助けやアドバイスを求めて、自分の言いたいことを聞いてほしいって、一歩踏み出すことを恥ずかしいなんて、誰にも思ってほしくないからよ」。

法案署名のレセプションで、私はもう一人、運動の若いリーダーに会う。グレース・フレンチだ。クラシックバレエの研鑽を積んできたミシガン大学の学生で、母親と一緒に、州立大キャンパスの200本を越える樹々にリボンを結びつけるプロジェクトを始めた。きらきらひかるティトール色のリボンには、一つ一つにサバイバーの名前を添えた。名前を記した性暴力啓発の色のリボンは、キャンパスの豊かな緑を背景に、根絶への決意を表して、光を放っていた。いまそのリボンはミシガン州立美術館にあって、学芸員が永久保存を進めている。

グレースも仲間のサバイバーの手助けを募って支援グループを立ち上げた。おそらくは最初にラリー・ナサールの手にかかった体操選手サラ・テリスティと、自分も性加害者の餌食《えじき》になっていたと知る前は、性加害者の治療にあたっていた臨床・法医学博士ダニエル・ムーアも協力を申し出た。最初から最後まで実に30年にわたるナサール事件で、さまざまな時期に被害に遭った女性たちが一丸となって立ち上げたのがアーミー・オブ・サバイバーズだ。アメリカ全土に、アスリートなどを性暴力から護る盾になる法律が敷かれるよう訴えている。

法律の署名式で、グレースは温かい笑顔と優雅な挙措《きょそ》で私に挨拶してくれた。ジェーン・オースティンの映画ヒロインのようなダンサーのポーズで。あとになって活動に身を投じたいきさつを聞かされた私は、圧倒された。グレースは踊りの美しさと詩情を愛して大きくなった。4歳でバレエ教室に入ったときは、いつかプロのダンサーになろうと思っていたという。12歳で学校の運動場で手首を痛めてラリーのクリニックにやって来たとき、壁に貼られたオリンピック選手の写真を見てすごいな、と思った。「自分もこの写真の仲間入りをするんだ、って決めたの」だという。それからダンスにからむ怪我でラリーの診察を受けた。ラリーは州立大のクリニック、グレースのバレエ団の劇場の地下室で暴行を働くようになった。カーテンを閉じて、舞台に出て踊る前のグレースに。グレースは、その「治療」がとてもいやだった。でもラリーはオリンピック・ドクターなのだ。だから信頼したの、と話してくれる。ドクターとして自分を踊り続けられるように治療してくれているんだ、と信じた。

ナサールのスキャンダルが大々的に報道されたとき、問題の性虐待のことを聞いて「やみくも」に否定した、という。何か月も、ニュースを無視して、目の前の生活に専念しようとした。あれだけいやな気がしたのに、自分も思い当たるふしがあったのに、どうしても性虐待に遭ったと認めることができなかった。それでも被害者たちが法廷で証言台に立って陳述する姿に、目が釘づけになった。一人一人証言台に立つ女性たちが、自分に起きたこととまったく同じ話をしていたのだ。それを聞いて、ようやく真相を理解した。

事実を認めたことは、その後延々と続く苦しい毎日の始まりだった。あれは性暴行だったのだとはっきりわかると、フラッシュバックと悪夢とパニック発作をくり返す暗闇に落ちていった。ラリーに襲われる悪夢にくり返し見舞われた。暗闇から青白い落ちくぼんだ目の、ときにはどこにも目のない幽霊のような顔でラリーが現れた。「夢の中ではね、私は暗い部屋にいて、ラリーが現れて『おまえの治療をしてやらないとな』って言うのよ。『……それにはおまえに触らないとな』」って。その夢を見るたびにパニックになって、ベッドに起き上がった。「目が覚めても部屋の暗がりの向こうからラリーが出てきそうな気がしたわ。もう夢と現実の境がなくなっていくみたいだった」。

悪い夢を見ることがあんまり多くなって、とうとう眠れなくなった。眠ったらまたあの怖い夢を見るとわかっていたから。眠れないと体が休まらず、日中授業で目を開けているのに苦労した。

こんな悪循環をどうやったら絶てるんだろう？

グレースはちょっと生活を変えてみた。それがものすごく効果があったという。そして、とてもたくさんの、同じように被害に遭った女性と同じく、グレースも自分の道を切り開いていった。むかしからこういうときに人がしてきたことを自分もしてみて、心が癒やされた。犬を飼ったのだ。ベントレーという。グレースの日常が確かに変わった。

夜の自分を、一番暗い時間に、それはみごとなやり方で助けてくれるようベントレーを訓練した。いまではあの悪夢が始まると、察知したベントレーがグレースをやさしく起こしてくれる。そして部屋中をひととおり回って安全パトロールをする。ライトのつけ方もいま教えているところだ。ベントレーがいると、安全だという気がする。グレースのストレスも軽くしてくれる。自分の人生を生きるために欠かせない眠りが、ベントレーのおかげで戻ってきた。

本当によく聞く話だからいっそう、私はグレースの話に感動する。この1年、25人のサバイバーに取材して本書のために体験を聞かせてもらったけれど、ほとんどがグレースのように、一度は虐待に遭っていたことを受け入れられなくて苦しんでいた。話を聞く過程で、いつも魅せられていたのは、生き延びようとする、人の強さだった。一度は自衛モードに入って痛みに蓋《ふた》をすることもあるけれど、やがてつらい現実を受け止める道を見つけていく。グレースの経験は、困難をくぐり抜け、折り合いをつけて前に進もうとする人間の力を雄弁に語っている。

私は、この女性たちが、誰も好き好んでは選ばない現実を懸命に乗り切っていく姿をこの目で見てきて、本当に勇気を与えられた。人はここまで強くなれるものなんだと。

この女性たちの生きざまは、人間のみごとさの物語だ。

先日の夜、このプロジェクトで出会ったみごとな人たちに思いをはせながら本書の仕上げに入っていた私に、グレース・フレンチが電子メールでベントレーと撮った写真を送ってきた。ミシガン州スペリオル湖の南岸で過ごす秋の日のひとこまだった。グレースがボーイフレンドと一緒に、いささか育ちすぎたベントレーを腕いっぱいに持ち上げている。ベントレーはスプリンガー・スパニエルとプードルの雑種で、自分の大きさがよくわかっていないような幼い表情を浮かべている。二人で抱え上げてやっとなのに。グレースはにこにこしている。ベントレーもご機嫌だ。

私が出会った本当にたくさんの女性と同じく、グレースもボーイフレンドとともに前に進む道を見つけたのだ。手をつなぎながら。

あとがき

２０１９年８月に本書が米国で刊行された後も、責任追及と公正な裁き、そして変えるべきことを変えていくことを求めるラリー・ナサールの性虐待サバイバーたちの闘いは続いている。数々の重要な進展があった。例を挙げると――

２０２１年２月、ミシガン州司法長官ダナ・ネッセルが、オリンピック体操コーチ、ジョン・ゲッダートによる同コーチの体操クラブで起きた虐待に対し、24件の刑事責任を問うと発表した。この虐待については、本書で勇気ある女性たちが詳細に語っているとおりだ。刑事責任には、人身売買、犯罪企図の継続、性的犯罪行為、そして暴力犯罪捜査時に警察官に嘘をついたこと、が含まれている。

このうち人身売買については、ゲッダートが、「体操クラブのアスリートらに強制労働、言い換えれば彼らが怪我や危害を負う一因となった極度に厳しい条件下での労務を課したと報じられており、当時ゲッダートが、被害者らが同人に報告したそのような怪我を無視したうえ、強制、威嚇、強迫、および物理的な力を用いて自身の期待する水準の成果を出させようとした」という事実から生じたものである、と司法長官がある声明で述べている。

知られているかぎりナサールの最初の被害者であり、ゲッダートに公正な裁きが下ることを願って本書で体験を明かしたサラ・テリスティは、このニュースを聞いたとき、これでやっとこのコーチに責任をとらせることができると思った、と話してくれた。ところがゲッダートは一度も出廷しなかった。こうした刑事責任が発表されたあと、警察に出頭せずに自殺したのだ。

この自殺で体操界は足並みがそろわなくなった。「裁判になったら、トップアスリートがコーチの暴言や暴力を日常的に受けていることが注目されると期待してたのに、こんなことになって、私たちが苦しんだこともすぐ忘れられてしまう気がするわ」と、私はサラに言われた。

ところがのちの数か月間で、自分たちの声がこれでかき消されることがないようにと、世界中のアスリートが結束したのだ。「#gymnastalliance」のタグを使って、虐待的な体操界の風潮をソーシャルメディアで訴え、自分が経験したことを共有した。このキャンペーンのインパクトは大きく、オーストラリア、ベルギー、英国、オランダ、ニュージーランドなど、各国の体操競技団体がつぎつぎと調査を開始した。

一方2021年7月には、米国司法省監察総監が、ナサールに対する告発を知ってから1年以上も捜査に踏み切ることなく放置して虐待行為を続けさせたとして、FBIによる事件の対応を激烈に非難する報告書を公表した。本書に記しているとおり、ナサールは地元ミシガン州ランシングで、FBIとアメリカ体操連盟いずれにも通報されてから1年以上も、女の子を含む若い女性に性虐待を続けたのだ。司法省の報告書は、FBIが行動を起こさずにいた期間に、最低でも70人の若いアスリートが虐待に遭ったと述べている。

さらに同報告書は、あるFBIの上級捜査官がおざなりな捜査をとり繕おうと、司法省の捜査官らの質問に嘘を答えたことも伝えている。

この報告書が公開されて2か月経った２０２１年9月、シモーネ・バイルズ、マッケイラ・マロニー、マギー・ニコルズ、そしてアリー・レイズマンらトップ体操選手が、米国上院司法委員会で証言に立ち、ＦＢＩの失態を熱弁をふるって訴えた。シモーネは「責任はナサールと、そしてナサールの虐待を長きにわたって許した体制全体にもあります。このことを私ははっきり申し上げます」と述べている。

この体操選手らによる証言を受けて、クリストファー・レイＦＢＩ長官は、同機関の失態を謝罪した上で、現在方針の強化にとりくんでいると述べた。この件で対応を誤った捜査官2名はすでにＦＢＩを去っている。一人は定年退職、もう一人は解雇された。だが訴えたアスリートらはそれでは不十分だとして、おざなりな対応をした捜査官らを、虐待の通報に対応することを怠って獰猛《どうもう》な性犯罪者を野放しにした結果、さらに何十人もの女の子を含む若い女性に手をかけることを許したかどで訴追するよう要求した。のちに司法省は、その点については検討すると述べた。

そして２０２１年12月、一つの節目を迎える。ナサールの性暴行のサバイバー数百人が、3億８０００万ドルの支払いをもって、アメリカ体操連盟、米国オリンピック、パラリンピック委員会と和解することに同意して、長く続いた苦しい法廷闘争を終結させた。この和解金で被害者女性らは、ナサールの性虐待とナサールが本来の医学的治療を怠ったことからくるセラピーを含めた医療費を一部賄うことができる。多くの女性が、ナサールが当時治療を怠ったために、その後何年も怪我の悪化に苦しんでいたのだ。

和解には重要な条件として、今後アメリカ体操連盟の役員会には、監視の意味でナサール事件のサバイバーが最低一人含まれること、が取り決められた。

確実に成果は上がっている。サバイバーたちのたゆみない活動のおかげだ。私がこう言うと、あの虐待の風潮を変えていく闘いはまだまだ先が長いわ、という反応がとたんに返ってきはするけれど。

アビゲイル・ペスタ

スポーツ界における性暴力被害救済のために
～アメリカと日本は何が違うのか～

弁護士　井口　博

本書は、米オリンピック体操チームの医師であったラリー・ナサールが、30年近くにわたり若い女性アスリートに対し治療と信じ込ませて性暴力を続けたことの背景と原因、そして被害者のサバイバーとしての生き方について、インタビューを中心にして丹念かつ克明に掘り下げたレポートである。

本書には、ラリー・ナサールの刑事裁判やミシガン州立大学に対する賠償請求など法律に関わることが数多く出てくる。私は、これまでハラスメントや性暴力被害者からの相談や訴訟代理人をしてきた経験とアメリカのロースクールの大学院に留学した経験がお役に立てるかと思い、本書の裁判や法律に関わる部分の監修を引き受けた。

アメリカの刑事裁判は、よく知られているようには陪審制がとられている。ただ実際は、刑事事件の約90％で被告人が自ら有罪を認めるという有罪答弁がなされ、陪審公判はおこなわれない。有罪答弁のあとは、裁判官が量刑を決めるための審理（判決前審問）がおこなわれる。この有罪答弁をするプロセスで検察官と被告人・弁護人間で交渉がなされるため、これを司法取引（自己負罪型）と言っている。日本の刑事裁判では、公判の冒頭で罪状認否があり、裁判官から被告人に起訴事実を認めるかどうかが問われるが、そのこと自体に検察官と被告人・弁護人間に取引はない。ほかに司法取引と言われるものには、第三者の犯罪について捜査機関に情報を提供する司法取引（情報提供型）がある。日本で最近制定された制度はこの司法取引である。

ラリー・ナサールの刑事裁判では本人が有罪答弁をしたので、裁判官による量刑を決めるための審理がおこなわれた。本書で詳細に書かれているとおり、200人余りもの被害者らが法廷で陳述した。日本の刑事裁判では、法廷で被害者や被害者の遺族が意見陳述する手続きがあるが、これだけ多くの被害者が陳述することはない。

ラリー・ナサールによる性暴力は二つの面を持っている。一つは、行為において、医師による治療と称しての犯罪行為であるという面であり、もう一つは、被害において、被害者がアスリートであるという面である。ここでは、後者のアスリートを被害者とする性暴力被害救済について、アメリカの制度と比較しながら日本での現状と問題点を指摘したい。

日本では、最近になってスポーツ界でのセクハラやパワハラが社会問題として取り上げられるようになっている。しかしスポーツ界ではずっと以前から数多くの深刻な性暴力事件が起きている。特に日本では部活動という学校教育とセットになったスポーツ指導が主流であるため、部活動での性暴力被害がなお後を絶たないのが現状である。

日本でのスポーツ界の性暴力被害救済の問題点は、次の三点にまとめることができる。

一点目は、スポーツ界のすべての性暴力被害者がその被害について、あらゆることをいつでも安心して相談できる窓口がないことである。スポーツ界のセクハラや性暴力被害者は、スポーツ界でのさまざまな後難を恐れて声を出せないという根深い構造がある。2011年に制定されたスポーツ基本法を契機にして、日本スポーツ協会などの統括競技団体や、中央競技団体、地方競技団体には相談窓口が設置された。しかしそれらの相談窓口ではできることが限定されていたり、相談者に不利益なことが起こらないための手段が明確でないなど、被害者が安心して相談できる体制として十分とは言えない。性暴力被害者は、相談の秘密が守られるか、相談をしたことで報復や不利益な扱いを受けないか、メンタル不全の相談ができるか、法律面の相談ができるかなど、すべてを安心して相談できる窓口を求めている。しかしこのような相談窓口を設置しようとする動きは見えない。

二点目は、性暴力被害者に対する救済のための経済的支援がないことである。被害者が声を出そうとしてもそれを支えてくれる医師や弁護士の援助にはどうしても費用がかかる。もちろん最終的には加害者からの補償によることになるが、そのためには裁判までしなければならないこともある。しかし被害者にはそのための経済的余裕も時間的余裕もない。このような被害者救済のためには大規模な基金が必要である。本書のあとがきにあるように、2021年12月に被害者とアメリカ体操連盟らとで3億8000万ドルでの和解が成立している。日本で訴訟をしても判決で認められる損害賠償額はきわめて低く、特に慰謝料はあまりにも低額にすぎる。これではなんのための裁判なのかわからない。これは判決において性暴力被害者の精神的苦痛に対する評価が低いことから来ている。裁判官の意識改革が必要である。

三点目は、裁判に関わることである。本書では、ラリー・ナサールの刑事裁判での多くの被害者が、法廷で陳述し、量刑が判決されている。日本では裁判官にここまで被害者の声を届けることはまず不可能である。刑事裁判を担当したアキリーナ裁判官は、証言に立った多くのサバイバーに温かい言葉をかけている。日本の裁判官にこのような言葉かけを期待するのも無理である。性暴力被害者だけではないが、刑事裁判において犯罪被害者の声がより反映される制度改革が検討されなければならない。

日本では、スポーツ界だけではなくあらゆる分野での性暴力被害者救済制度が大きく立ち遅れている。このままではいつまでたっても被害者は声を出せない。本書が性暴力被害者救済制度を大きく進展させるきっかけとなることを切に望む。

訳者あとがき

牟礼　晶子

司法が性被害を軽視すると言われる日本でも、果敢に声を上げる被害者と支える周囲のとりくみは、多大な困難を伴いながらも前進していると思う。この5月には、長崎地裁判決で、女性記者に対する15年前の性暴力について1975万円の支払いを命じられた長崎市が、控訴を断念し謝罪した。スポーツ界では進みが遅いように見えるが、いずれ否応なくこの流れに沿うのではないだろうか。人間の尊厳を求めて腹の底から湧き上がる声を抑えきるのは、まず本人にとって難しい。

この状況下での本書発刊の意義は井口博弁護士と山田ゆかりさんにお任せし、おもに翻訳作業を担当した感想を述べたい。全体を通じて強く印象に残った頻出語に gut がある。先に述べた「腹の底」にあたる、心や精神等と比べて動物的な肉感を伴う、人間の核のようなものと感じた。そう考えると、本書は、否応なく各自の gut を生きた女性たちの物語とも言えそうだ。「演技をまるごと抱きとめて感じるのよ」という著者の元体操コーチの言葉も、作業に行きづまるたびに思い出した。原著の言葉を自分が本当に生きたとき、gut から腑に落ちる翻訳言語の言葉が発せられる。翻訳はこの苦しい作業のくり返しだ。

一人でも多くの人に手にとってもらえるよう、事件の経過の認知度や、性暴力、性虐待に関連する用語の定着度を考慮して、適宜原文にはない説明を入れたことをご理解いただければと思う。

山田　ゆかり

2020年1月、ヒューマン・ライツ・ウォッチのミンキー・ウォーデンとの初対面の折、原著『THE GIRLS』を「とにかく読んでみて」と手渡された。ページをめくりながら「この勇気はなんだ！」と心で叫び、正直悔しかった。「被害」をけっして口にできない日本のアスリートたち、法に委ねることすらしづらい現実を改めて見せつけられた。この本を日本の人々にもぜひ読んでもらわなくては、と強く思った。なぜなら、まったく同じことが場を変え日本でも起きているからだ。しかし、このような告発には至らない。どうしてか、をみなさんで考えてほしいのだ。

スポーツ界のセクシュアルハラスメントを、私は1997年に知った。そして、その問題の重大さを訴え続けている。だが、四半世紀たっても、まだ後を絶たない。「事件」が起きたときだけ世間が騒ぐ。表沙汰になったときだけ対応策が講じられる。知らぬ間に「事件」はもみ消され、加害者は何食わぬ顔で闊歩する。残るのは被害を受けた側の心身の深い傷だ。確かに以前に比べれば、スポーツ関係団体は防止のための啓蒙啓発に力を注いでいる。重要なことだ。が、肝心な、適切なインテイクがない。どれだけのアスリートたちが悔しい思いをしてきただろう。いまなお悔しい思いをしていることだろう。この本が、日本のスポーツ界の理不尽さを払拭する引き金になれば本望だ。

謝辞。岩下結さん、森幸子さん、ミンキー、土井香苗さん、湯村帆名さん、井口博さん、佐藤晃一さん、川本ゆかりさん、そして何より、励ましのメールを四六時中送ってくれたアビー。訳者を代表して、みなさんに厚く感謝申し上げます。

著者
アビゲイル・ペスタ（Abigail Pesta）
ジャーナリスト・作家。ロンドンから香港まで世界各地でキャリアを積み、受賞歴多数。共著『How Dare the Sun Rise: Memoirs of a War Child』は、ニューヨーク公共図書館、シカゴ公共図書館など多くから2017年の優良図書に選ばれ、ニューヨーク・タイムズ紙が「胸を切り裂きながらなお詩的な回想録」と評している。ウォール・ストリート・ジャーナル、ニューヨーク・タイムズ各紙、ニューヨーク・マガジン、コスモポリタン、アトランティック、マリ・クレール、ニューズウィーク、グラマー各誌、およびNBCニュースなど、主要メディアに調査報道、特集報道を掲載。ニューヨーク州ブルックリン在住。

訳者
牟礼晶子（むれ・あきこ）
独立行政法人内部翻訳・編集者、専門委員を経て現在フリーランス。東京外国語大学卒。共訳書『オリンピックという名の虚構』（晃洋書房）、翻訳記事 “From an earthquake-hit town that wants to forget, not tell, and not prepare for another one” *Voices from Japan* No.36: March 2022, pp.38-44. Asia Japan Women's Resource Center（AJWRC）ほか。

山田ゆかり（やまだ・ゆかり）
スポーツライター。総合型地域スポーツクラブ「一般社団法人飛騨シューレ」代表理事。津田塾大学非常勤講師。スポーツ界のセクシュアルハラスメントの実態を講演や記事で社会に伝える一方、被害者サポートや啓蒙啓発のためのワークショップを開催。著書に『勝つ！ ひと言』（朝日新書）、『女性アスリートコーチングブック』（編著）『子どもとスポーツのイイ関係』（以上大月書店）、『女性・スポーツ大事典』（監訳、西村書店）ほか。

法律監修
井口　博（いぐち・ひろし）
東京ゆまにて法律事務所代表弁護士（第二東京弁護士会）。一橋大学法学部卒。同大学院を経て、78年から89年まで裁判官・検事。92年ジョージタウン大学大学院修士課程修了。著書に『パワハラ問題』（新潮新書）、『教育・保育機関における ハラスメント・いじめ対策の手引』（新日本法規出版）ほか。

装幀　鈴木　衛（東京図鑑）
DTP　編集工房一生社

THE《ザ》 GIRLS《ガールズ》
性虐待を告発したアメリカ女子体操選手たちの証言

2022年7月15日　第1刷発行

定価はカバーに
表示してあります

著　　者　アビゲイル・ペスタ
訳　　者　牟　礼　晶　子
　　　　　山　田　ゆ　か　り
法律監修　井　口　　　博
発 行 者　中　川　　　進

〒113-0033　東京都文京区本郷2-27-16

発行所　株式会社　大　月　書　店

印刷　三晃印刷
製本　中永製本

電話（代表）03-3813-4651　FAX 03-3813-4656　振替00130-7-16387
http://www.otsukishoten.co.jp/

ISBN978-4-272-35058-2　C0036　Printed in Japan